DESCUBRA SUA PERSONALIDADE FINANCEIRA

Jordan E. Goodman

DESCUBRA SUA PERSONALIDADE FINANCEIRA

Tradução
Claudia Gerpe Duarte

CIP-BRASIL. CATALOGAÇÃO-NA-FONTE
SINDICATO NACIONAL DOS EDITORES DE LIVROS, RJ.

G66d   Goodman, Jordan Elliot
        Descubra sua personalidade financeira / Jordan E. Goodman; tradução: Cláudia
        Gerpe Duarte. – Rio de Janeiro: Best*Seller*, 2008.

        Tradução de: Master Your Money Type
        ISBN 978-85-7684-061-9

        1. Finanças pessoais. 2. Investimentos. I. Título.

                                CDD: 332.02401
08-2582   CDU: 330.567.2

Título original
MASTER YOUR MONEY TYPE
Copyright © 2006 by Jordan E. Goodman
Copyright de tradução © 2007 by EDITORA BEST SELLER

Publicado mediante acordo com Warner Books, Inc., New York, New York, USA.

Capa: Sense Design
Diagramação: ô de casa
Todos os direitos reservados. Proibida a reprodução,
no todo ou em parte, sem autorização prévia por escrito da editora,
sejam quais forem os meios empregados.

Direitos exclusivos de publicação em língua portuguesa para o Brasil
adquiridos pela
EDITORA BEST SELLER LTDA.
Rua Argentina, 171, parte, São Cristóvão
Rio de Janeiro, RJ – 20921-380
que se reserva a propriedade literária desta tradução

Impresso no Brasil
ISBN 978-85-7684-061-9

PEDIDOS PELO REEMBOLSO POSTAL
Caixa Postal 23.052
Rio de Janeiro, RJ – 20922-970

Dedico este livro à minha esposa, Suzanne, cujo perspicaz discernimento psicológico atuou como uma inspiração durante este projeto, e a meu filho adolescente, Jason, que pertence a uma geração que, espero, venha a se beneficiar por entender melhor seus Perfis Financeiros do que seus pais.

Agradecimentos

Não teria sido possível publicar *Descubra sua personalidade financeira* sem a generosa e competente contribuição e o árduo trabalho de muitas pessoas talentosas.

Antes de mais nada, quero agradecer à equipe de Lynn Sonberg e Roger Cooper, que inicialmente conceberam a idéia de aproveitar o poder da personalidade financeira. Lynn orientou habilmente o trabalho a partir da proposta original até o processo de pesquisa, redação e edição, permanecendo sempre atenta aos inúmeros detalhes e mantendo um elevado padrão de precisão e objetividade no trabalho. Roger também foi decisivo ao formular a orientação do livro; também foi o principal responsável por fazer com que o livro fosse distribuído para a vasta audiência que está se beneficiando da mensagem por ele transmitida.

A equipe de redação e pesquisa também executou um trabalho extraordinário, combinando o discernimento psicológico e o know-how financeiro do mundo real. Connie de Swaan redigiu engenhosamente o texto, introduzindo a história dos voluntários de todos os Perfis Financeiros com uma aguçada percepção psicológica, aliada a um entendimento dos passos financeiros que as pessoas têm de dar para melhorar a condição em que se encontram. Roberta Yafie demonstrou muita capacidade e persistência ao entrevistar centenas de pessoas em todo o país, nas mais variadas situações, a fim de chegar às histórias mais eloqüentes para ilustrar cada Perfil Financeiro. Cheryl Winokur Munk realizou exaustivas pesquisas para encontrar as fontes e planilhas mais relevantes para ajudar os leitores a colocar meus conselhos em prática. Meg Schneider, assistente social credenciada, terapeuta particular e autora de vários livros de auto-ajuda na área de psicologia, representou um recurso inestimável na consultoria psicológica do projeto.

A equipe da Warner Books também foi providencial para tornar este projeto uma realidade. O editor Rick Wolff abraçou de imediato o conceito dos Perfis Financeiros e defendeu o projeto do início ao fim. Flamur Tonuzi, diretor de arte, criou o maravilhoso design da capa. Robert Castillo foi responsável por supervisionar a produção do livro, enquanto Fred Chase fez o trabalho de copidesque no original. Herman Estevez tirou, com competência, a foto para a capa da edição norte-americana.

Quero agradecer às centenas de pessoas que generosamente revelaram neste livro sua personalidade, bem como os detalhes financeiros de sua vida. Todas tornaram a obra muito mais rica e pessoal. Embora as histórias narradas aqui sejam verdadeiras, modificamos o nome e as características identificadoras para proteger a privacidade das pessoas. Finalmente, sou muito grato aos milhares de assinantes de meu site, www.moneyanswers.com, bem como aos milhares de pessoas que, ao longo dos anos, me procuraram para obter constantes informações e recomendações financeiras.

Espero que os leitores de *Descubra sua personalidade financeira* passem a entender bem melhor sua personalidade nessa área e, como resultado, sintam-se capacitados a agir de maneira a aproveitar ao máximo suas oportunidades financeiras.

JORDAN E. GOODMAN
1º de janeiro de 2006

Sumário

CAPÍTULO 1. *O sinal da personalidade financeira* 11
CAPÍTULO 2. *Você e seu dinheiro: uma parceria emocional* 27
CAPÍTULO 3. *Os Batalhadores* 45
CAPÍTULO 4. *Os Avestruzes* 105
CAPÍTULO 5. *Os Endividados* 149
CAPÍTULO 6. *Os Comodistas* 191
CAPÍTULO 7. *Os Grandes Apostadores* 239
CAPÍTULO 8. *Os Esquilos* 273

Posfácio 321

Apêndice: Entrando em ação: onde encontrar ajuda adicional 323

Fontes para os Batalhadores 325

Fontes para os Avestruzes 327

Fontes para os Endividados 329

Fontes para os Comodistas 331

Fontes para os Grandes Apostadores 334

Fontes para os Esquilos 336

CAPÍTULO 1

O sinal da personalidade financeira

As pessoas sempre me perguntam onde está o dinheiro.

Recentemente, depois de encerrar meu programa de rádio que conta com a participação dos ouvintes por telefone, abri o e-mail de uma mulher jovem do Tennessee exatamente com esse pedido. Sua história me impressionou pelo fato de ser, ao mesmo tempo, intensa e típica de um grande número de pessoas que vem se esforçando para lidar melhor com seu dinheiro. O e-mail dizia o seguinte:

"Foi um desses anos difíceis", escreveu Holly. "Eu era uma compradora compulsiva. Meu marido e eu atacamos o problema de frente e, por ora, conseguimos controlá-lo. Deixo meus cartões de crédito e de débito com meu marido, de modo que sou obrigada a comprar apenas o que é absolutamente necessário a cada dia. É uma pena que ele só tenha retido meus cartões quando eu já estava seriamente endividada. Agora estamos tentando liquidar minha dívida de 10 mil dólares e pagar um conserto dispendioso no telhado da casa. Sinto-me como se tivesse colocado a cabeça em uma tábua de cortar e agora o machado estivesse prestes a descer. Como podemos lidar com as dívidas? Quem pode nos ajudar a pôr as contas em dia? Francamente, o que eu gostaria mesmo é de fugir. Estou apavorada."

Fiquei particularmente impressionado com esse e-mail por uma razão. O "ano difícil" de Holly pareceu-me extremamente familiar. Tive a impressão de que pessoas de todas as partes dos Estados Unidos que também parecem incapazes de administrar seus recursos haviam falado comigo muitas vezes antes sobre o assunto ou sobre variações em torno do mesmo tema. É claro que os detalhes são diferentes, mas a urgência e a sensação de se sentir perdido com relação aos assuntos financeiros eram idênticas. Avalie o seguinte:

- Peter, da Flórida, que dirige uma pequena e bem-sucedida imobiliária, está extremamente preocupado a respeito de como formar uma poupança para pagar a faculdade dos filhos.
- Frank e Ellen, de New Jersey, vivem com tanta parcimônia que quase não conseguem sobreviver até o final do mês, mas fizeram uma enorme poupança que não têm coragem de tocar.
- Maria, funcionária pública dedicada do Alabama, vive bem com seus recursos, mas sente-se frustrada por não conseguir realizar seus sonhos.
- Sam, artista gráfico freelance da Califórnia, é muito requisitado, mas não consegue entender para onde está indo todo o dinheiro que recebe.

Uma coisa é verdade: em qualquer lugar, as pessoas trabalham muito e querem viver melhor. Com freqüência, exageram na ânsia de "viver o sonho" e depois se vêem às voltas com contas que não podem pagar. Ou então têm uma vida confortável mas vivem com medo de perder tudo, e podem não ter a menor idéia de como administrar o que têm para melhorar sua vida.

Há mais de duas décadas atuo como comentarista financeiro no rádio e na televisão, dou palestras, escrevo e sou correspondente da Wall Street para a revista *Money*. Nesse período, dei palestras e consultoria para milhares de pessoas bem-sucedidas e outras que se esforçavam para alcançar o sucesso sobre como resolver questões monetárias. No entanto, não importa onde essas pessoas se encontravam no *continuum* entre os abastados e os não-abastados, compreendi que eu estava falando repetidamente para as mesmas pessoas, que me pediam os mesmos conselhos para problemas financeiros idênticos.

Era óbvio que elas não estavam seguindo meus conselhos, mas continuavam a me procurar! O que estava acontecendo? Alguma coisa estava me escapando. No início, achei que era simplesmente uma questão de responder à pergunta "O que faço agora?" com mais clareza e maior atenção aos detalhes.

Determinado a ajudar, eu examinava com entusiasmo os detalhes da situação das pessoas e oferecia conselhos cuidadosamente analisados, elaborados sob medida para a renda, bens, responsabilidades e necessidades de cada uma delas. Parecia-me que, na verdade, todas essas pessoas só precisavam de uma orientação confiável da parte de um especialista financeiro competente para que fizessem algumas mudanças importantes em suas finanças. No entanto, hoje sei que o know-how por si só não é a resposta. Finalmente compreendi que a questão "O que faço agora?" a que eu vinha respondendo com um fervor otimista era, na verdade, apenas a primeira metade da pergunta. A segunda metade é: "... *levando em conta a maneira como me sinto com relação ao dinheiro.*"

Percebi que, para que colocassem em prática os melhores conselhos financeiros específicos para elas, as pessoas – e eu – tínhamos de reconhecer e entender seus sentimentos complexos a respeito do dinheiro.

Comecei a prestar ainda mais atenção às perguntas que me faziam e conscientizei-me de que cada comentário ou pedido de orientação encerrava um intenso significado emocional subjacente. Raras vezes essas palavras eram exatamente pronunciadas, mas eu conseguia ouvir o significado implícito em alto e bom som.

- "Não quero acabar tendo de morar na rua."
- "Eu sei que, se arriscar uma vez mais, vou ganhar a loteria e ter tudo que sempre desejei."
- "Eu me sinto financeiramente confortável, mas não consigo parar de pensar ... isto é tudo que ouso desejar?"
- "Não tenho a menor idéia de como administrar meu dinheiro e, sempre que tento, me sinto um idiota!"

Ocorreu-me que as pessoas fazem as mesmas perguntas a respeito do dinheiro porque tendem a continuar a lidar com ele do mesmo modo, a única com a qual se sentem à vontade. De certa maneira, isso faz sentido. As pessoas também atuam a partir de experiências e mensagens do passado e do que aprendem ao longo do caminho. Essas influências nitidamente dificultam a maneira como lidam agora com o dinheiro. Isso também passou a fazer sentido, e de repente eu soube que finalmente encontrara minha resposta: *o comportamento financeiro de todas as pessoas se enquadra em padrões definíveis.*

Todo mundo, inclusive você, tem um tipo de "personalidade financeira", um estilo de lidar com o dinheiro que reflete tudo, como os receios mais profundos, os desejos mais sinceros e os assuntos básicos e práticos do dia-a-dia. O problema das pessoas que faziam sempre as mesmas perguntas era que elas não estavam examinando o que *sentiam* com relação ao dinheiro, as poderosas ligações emocionais situadas logo abaixo da superfície que determinam suas decisões. Desse modo, elas cometiam continuamente os mesmos erros, incapazes de se afastar de sua maneira habitual de lidar com o dinheiro para encontrar a prosperidade ou o sentimento de segurança – ou ambos – que todas almejavam. Esse também era o motivo pelo qual essas pessoas não conseguiam seguir ou criar um plano financeiro que pudesse efetivamente funcionar.

Avaliei a complexidade da equação dinheiro e emoção, e tive certeza de que teria de encontrar um meio pelo qual as pessoas compreendessem melhor sua "personalidade financeira". Quando isso acontecesse, os receios que nutriam a respeito do dinheiro diminuiriam e sua capacidade e criatividade poderiam aumentar. O que eu poderia fazer para que as pessoas atingissem essas metas? Elas tinham origens, histórias pessoais, sentimentos e valores distintos. Claramente não haveria uma solução única.

Eu queria criar um processo simples por meio do qual pudesse ajudá-lo, independentemente de sua procedência, convicções ou situação financeira atual. Eu desejava conciliar as informações monetárias *(o que você precisa saber a respeito do gerenciamento do dinheiro)* com suas atitudes monetárias *(o que você precisa saber a respeito de seus sentimentos e receios em relação ao dinheiro)* para que você pudesse emergir sentindo-se seguro e mais confiante com relação ao dinheiro, agora e no futuro. Essa tornou-se minha missão.

Este livro nasceu de minha determinação de encontrar respostas eficazes para suas perguntas a respeito do dinheiro de modo significativo. O resultado foi este guia para que você domine seu Perfil Financeiro. O segredo do verdadeiro sucesso financeiro que mudará sua vida pode residir nesses perfis e, em breve, você verá de que maneira.

Primeiro, vamos falar a respeito do dinheiro e do que ele significa para você.

Travando conhecimento com seu relacionamento com o dinheiro

Todo mundo atribui ao dinheiro os mais diversos tipos de significado além do valor dos bens ou serviços que ele pode comprar. Por que algumas pessoas idolatram o dinheiro enquanto outras o rejeitam? Por que outras ainda têm medo do dinheiro ou acreditam que desejá-lo é uma meta indigna ou até vergonhosa? Por que algumas pessoas matam por dinheiro ou cometem suicídio quando o perdem totalmente? Por que parentes próximos, cônjuges ou amigos tornam-se inimigos por causa da "divisão justa" do dinheiro?

As respostas estão dentro da história de cada vida – na maneira como *suas* respostas podem ser encontradas dentro de sua história. Talvez seus pais tenham sido mesquinhos com você, ou excessivamente generosos. Talvez lhe tenham dito que a vida é dura, que o dinheiro não nasce em árvores e que você deveria se sentir grato pelo dinheiro que tem. Mas talvez você tenha sido criado acreditando que o mundo era generoso e que a generosidade teria seu nome gravado nela.

Independentemente do que lhe disseram e daquilo em que você acredita, por mais contraditório que possa ser, uma coisa é verdadeira para todos nós: o dinheiro nunca é apenas dinheiro, e sim um repositório para nossos mais profundos receios, dúvidas, inseguranças, ansiedades, impulsos agressivos e até mesmo para a percepção do eu. Todos esses sentimentos podem influenciar e até dominar a maneira como você o administra.[1] Como você se sente quando pensa em dinheiro? Merecedor, poderoso, confuso, seguro, feliz, insaciável, com direito a ele, culpado, corrupto, receoso?

O mais importante é que suas *atitudes* a respeito do dinheiro podem afetar e determinar suas aspirações financeiras. Se *você tem*, por exemplo, *a forte convicção de que sempre terá dinheiro*, fará o possível para ganhar mais ou assumir o risco do investimento que lhe proporcionará a prosperidade financeira. Conversei recentemente com uma mulher que disse haver descoberto que tinha "dez bolsos" nos quais podia colocar ou tirar dinheiro, ou seja, tinha um emprego, mas também tinha uma participação no negócio de um amigo, alugava uma pequena casa da família no verão, e também um corretor de confiança que orientava seus investimentos e assim por diante. Para essa mulher, a segurança era extremamente importante, e ela se esforçava ao máximo para adquiri-la.

---

[1] Há sempre um componente emocional relacionado ao dinheiro. (*N. do R.T.*)

Talvez você sinta o oposto. Você acredita que seu destino é "batalhar" e nunca ter o suficiente. Nesse caso, você talvez esteja endividado e tenha uma *mentalidade de pobreza que o mantém quebrado*. Recebi um e-mail de um chefe de família de 40 e poucos anos que afirmou "detestar as questões de dinheiro" e que não conseguia descobrir o que fazer para que seu salário durasse mais tempo. Ele disse que queria "perseguir o sonho americano", mas que, para ele, "esse sonho se transformara em um pesadelo de sobrevivência financeira". No caso desse homem, a busca de mais dinheiro sempre andará de mãos dadas com o ódio aos detalhes de ganhá-lo e mantê-lo.

Ou talvez um sentimento de falta de poder pessoal atrapalhe o planejamento financeiro, conduzindo a um fundo de aposentadoria desastroso. Recebo um número expressivo de cartas de pessoas que me dizem o quanto desejam informações sobre como economizar para uma meta específica, mas se sentem intimidadas pelas informações e, acima de tudo, têm medo de não conseguir aprender a fazê-lo. Quando você acredita que o gerenciamento do dinheiro é um processo elitista e misterioso que está além de seu alcance, bem, como diz o ditado, "Se você *acredita* que não pode, você está certo"! Acredite que *é capaz*.

Vou ajudá-lo neste livro a desvendar seus valores, atitudes e comportamentos financeiros dominantes, bem como a identificar a bagagem emocional que o está impedindo de melhorar suas finanças. A identificação da bagagem emocional o ajudará a entender a motivação e as emoções que embasam seu comportamento financeiro. Isso envolve a *autoconsciência*, ou seja, a conscientização do que está *realmente* acontecendo em sua vida monetária, e não o que você quer, não quer ou não consegue admitir que esteja acontecendo. Diz respeito a fazer as pazes com o passado e finalmente permitir-se conhecer a fundo como o dinheiro funciona e pode trabalhar para você.

Por que a autoconsciência é importante para fazer o dinheiro trabalhar para você

Como dizem os psicólogos, a *consciência* do impacto emocional de um evento é o primeiro passo em direção à cura. A negação o mantém onde você está e promove a inação. É preciso ter um pouco de coragem para olhar para trás, mas essa atitude encerra um grande benefício: você é aliviado da carga de uma vida inteira que não tem nenhuma utilidade para você. Você tem de voltar atrás, acompanhar a trajetória de sua história emocional e, em atitude esperançosa, identificar o momento decisivo ou o trauma que você está constantemente revivendo.

A conscientização torna mais seguro explorar as estratégias financeiras práticas que você talvez não tenha sido capaz de experimentar antes. Quando você entender suas características, poderá executar a *melhor ação para aperfeiçoar seu perfil*. Você pode definir metas *baseadas em sua competência com o dinheiro* que o ajudarão a realizar seus sonhos e aprender a lidar com suas fraquezas fundamentais, para que deixem de atrapalhá-lo. Quando você *tiver suas fraquezas monetárias sob controle*, poderá consolidar suas dívidas e quitá-las de maneira eficiente, começar a formar um portfólio que cresça em valor, entender o planejamento da aposentadoria e do espólio, trabalhar com um planejador financeiro, escolher a melhor hipoteca para aproveitar ao máximo o dinheiro que você investiu em bens imóveis e avaliar com precisão sua tolerância ao risco (preparei um pequeno teste no Capítulo 8 que você poderá fazer para aprender mais a respeito desse assunto), aprender a elaborar um plano financeiro e de investimento a longo prazo, entre muitas outras coisas.

Um pouco mais de sucesso com as finanças aumenta sua confiança no dinheiro e amplia seu alcance o suficiente para que você realize alguns sonhos. Você e seu dinheiro terão um relacionamento para toda a vida, e para fazer qualquer relacionamento florescer, você tem de conhecer as próprias qualidades, fraquezas e talentos não-desenvolvidos, bem como as características fundamentais de sua personalidade essencial com as quais você terá de se reconciliar.

O que você sente e a maneira como demonstra seus sentimentos para o mundo estão bastante visíveis em seu Perfil Financeiro.

A essência dos Perfis Financeiros: domine o seu e mude sua sorte

Vamos então ao que interessa. O que forma um Perfil Financeiro, e o que o torna seu?

Quando comecei a analisar como as pessoas lidam com o dinheiro, percebi que certos grupos de características definiam com clareza a personalidade, o que chamo de Perfil Financeiro. São os traços dominantes que conduzem as pessoas à prosperidade, à ruína ou a um caminho mais seguro. Uma das coisas que aprendi ao realizar a ampla pesquisa para este livro é que todo mundo tem um conjunto de atitudes, receios, comportamentos e valores que, quando reunidos, se encaixam em uma personalidade definida. Os Perfis Financeiros são formados por dezenas de características.

Eu tinha milhares de casos para avaliar, de modo que formulei conjuntos de comportamentos e crenças que revelam como você se interessa, usa, gasta, investe, perde e ganha dinheiro. Um dos Perfis Financeiros, por exemplo, enfatiza o esforço de conseguir mais. Outro tende a negar o impacto do dinheiro em sua vida, ao passo que um terceiro corre riscos excessivos com o dinheiro ou prefere simplesmente deixar-se levar, decidido a manter a situação como está. Talvez você seja mesquinho com o dinheiro e não goste de gastá-lo, pedi-lo emprestado ou dá-lo aos outros. Essas características se refletem, por exemplo:

- Em como você se sente com relação ao dinheiro de maneira geral. Talvez você ache que ele é mais importante do que qualquer outra coisa, ou, ao contrário, que ele recebe atenção demais.
- Em como sua procedência afeta o modo como lida no presente com o dinheiro. Talvez você tenha sido criado com pouquíssimos recursos e agora faça o possível para garantir que não irá reproduzir as dificuldades monetárias de seus pais.
- Em seus receios e fantasias com relação ao dinheiro. Talvez você tenha medo da pobreza, de não ter onde morar, e, portanto, não consegue gastar dinheiro.
- No que sua situação financeira é no momento. Talvez você viva bem, mas herdou algum dinheiro que deseja investir. Você não sabe onde colocá-lo para mantê-lo seguro e fazê-lo crescer.
- Em que ponto estão suas metas financeiras. Talvez você tenha vontade de comprar uma casa à beira-mar, na qual possa viver depois de se aposentar, sem ter de se preocupar com a possibilidade de ficar sem dinheiro para sobreviver.

Tive então outra revelação: a melhor maneira de efetivamente ajudar as pessoas seria adaptando meus conselhos, o melhor possível, ao estilo financeiro pessoal dominante de cada uma. Eu poderia combinar a experiência emocional de alguém com dinheiro com uma orientação financeira prática individualizada. Essa foi a chave para a mudança eficaz. Ao elaborar os perfis, descobri que quase todo mundo se enquadra em um dominante mas tem uma ou duas características dos outros. À medida que você for lendo os capítulos dedicados a cada perfil, perceberá que sua personalidade financeira completa lhe será revelada com mais clareza.

Apresento a seguir os seis Perfis Financeiros básicos. Você provavelmente se verá em um ou mais dos perfis, *mas comece por concentrar-se nos comportamentos e hábitos que mais dominam suas finanças hoje.* Não deixe de ler todos os capítulos. Eles contêm histórias, confissões, revelações e verdadeiras reviravoltas financeiras que servirão de inspiração para suas iniciativas!

Comecemos com:

Os Batalhadores

Para você, o ponto de partida consiste em adquirir, alcançar e fazer com que *os outros* saibam quanto você tem. Como o dinheiro e o que ele pode comprar são indicadores de sucesso, os Batalhadores descobrem um modo de desempenhar o papel da história de sucesso antes de consegui-lo. Quando em plena forma, os Batalhadores têm energia e garra para fazer as coisas acontecerem. Eles se revelam grandes empreendedores, dispostos a correr riscos com novas idéias e investir em si mesmos. Os Batalhadores se metem em apuros quando a ênfase recai nos gastos excessivos e quando se esquecem de que a renda precisa ser compatível com as despesas. O esforço para viver de acordo com padrões além de seus recursos tende a deixá-los endividados e a gerar problemas interpessoais.

O domínio do dinheiro para os Batalhadores: Se existe alguém capaz de enfrentar o desafio de controlar o dinheiro cortando os supérfluos, esse alguém é você. Você ainda poderá se permitir ter alguns artigos de luxo, mas, acima de tudo, aprenderá a poupar dinheiro para o futuro e fazê-lo multiplicar.

Os Avestruzes

Os avestruzes se definem como pessoas desconcertadas, intimidadas ou constrangidas pelo dinheiro. Isso significa que os Avestruzes não são deste mundo ou não estão acostumados a ganhar muito dinheiro? É exatamente o oposto! Você está em *todas* as profissões, inclusive na advocacia, no magistério, na medicina, entre os operários, nos empregos de nível médio e nas artes. Independentemente de quem você seja, fico sempre impressionado com sua coragem e contradições. Você acredita que sempre sobreviverá, embora tenha dificuldade em lidar com o dinheiro no dia-a-dia. Alguns Avestruzes têm orgulho da indiferença que sentem pelo dinheiro, ao passo que outros simplesmente só dão atenção a ele quando há uma crise. Acima de tudo, você se sente confuso ou até mesmo zangado a respeito de como lida com suas finanças – estado de espírito que surge da convicção equivocada de que você *não é capaz* de aprender a dominar as questões fundamentais relacionadas a dinheiro. Mas é claro que você é.

Outro aspecto do Avestruz é uma variação que chamo de "À espera do cavaleiro branco". Nesse caso, você espera que um evento, ou pessoa – um cavaleiro branco simbólico –, venha salvá-lo de seus problemas financeiros. A idéia de ganhar a loteria, ou a esperança de receber uma herança inesperada, o mantém no mundo dos sonhos, fazendo com que não dê a devida atenção às suas finanças.

O domínio do dinheiro para Avestruzes e para aqueles que estão "À espera do cavaleiro branco": depois: de entender as medidas que pode adotar para ajudar a si mesmo, você nunca mais acreditará que "simplesmente não é uma pessoa que sabe lidar com o dinheiro". Você finalmente se sentirá motivado a fugir da inércia e assumir o controle de suas finanças.

Os Endividados

Quer estejam endividados por ter gasto demais ou por não ter fundos suficientes, os Endividados estão sempre no vermelho. Os compradores compulsivos preferem a emoção de comprar à segurança de *ter*. No entanto, alguns não têm fundos suficientes por ter perdido o emprego ou ficado sem recursos devido a uma catástrofe pessoal, o que os leva a estourar o limite dos cartões de crédito e contrair empréstimos para pagar as despesas básicas.

Muitos Endividados atingem um limite, e os gastadores descontrolados finalmente param por completo de fazer compras para interromper o vício de gastar. Não é raro que as pessoas de seu perfil se afundem cada vez mais. Você aumenta suas dívidas contraindo empréstimos para pagar outras já existentes e usa os cartões de crédito ativos para mais compras a prazo.

O domínio do dinheiro para os Endividados: Você conseguirá finalmente liquidar suas dívidas e provar a si mesmo que é capaz de administrar o dinheiro? Sem dúvida! Eu lhe mostrarei como fazer isso por meio de um plano financeiro fácil de seguir. Lembre-se: o dinheiro é seu e você merece fazer com que ele trabalhe a seu favor, e não contra você!

Os Comodistas

Este é o perfil financeiramente mais estável; você é uma pessoa que sabe lidar com as situações que se apresentam e que está prosperando. De um modo geral, os Comodistas estão provavelmente se dando melhor do que a maioria das pessoas e talvez não tenham consciência disso. Embora não haja uma crise financeira, você não tem financeiramente uma grande distância a percorrer, mas algumas mudanças podem fazer enorme diferença.

Quando estão em plena forma, os Comodistas são organizados, responsáveis e voltados à estabilidade. Mais do que a maioria dos perfis, é provável que você tenha uma cobertura de seguro razoável e tenha feito alguns planos para a aposentadoria. Sua fraqueza aparece quando você é excessivamente acomodado em relação ao dinheiro por não estar enfrentando problemas financeiros. Você pára na condição vigente, fica congelado no tempo e segue em frente com os mesmos investimentos e o mesmo tipo de poupança. Você pode até deixar passar boas oportunidades para o futuro. Desse modo, embora você seja financeiramente saudável e feliz, poderia ser muito mais próspero.

Outro aspecto do Comodista é uma variação que chamo de o Otimista. Um pouco mimado por ter sido criado sem grandes catástrofes financeiras, os Otimistas são conhecidos por deixar o emprego para trabalhar, por exemplo, em empresas que sua geração praticamente inventou: as dot.com e os negócios na Internet. Se você é um Otimista, pode meter-se em apuros por acreditar que sempre alguma coisa virá em seu socorro e que *sempre* receberá o que é seu por direito – e é isso que você merece.

O domínio do dinheiro para os Comodistas e os Otimistas: Se você é mais Comodista do que Otimista, eu lhe mostrarei como enfrentar o desafio de se afastar um pouco da condição vigente e agitar as coisas para si mesmo, um pouquinho de cada vez. Você se sentirá inspirado a definir novas metas financeiras com o dinheiro que, no final, serão compensadoras. Se você é um Otimista, tem um pouco mais de confiança no aqui e agora, de modo que seu desafio é fazer um planejamento mais inteligente para o futuro. Você trabalha arduamente; assim, eu o motivarei a fazer algumas mudanças importantes para que seu dinheiro trabalhe melhor para você.

Os Grandes Apostadores

Para você, dinheiro consiste no grande gesto pleno de ousadia e na confiança relativa ao azarão. Você é o Grande Apostador que tende a ser encontrado nas mesas de jogo, apostando em um sonho para criar um negócio ou aplicando no mercado de ações com dinheiro emprestado. Você tem a tendência de achar que é mais inteligente, mais rápido e mais astucioso do que todo mundo – em outras palavras, invencível. E, quando se envolve em um negócio de alto risco ou joga os dados no cassino, você pensa: "Dessa vez, vai", ou "Esta é minha noite de sorte."

Quando em plena forma, os Grandes Apostadores fazem tudo certo e os riscos que correm são altamente compensadores. É bem verdade que, no mundo dos negócios, é preciso correr alguns riscos calculados para atingir as metas. Mas e os pontos fracos? Os Grandes Apostadores se vêem em apuros quando têm o hábito de correr riscos sem uma rede de segurança. Você busca a emoção de desafiar o universo a abatê-lo. Amiúde, ao jogar os dados, as noites de azar são mais freqüentes.

O domínio do dinheiro para os Grandes Apostadores: Sua aposta mais segura é aprender a gerenciar o dinheiro sem esmagar completamente seus impulsos de correr riscos. Você pode fazer isso. Eu lhe mostrarei como aceitar a idéia de limitar os grandes riscos e encontrar a paz com o que você ganhar.

Os Esquilos

Motivados pelo medo da perda, os Esquilos estão, lamentavelmente, enganando a si mesmos. Você tem um medo secreto de perder tudo e acredita que seus recursos nunca são suficientes. Esse medo, quando se apodera das pessoas, pode transformar aquelas que levam uma vida confortável em poupadores exagerados que vivem muito aquém de seus recursos.

Quando em sua melhor forma, seu perfil vive com seus recursos em um mundo financeiramente isolado e relativamente seguro. Em condições piores, os Esquilos não conseguem aproveitar o que têm ou presentear os outros com um sentimento de generosidade. Você tende a não enxergar uma imagem equilibrada das oportunidades monetárias, e tampouco está disposto a entender como pode, na verdade, estar *perdendo* dinheiro por não tentar melhorar sua situação financeira.

Um primo próximo do Esquilo é a Mendiga, uma personalidade mais ansiosa para acumular ativos do que qualquer outro Perfil Financeiro. As Mendigas têm medo de ficar pobres de um dia para o outro e perder o controle de sua vida, achando que nunca terão dinheiro suficiente, independentemente de quanto possam de fato ter poupado.

O domínio do dinheiro para os Esquilos e as Mendigas: Como esses perfis são tão competentes em economizar dinheiro, espero inspirá-lo a *gerenciá-lo* com mais sabedoria. Eu lhe mostrarei como poderá aumentar o que já tem, aprendendo a investir com segurança e inteligência.

Muito bem, agora que você já tem idéia de qual deve ser seu perfil, veja como esse fato poderá fazer diferença para você:

A melhor maneira de usar este livro

O livro está organizado de maneira que você possa sistematicamente entender seu Perfil Financeiro dominante e descobrir outras características que pertencem a outros perfis que exercem menos influência em você. Por exemplo, você pode ser por natureza do perfil Avestruz/À espera do cavaleiro branco, e diria que esse é seu perfil dominante. Mas você também pode ter nuanças de um Esquilo ou de um Comodista/Otimista. Assimile todas as informações!

Cada capítulo começa com o perfil e os pontos fortes e fracos marcantes que o acompanham. Em seguida, apresento casos verídicos do referido perfil, que explicarão as questões com as quais você possa se identificar. Você lerá a respeito dos problemas que essas pessoas estão enfrentando *porque* elas são Avestruzes, Batalhadores, Grandes Apostadores ou seja qual for o perfil. Em outras palavras, elas estão emperradas repetindo um comportamento negativo característico do perfil ao qual pertencem. A seguir, analiso o que elas estão fazendo e assinalo como o comportamento pode ter se tornado uma segunda natureza. Depois, apresento sugestões para amenizar o efeito dos padrões negativos de comportamento na seção Caminho Emocional. Finalmente, no Caminho Financeiro, você verá como o Perfil Financeiro poderá efetuar mudanças significativas que constroem, em vez de destruir, seu futuro.

A vantagem de dominar o processo do perfil é que *você não precisa mudar sua personalidade financeira fundamental.* O importante é que você examine sinceramente seu comportamento, lendo as sugestões que faço no Caminho Emocional. Em seguida, esforce-se o suficiente para possibilitar o progresso e tome medidas para mudar o que o está refreando, cuja descrição você encontrará no Caminho Financeiro.

Muitos de vocês estão paralisados ou se sentem limitados devido à maneira como estão vivendo. Tenho notícias de vocês milhares de vezes por mês, e entendo que queiram mudar para melhor. Não sou capaz de efetuar uma mudança em vocês, mas posso lhes oferecer algo ainda melhor: uma orientação produtiva que os tocará tanto emocional quanto financeiramente e, de fato, fará diferença.

Antes de avançarmos para o próximo capítulo, que envolve uma série de testes que ajudarão a revelar seus sistemas de crença e sentimentos íntimos relativos ao dinheiro, quero tranqüilizá-lo a respeito de um ponto importante:

Não espero que você repudie ou negue seu Perfil Financeiro, e faço votos para que não se sinta inseguro ao descobri-lo. Nada é tão crítico em relação a seu bem-estar financeiro e emocional quanto trabalhar dentro de seu perfil para tornar-se financeiramente mais seguro. Por exemplo, se você é um Esquilo e tem todo o dinheiro preso em certificados de depósito que rendem juros baixos, eu não recomendaria que os vendesse e investisse tudo que tem no arriscado mercado de futuros. O ideal para você é descontrair-se um pouco para poder ajudar seu dinheiro a crescer e aprender a aproveitá-lo mais.

O poder que embasa as recomendações deste livro é:

- Você pode trabalhar nos limites de seu perfil para tomar decisões melhores com relação a seu dinheiro.

- Você pode aprender a atuar a partir de seus pontos fortes para não continuar a limitar suas opções.
- Você pode finalmente aumentar seu nível de bem-estar com relação ao dinheiro e aprender a tomar decisões que normalmente são incomuns para você.

Sua nova jornada em direção à superioridade financeira começa agora!

Capítulo 2

Você e seu dinheiro: uma parceria emocional

O dinheiro é claramente quantificável. É algo que podemos negociar até o centavo. Pode ser perdido ou ganhado, e no final do dia teremos um número. O que poderia ser mais explícito, mais racional? No entanto, o problema é que *nós* nem sempre somos racionais e, por mais que tentemos, esse fato imediatamente altera o universo de nossas finanças pessoais.

Em outras palavras, no que diz respeito ao dinheiro, dois mais dois podem ser quatro, mas, quando acrescentamos nossas emoções, essa equação pode não ser válida. Por exemplo, para verificar o que essa equação pode significar para você, complete a seguinte frase: "Se eu tivesse muito mais dinheiro, eu ..."

Qual foi sua resposta? As possibilidades são inúmeras:

"Eu nunca entraria de novo em um escritório nem teria um emprego."

"Eu doaria parte do dinheiro para a pesquisa médica, faria uma remodelagem completa na minha aparência e começaria um novo negócio."

"Eu deixaria meu cônjuge e recomeçaria em outro lugar."

"Eu conseguiria o telefone de Martin Scorsese e investiria algum dinheiro em seu próximo filme."

"Eu me mudaria para Las Vegas e jogaria todas as noites."

"Eu compraria uma casa para meus pais e uma nova casa para mim perto da deles."

"Eu colocaria 90 por cento na poupança e daria a meus filhos algum dinheiro com o qual pudessem se divertir."

Já fiz essa pergunta inúmeras vezes a meus clientes, e nunca deixo de ficar impressionado com a idiossincrasia das respostas. Algumas refletem o desejo de mudar o estilo de vida e até mesmo o parceiro. Outras revelam generosidade e filantropia. Outras respostas mostram um profundo desejo de realizar um sonho ou simplesmente cuidar de entes queridos. Além disso, é claro, também ouço com freqüência respostas que envolvem a necessidade da segurança. Superficialmente, as respostas podem parecer diferentes. No entanto, compartilham uma qualidade única: sentimentos profundos.

Em palavras simples, o dinheiro é um tema que contém carga emocional.

Quando as pessoas pensam em ter muito dinheiro, pensam em como ele poderá lhes trazer felicidade e realização, bem como uma nova e estimulante definição para sua vida e para seu sentimento do eu. Não são os valores efetivos que fazem a diferença. Você notará que minha pergunta hipotética não inclui uma quantia específica. Poucas pessoas perguntam se tenho um valor em mente. A definição de "muito dinheiro" é diferente para cada pessoa e se reflete no que ela quer fazer com ele.

O que conta é o medo, os sonhos e as necessidades despertados pela perspectiva de ter – ou não ter – dinheiro.

Você talvez acredite que a maneira como as pessoas administram o dinheiro se baseia em uma combinação de experiência, razão, origem e tendências sociais. E você está certo, mas apenas em parte. O simples fato é que, antes de você tomar uma decisão consciente com base em um verdadeiro conhecimento das finanças, outra influência está ativamente exercendo uma força significativa em nosso pensamento racional. São *nossos sentimentos a respeito do dinheiro.*

Por que o dinheiro também envolve os sentimentos

Sempre que falo a respeito do componente emocional de colocar em ordem a vida financeira, descubro que quase todos estamos prontos para reconhecer que as pessoas podem sentir raiva quando perdem ou orgulho quando ganham, ficar com medo ou na defensiva quando submetidas a uma ameaça e euforia quando têm sucesso. Não posso dizer que eu discorde disso. No entanto, parar por aí deixa passar o ponto mais importante a respeito do dinheiro e dos sentimentos: *o modo como você se sente com relação ao dinheiro afeta a maneira como toma suas decisões financeiras* – não importa que sejam grandes ou pequenas, para hoje ou para amanhã, para si mesmo ou para seus entes queridos.

Você pode ter tudo que precisa para ser bem-sucedido – know-how, sorte e os contatos certos –, mas, mesmo assim, tomar inconscientemente uma decisão que irá destruir uma transação de negócios que seria lucrativa para você. Por quê? Talvez você acredite que não merece o sucesso, ou que não se esforçou o suficiente para ter essa sorte, enquanto pessoas que você ama ainda estão trabalhando arduamente. Talvez seus pais tenham feito um grande esforço para ganhar cada centavo em sua infância e você não deseje ter mais do que eles. A culpa pode facilmente impedir que você agarre uma oportunidade, fazendo com que desista de um bom negócio para não ser "melhor do que..."

Ou então pense no seguinte: talvez você tenha crescido em um lar no qual a experiência de um trauma financeiro mudou a vida como você a conhecia. Você tinha muito e, praticamente em um piscar de olhos, passou a não ter nada.[1] De modo paradoxal, embora tenha medo de perder tudo, você pode estar gastando quase toda a sua renda para manter um estilo de vida sofisticado. Recentemente, essa atitude começou a lhe custar demais. Tanto sob o aspecto financeiro quanto sob o emocional.[2]

O que me leva de volta à pergunta do início do capítulo: "Se eu tivesse muito mais dinheiro, eu..." O que o dinheiro realmente significa para você? Você está atrás de poder ou segurança? É sua noção de liberdade? São as coisas que acha que precisa ter para impressionar os outros? As pessoas têm um comportamento emocional, às vezes extremo, em relação ao dinheiro. Se acumular dinheiro está em uma das extremidades do espectro, assaltar bancos, matar por dinheiro ou pular da janela porque você perdeu tudo que tinha são atitudes que estão na outra.

Quando você pensa em dinheiro, acha que o merece, que tem direito a ele, sente-se confuso, estável, instável, estimulado, culpado, otimista, receoso, po-

---

[1] Hoje, dinheiro é um símbolo porfundo do que você acha que pode ganhar ou perder: status perante os olhos dos outros. Você está determinado a não ser nunca mais uma pessoa que não tem nada.
[2] Em ambos os casos, as emoções, e não o pensamento racional, estão controlando seu comportamento.

deroso, aliviado, filantrópico, ganancioso ou corrupto? Essa é uma das questões que você precisa responder. Quanto mais souber a respeito de si mesmo, mais suas decisões financeiras serão regidas por seu eu racional, e não por cargas emocionais que poderiam reprimir seu raciocínio.

Não se preocupe com o dinheiro que você tem ou não agora. Não se preocupe com seu Perfil Financeiro ou com o que vai fazer a respeito de sua situação. Sua tarefa neste momento é explorar o seu comportamento a partir de uma perspectiva emocional e histórica. Quais convicções e sentimentos estão envolvidos quando você lida com o dinheiro, quando eles ocorreram pela primeira vez e como estão se manifestando em sua vida atual?

Este capítulo foi concebido para ser uma espécie de plataforma de lançamento a partir da qual você pode começar a descobrir seu estilo financeiro pessoal (e emocional!). Essa é sua oportunidade de examinar o passado e apresentar experiências, sentimentos, desapontamentos, sonhos e até mesmo conceitos equivocados atuais a respeito do dinheiro. É uma chance de vislumbrar o que poderia estar inconscientemente por trás de muitas das decisões financeiras que você toma, tanto positivas quanto negativas. À medida que você for lendo este capítulo, responda às perguntas o mais sinceramente possível, pois elas aumentarão de modo significativo seu autoconhecimento. Lembre-se sempre que seus sentimentos estão relacionados com seu possível perfil. É claro que você pode ter várias características de alguns Perfis Financeiros, mas suas respostas conterão pistas que revelarão o estilo mais dominante.

A base emocional: o que o dinheiro significa para você

Compreender as emoções e convicções que embasam seu comportamento com relação ao dinheiro envolve a autoconsciência. Significa enfrentar as convicções mais básicas que regem suas decisões financeiras atuais, entender como essas convicções evoluíram, que emoções alimentam essas convicções e fazer as pazes com o passado, no qual um grande número de sentimentos a respeito do dinheiro inevitavelmente começou a se formar. Desvendar seu relacionamento emocional com o dinheiro é a melhor maneira de formular um novo plano para neutralizar suas fraquezas, abraçar seus pontos fortes e, ao fazê-lo, deixá-lo livre para elaborar planos e tomar novas decisões que resultem em sua prosperidade.

Comecemos então examinando o que você acha que o dinheiro representa. São convicções clássicas que poderiam facilmente mantê-lo repetidamente paralisado nos mesmos problemas financeiros.

Dinheiro equivale a auto-estima

Você acredita que o dinheiro é uma medida de seu valor como pessoa. A origem do dinheiro é irrelevante: você pode ganhá-lo com seu trabalho, casar-se com uma pessoa que o possua, herdá-lo ou ganhá-lo. O que importa é que você tem a própria versão de "suficiente". Você acha o seguinte: "A não ser que eu consiga uma quantidade x de dinheiro e tenha outros x em minha poupança e em meus investimentos, não serei ninguém." É provável que tenha esquecido que pode perder dinheiro devido a forças que estão além de seu controle. Você está sinceramente disposto a vincular sua auto-estima a um mundo imprevisível?

Dinheiro equivale a segurança

Você tende a planejar da seguinte maneira: "Não podemos nos dar ao luxo de tirar férias agora, mas, se economizarmos, poderemos tirar três semanas de folga daqui a cinco anos" ou "Se eu não me preocupar com o dinheiro, ninguém o fará – e onde iremos parar então?" Se seus sentimentos a respeito do dinheiro se concentram em poupar em vez de investir ou gastar, bem como em metas a longo prazo e um grande número de horas no trabalho – praticamente deixando de levar uma vida em família ou social gratificante –, sua paz interior depende intensamente da segurança financeira. Você talvez não perceba que às vezes a segurança que você acha que precisa tornou-se tão distorcida que, ao buscá-la, você coloca tudo o que realmente é necessário em risco.

Dinheiro equivale a amor

Você tende a sentir deste modo: "Os presentes do meu marido, mulher, parceiro, filhos, pais e amigos são uma prova de que eles se importam comigo."

Ou então: "Não posso gastar dinheiro comigo mesmo enquanto todo mundo não estiver amparado." Poucas ligações na vida têm uma carga emocional tão intensa quanto a convicção de que dinheiro equivale a amor. O verdadeiro interesse pessoal – afeto, atenção, apoio e proteção – requer menos indícios materiais e um número bem maior de expressões de sentimentos profundos. Talvez se sinta mais à vontade oferecendo dinheiro do que tempo e atenção àqueles que você ama, e poderá estar deixando de experimentar mais do que jamais poderia ser quantificado.

Dinheiro equivale a um tranqüilizante

Se você estiver se sentindo triste, solitário, zangado, abandonado ou temporariamente vazio espiritualmente, e o fato de gastar dinheiro lhe confere um alívio temporário, você provavelmente usa o dinheiro como uma espécie de medicamento. Você acredita que o dinheiro pode aliviar a dor emocional, suavizar os momentos difíceis da vida e, acima de tudo, comprar o prazer. Comprar um carro caro para acalmar um ego ferido ou aliviar a depressão, por exemplo, é uma panacéia temporária. Às vezes, dias depois de comprar o carro e se sentir eufórico, a disposição de ânimo despenca, e você dirige o carro pela cidade em prantos.

Dinheiro equivale a prestígio

Você acredita que exibir o que o dinheiro pode comprar lhe confere respeito e admiração das outras pessoas. Você tende a se sentir deste modo: "Se eu parecer rico, as pessoas me respeitarão." Ou então: "Mereço certo estilo de vida, e farei o necessário para alcançá-lo e mantê-lo." Como você é afetado pelo que os outros pensam, não quer que acreditem que está apenas sobrevivendo financeiramente. Você tende a avaliar o que possui a partir do ponto de vista de uma pessoa de fora, perguntando a si mesmo, por exemplo: "O que os vizinhos irão pensar se meu carro tiver quatro anos?" No entanto, essa busca pode se tornar exaustiva. Você pode ter dificuldade de se lembrar de que a única maneira de sair do pedestal no qual deseja viver é descer. E sempre vai aparecer alguém com um carro maior do que o seu...

Dinheiro equivale a poder

Você pensa: "O dinheiro é tudo. Quanto mais rico eu for, mais poderei dar as ordens." Ou inversamente: "O dinheiro manda. Se eu tivesse muito dinheiro, seria livre, e poderia então usá-lo para patrocinar uma causa importante." De certa maneira, essas idéias são verdadeiras. Algumas pessoas ricas, especialmente aquelas para quem você trabalha, de fato "mandam no pedaço". Constatar que você não depende mais dos outros e desfrutar uma boa qualidade de vida podem ser sentimentos maravilhosos. Além disso, o poder é inebriante, tanto se tentarmos alcançá-lo quanto na hipótese de já o termos. O anseio pelo poder financeiro pode se tornar seu novo senhor, embora, ironicamente, seu primeiro impulso seja pensar o seguinte: "Finalmente, ninguém manda em mim." Mas é bastante provável que você esteja errado e obedecendo a uma força chamada "O dinheiro é tudo".

Dinheiro equivale a felicidade

Você imagina: "Se eu tivesse dinheiro suficiente para ter e fazer as coisas que quero, eu finalmente seria feliz", ou, "Se eu tivesse dinheiro, poderia ter ido para Paris ou para a escola de cinema (escreva seus desejos mais sinceros), e meus sonhos teriam se tornado realidade". Estar em um aperto financeiro certamente o fará sentir-se angustiado ou deprimido. No entanto, o oposto, ter bastante dinheiro, não garantirá necessariamente a felicidade. Se você sente inveja dos outros porque eles têm mais dinheiro ou se acredita que podem aproveitar a vida apenas usando ou tendo dinheiro, infelizmente você está errado. A felicidade vem de dentro. O dinheiro pode ser usado para proporcionar prazer. Felicidade e prazer são dois conceitos distintos. A felicidade é um estado mental. O prazer é uma experiência, às vezes de curta duração.

Um exame mais atento de seus sentimentos a respeito do dinheiro

Compreender as emoções que fundamentam seu comportamento em relação ao dinheiro poderá revelar-se uma jornada surpreendente. Praticamente todos nós não paramos para pensar por que gostamos de poupar, correr riscos, gastar ou até mesmo desprezar nosso dinheiro. Com freqüência, não queremos saber por que, de repente, entramos em pânico ou temos medo de estar prestes a perder tudo (às vezes, sem motivo algum!). No entanto, está na hora de intensificar sua autoconsciência e começar a reconstituir retroativamente a razão pela qual você sente e pensa a respeito do dinheiro da maneira como o faz. Essa reconstituição possibilitará que você entenda seu passado, coloque-o em uma nova perspectiva, liberte-se de algumas de suas mensagens mais nocivas e siga em frente. Quando finalmente se conscientizar do motivo pelo qual está tendo os mesmos problemas, poderá fazer mudanças incríveis. Há um mundo totalmente novo lá fora repleto de opções de gerenciamento do dinheiro que o ajudarão a alcançar a prosperidade que você almeja.

Olhando para trás: descobrindo pistas no passado para seus sentimentos a respeito do dinheiro

O tema do comportamento com relação ao dinheiro é bem abrangente, de modo que li bastante sobre o assunto e conversei com vários psicólogos sobre o que você poderia perguntar a si mesmo. Limitei as áreas e elaborei uma série de perguntas às quais recomendo com insistência que você responda. Se as perguntas o deixarem pouco à vontade, insista. Você provavelmente atingiu um ponto sensível a respeito do dinheiro que tem de ser tratado e resolvido.

Sempre encontro pistas importantes a respeito de questões monetárias ao examinar mensagens que viajam por gerações. Estou convencido de que muitas decisões financeiras são tomadas com base em reações arraigadas e automáticas da forma como os pais, e até mesmo os avós, lidavam com o dinheiro.

Suas respostas às perguntas que se seguem o ajudarão a começar a entender de que maneira a história de sua família contribuiu para seus valores atuais a respeito do dinheiro. É claro que existe um número infinito de perguntas que você poderia fazer relacionadas com o papel que o dinheiro desempenhou em sua família. As questões que apresento aqui têm o propósito de atuar como uma espécie de aquecimento. Talvez algumas não se apliquem exatamente à sua situação, mas o inspirarão a fazer as perguntas mais adequadas. Seus pais, por exemplo, podem efetivamente ter sido generosos com o dinheiro. No entanto, ao dar um passo mais à frente, você poderá perguntar a si mesmo: "A atitude deles não encerraria uma intenção velada?" Deixe que as perguntas o façam pensar, investigar mais profundamente e de fato entender quem você é hoje no que diz respeito ao dinheiro. Comecemos por este ponto:

Seus avós e o dinheiro

As atitudes de seus pais com relação ao dinheiro foram moldadas pelas atitudes dos pais *deles*. Você pode ou não ter conhecido seus avós, mas eles influenciaram de certa maneira seus pais. Desse modo, a sua resposta a uma dessas investigações entre múltiplas gerações poderá ser: "Minha mãe me disse que meu avô era avarento e que era impossível morar com ele. Curiosamente, ela acabou se tornando mesquinha como o pai. Ela nunca conseguiu se livrar dessa tendência, embora eu não tenha certeza sobre o quanto ela realmente tentou." Pense então no que seus pais costumavam dizer a respeito de seus avós e avalie as seguintes perguntas genéricas:

- Eles enfrentavam dificuldades financeiras ou tinham o suficiente para cobrir as necessidades?
- Seus pais, quando crianças, freqüentemente sentiam que não tinham tudo o que necessitavam?
- Seus avós se sentiam ricos ou pobres?
- Seus avós falavam com raiva ou ressentimento sobre dinheiro?
- Eles se sacrificavam muito para garantir que seus pais tivessem tudo?
- Eles desfrutavam a prosperidade com um ar de quem tem direito a ela?
- De modo geral, quais eram as mensagens a respeito do dinheiro que prevaleciam na casa deles? O dinheiro era bom ou um manancial de coisas ruins? Podia ser discutido livremente ou era um segredo? Era algo a ser aproveitado ou acumulado?

Seus pais e o dinheiro

Certa amiga minha me confessou que sua mãe lhe disse o seguinte: "Se você continuar a gastar dinheiro dessa maneira, estará sem um tostão quando tiver 21 anos." Ela tinha 13 na ocasião e comprara um par de sapatos com o dinheiro que ganhara trabalhando como baby-sitter. Minha amiga me disse que ficou surpresa tanto com o comentário quanto com a opinião da mãe. Até hoje, a cena a persegue. "Tenho 51 anos e ainda tenho medo de ficar sem dinheiro." Eis outras mensagens que podemos receber de nossos pais: "Nada é de graça. Se você quer alguma coisa, precisa trabalhar para ganhá-la." Ou então: "Você pode ter tudo o que quiser." Quais eram as mensagens de *seus* pais?

- Eles sentiam orgulho do dinheiro que ganhavam?
- Seus pais falavam dos outros com inveja?
- Como seus pais descreviam a si mesmos quando você fez a pergunta que quase todas as crianças fazem em algum momento: "Somos ricos?" ou "Somos pobres?"
- Seus pais pareciam satisfeitos com a vida que criaram?
- Seus pais costumavam fazer previsões a respeito de quanto dinheiro você teria ou não teria com comentários como "Você nunca dará em nada"?
- Ao olhar para trás, você diria que seus pais enfatizavam a realização de metas e o compromisso com a família em detrimento da ambição, da concorrência e da aquisição de bens materiais?
- Algum parente seu já praticou algum excesso por desejar, perder ou guardar dinheiro, algo que o tenha afetado por toda a vida? Por exemplo, você teve algum parente que cometeu suicídio por causa de dinheiro; que roubou outro parente ou um sócio e disse: "São apenas negócios"; cometeu um crime por causa de dinheiro ou era um jogador compulsivo que provocou o caos na família?
- Você acha que suas atitudes são parecidas com as de seus pais, ou você se rebelou e se tornou o oposto deles?
- Seu pai, sua mãe, ou ambos usavam o dinheiro como uma recompensa ou uma arma? Havia a promessa de dinheiro ou do que ele poderia comprar se você fosse "bonzinho", ou a ameaça de tomar ou deixar de fornecer o que você queria ou precisava se não o fosse? Se você fazia a vontade deles, estimulado pela idéia de receber uma "recompensa", eles cumpriam a promessa ou voltavam atrás?
- Seu pai ou sua mãe já ameaçou deixá-lo sem dinheiro?
- Seus pais lhe diziam que o dinheiro era uma força corruptora e faziam você se sentir culpado ou envergonhado por desejá-lo?

- Eles lhe diziam que o dinheiro era o grande nivelador e que você deveria tentar conseguir a maior quantidade possível?
- Eles lhe diziam que o valor do dinheiro é menos importante do que o valor que você atribui a si mesmo?
- Eles enfatizavam a influência do dinheiro e recomendavam: "Case-se por dinheiro"?

Como você se sentia com relação ao dinheiro na infância?

Uma colega falou-me recentemente a respeito de sua mãe, uma mulher que aparentemente passara por momentos difíceis durante a depressão da década de 1930. Ela disse: "Minha mãe fez uma coisa interessante cuja intenção era levar-me a amá-la mais, entretanto acabou fazendo com que eu ficasse zangada com ela. Ela costumava esperar que eu ficasse sozinha no quarto que eu dividia com minhas irmãs, e dizia: 'Tome 10 dólares, mas não diga nada a seu pai.' Eu cresci achando que meu pai não queria que eu tivesse nada além do mínimo necessário para a sobrevivência." Outra mulher, cuja história você lerá em detalhes no capítulo sobre os Esquilos, relatou que seu pai usava o dinheiro como um modo de controlar a família. "Ele estava sempre ameaçando nos deixar e depois doar todo o seu dinheiro a um abrigo de animais. Cresci com medo de acabar tendo de morar na rua." Dessa maneira, reflita sobre as seguintes questões:

- Você sente que tinha o bastante do que precisava – roupas, brinquedos, viagens, material necessário para a escola e assim por diante?
- Durante a sua fase de crescimento, aconteceu algo relacionado com o dinheiro em sua casa que você jurou que jamais faria ou permitiria que acontecesse com você? O que esse evento transmitiu-lhe a respeito do poder ou do efeito do dinheiro nas pessoas?
- Se você respondeu sim à questão anterior, diga então: O efeito desse incidente introduziu-se sorrateiramente na maneira como você se sente ou administra seu dinheiro atualmente? Ele voltou para incomodá-lo?
- Você se sentia amado quando seus pais lhe davam dinheiro?
- Seus pais usavam o dinheiro como um modo de controlá-lo? Faziam promessas de comprar alguma coisa para você ou levá-lo a algum lugar, se você fizesse o que estavam pedindo?

- Quando criança, você achava que seus pais eram pobres, ricos ou remediados?
- Você tinha inveja de amigos ou de outras crianças de sua idade porque possuíam coisas melhores ou em maior quantidade do que você?
- Você economizava dinheiro na infância e gostava de contá-lo de tempos em tempos?
- Alguma vez já teve medo que sua família pudesse ficar pobre e ter de ir morar na rua?
- Quando precisava de algo razoável, seus pais o compravam sem discutir ou o entregavam a você como se você tivesse pedido um brilhante caríssimo? Ou exibiam uma atitude intermediária?

O que você aprendeu a respeito do dinheiro no início da adolescência e no começo da idade adulta

Quando começamos a ganhar nosso próprio dinheiro, em geral por volta dos 12 anos, principiamos a tomar certas decisões financeiras sozinhos, por menores que sejam. Nesse ponto, começamos a entender o que é ser pago por um trabalho, adquirimos algum conhecimento sobre o funcionamento dos negócios e passamos a lidar com pessoas que têm outras idéias a respeito do dinheiro. Uma colega me disse: "Comecei a trabalhar aos 15 anos, e menti, dizendo que tinha 18. Trabalhei o ano inteiro, como vendedora de uma loja de departamentos, em regime de meio expediente, para fazer uma poupança para pagar a faculdade. Nunca pensei além desse objetivo. Eu estava conversando com outra vendedora enquanto conferíamos o estoque, e ela me perguntou se eu me casaria por amor. Respondi que sim. Ela disse: 'Você é uma idiota. O dinheiro é tudo que importa.' Eu esperaria ouvir minha mãe fazer um comentário desse tipo, mas não uma menina de 18 anos. Eu ainda me pergunto onde ela estará e se terá conseguido satisfazer seu desejo. Eu não consegui!"

- O que você sentia a respeito de ganhar o próprio dinheiro?
- Passou a ser um gastador assim que começou a ganhar dinheiro?
- Deixavam que você aproveitasse o dinheiro que ganhava na adolescência?
- Houve um ponto crítico em que você entendeu que precisava aprender a administrar seu dinheiro?

- Você ingressou na força de trabalho tendo como exemplo uma pessoa bem-sucedida em sua vida, ou seu modelo era alguém com quem você receava se parecer?
- Você se sentiu orgulhoso quando conseguiu o primeiro emprego? Seus pais sentiram orgulho de você?
- À medida que você foi ganhando experiência na vida, as convicções a respeito do dinheiro com as quais foi criado começaram a se tornar verdadeiras?
- Suas convicções se revelaram falsas de alguma maneira? Você chegou à conclusão, por exemplo, de que o trabalho, o casamento, uma herança, a sorte ou algum outro fator seriam os principais elementos a moldar seu futuro financeiro? Ou este último seria formado por uma combinação dessas possibilidades?

Como você manifesta os seus sentimentos a respeito do dinheiro

Conversei com Jonathan Rich, Ph.D., psicólogo e autor de *The Couple's Guide to Love and Money*, sobre os complexos componentes emocionais do dinheiro. Eu estava interessado na maneira como adquirimos nossos sentimentos a respeito do dinheiro e como podemos mudar aqueles que nos estão causando problemas agora. "Todas as suas experiências foram incorporadas ao roteiro de sua vida", declarou o dr. Rich. "Se suas convicções com relação ao dinheiro lhe proporcionam um ganho pessoal e financeiro, não há razão alguma para mudar sua maneira de pensar, pois suas crenças estão trabalhando para você. Temos problemas quando uma suposição a respeito do dinheiro que funcionava no passado deixa de ser adequada à nossa situação atual."

Meu principal objetivo neste livro é ensinar-lhe a maximizar seus recursos e aumentar seu dinheiro. No entanto, se você tiver algum tipo de bloqueio, ou seja, se suas convicções não estiverem mais dando certo, você não será capaz de aproveitar plenamente as oportunidades financeiras. Crenças perniciosas o estão atrapalhando, e têm de ser neutralizadas e retiradas do cenário emocional. Para fazer isso, vamos precisar fazer o que chamo de mudar o modo de pensar.

Mudando para melhor as convicções com relação ao dinheiro: um projeto para mudar o modo de pensar

Independentemente do Perfil Financeiro dominante que você venha a descobrir tratar-se do seu, seus pontos emocionais sensíveis o reprimirão, a não ser que você faça uma modificação cognitiva ou uma mudança no modo de pensar. Os resultados decorrentes de uma modificação poderão mudar sua vida! Eis o que quero dizer. Cada Perfil Financeiro encerra vários exemplos específicos de armadilhas emocionais que lhe são características. Essas armadilhas estão especificadas na seção "O Caminho Emocional", que apresento em todos os capítulos. Analiso os mecanismos internos que ativam continuamente os pontos sensíveis ou as armadilhas. Em seguida, mostro como *uma mudança no modo de pensar pode modificar as emoções* que anteriormente debilitavam sua contínua prosperidade. Este é o segredo da mudança: abandone as convicções financeiras nocivas a respeito de si mesmo que não atendem a nenhum objetivo. Em seguida, inverta essas convicções substituindo-as por crenças proveitosas e positivas, para sentir-se mais confiante com relação aos ganhos financeiros.

Segue-se um exercício detalhado que mostra como um ponto emocional sensível afeta a maneira como você vê o dinheiro e como uma modificação em seu modo de pensar o coloca no caminho da mudança. Você poderá se beneficiar ainda mais caso se remeta a esse projeto de mudança quando ler as seções sobre a mudança no modo de pensar no Caminho Emocional.

Para começar, peguei emprestada a sugestão de Jonathan Rich, a qual envolve um simples exercício escrito em que você registra uma antiga convicção a respeito do dinheiro que o esteja atrapalhando e, em seguida, associa-a à ocasião em que a adquiriu pela primeira vez e a tornou parte de seu modo de pensar. Em seguida, pergunte a si mesmo se deseja mudar o pensamento. Depois – e aqui está a grande novidade – escreva um pensamento substituto positivo. Minha sugestão é acrescentar mais duas perguntas importantes ao exercício do dr. Rich, para uma quinta e uma sexta dimensões. Minhas perguntas são: Como a antiga convicção faz você se sentir? Agarrar-se à crença obsoleta que está sempre causando dificuldades a você lhe confere algum benefício?

Para explicar melhor o exercício, usarei como exemplo o caso de Patti. Experimente o exercício em uma de suas convicções com relação a dinheiro que costumam sabotá-lo!

O dinheiro é uma droga emocional

Depois de muita "agonia e paciência", como descreveu Patti, compradora assídua de lojas de departamento, ela finalmente conseguiu se livrar de 35 mil dólares de dívidas não-garantidas, grande parte oriunda de cartões de crédito e empréstimos educacionais. Patti acaba de me escrever, dizendo que está determinada a nunca mais se endividar. Tornou-se mais cuidadosa com relação ao dinheiro, paga as contas em dia e sempre tem conhecimento de tudo que está devendo. Entretanto, acrescentou: "Ainda gosto, até certo ponto, de 'comprar coisas' – fazer compras é meu vício. Não perco completamente o controle com o dinheiro ou o crédito como costumava fazer, mas em certas ocasiões ainda cometo exageros e compro objetos desnecessários. Parte de mim acredita que contrair dívidas é a maneira de sobreviver. Não quero mais viver dessa maneira, e a simples idéia me assusta!"

Encontrando a solução para uma droga emocional

Sinto que a pessoa gastadora regenerada (alguém que provavelmente se encaixa bem no perfil Endividado) *é capaz* de alcançar a meta de viver de maneira mais segura e prosperar com o tempo. Patti deu o primeiro passo, o qual é muito importante. Identificou uma das convicções que alimentam suas farras de consumo motivadas pela emoção: *Contrair dívidas é aceitável. É assim que milhões de pessoas sobrevivem.* Patti precisa de ajuda, sabe disso e está enfrentando o problema. Agora ela pode trabalhar com a convicção da seguinte maneira:

Todas as respostas são as que Patti deu ao responder às perguntas.

Convicção obsoleta: Problemas financeiros, como meramente conseguir sobreviver ou estar endividada, são normais. É melhor gastar o dinheiro e me divertir um pouco na vida. Sempre posso descobrir mais tarde um modo de pagar a dívida.

De onde a convicção se originou? Meus pais sempre se queixaram de dinheiro. Quando eu era criança e pedia alguma coisa, quer eu precisasse dela, quer não, meu pai dizia: "Não, dinheiro não cresce em árvores." Em seguida, minha mãe geralmente acrescentava a sua versão pessoal de por que não podiam me dar o dinheiro, como: "Seu pai não ganha bem."

Jurei que, quando crescesse, daria a mim mesma tudo que precisasse e nunca teria de pedir nada a ninguém.

Como a convicção faz você se sentir? Ela faz com que eu me sinta assustada. Sei que, de certa maneira, sou descontrolada. Mas tenho necessidade de fazer compras. A coisa que acabo de comprar me dá prazer durante uma hora, talvez um dia, e depois me sinto mal por tê-la comprado. Eu me sentia culpada com relação a querer coisas quando eu era criança, mesmo que fosse apenas um par de galochas no inverno. Sempre que qualquer assunto relacionado com dinheiro vinha à tona, eu esperava que meus pais me rejeitassem. Sentia um nó no estômago. Nunca tinha certeza de que eles me amavam.

Você quer mudar sua convicção? Quero.

Quais são suas novas convicções? Sou dona do meu nariz. Não vou me privar de alguma coisa que eu precise, nem farei acrobacias para obtê-la. Não preciso mais ficar ansiosa a respeito de compras razoáveis.

Vou me sentir melhor se não fizer uma orgia de consumo para me "sentir melhor". O excesso de consumo é uma droga cujo efeito dura pouco e que não funciona, e estou ciente disso.

Sinto que mereço as coisas e posso comprar o que quiser para mim mesma, mas somente se meu orçamento o permitir. Minha capacidade de pagar os 35 mil dólares demonstra para mim que sou capaz de controlar meu dinheiro e manter o futuro seguro. Posso ficar muito mais satisfeita investindo o dinheiro ou pelo menos depositando-o no banco. Sei que consigo agir assim.

Minha auto-estima não depende do fato de meus pais terem ou não gastado dinheiro comigo no passado. Eles demonstraram seu amor por mim da única maneira que sabiam fazê-lo. Aceito essa situação e sigo livremente em frente! Posso parar de reviver o passado.

A história de Patti não é atípica. As orgias de consumo, também chamadas de "bebedeiras de dinheiro", são um tipo de ligação emocional inebriante com o dinheiro destinadas a criar desastre financeiro. Muitas pessoas que não vêm de uma família rica ou não têm experiência em administrar muito dinheiro gastam o que têm até perder tudo. A verdade é que sua ligação emocional com o dinheiro sempre será a principal razão pela qual você gasta ou deixa de gastá-lo. O melhor que você pode fazer por si mesmo é saber como se sente e por que se sente dessa maneira – e depois mudar seu modo de pensar.

Mas será que Patti é capaz de modificar seus sentimentos? Você conseguiria? Você o fará? A mudança nunca é simples ou fácil, mas, quando é para melhor, vale a pena o esforço – e a dor. Abandonar um hábito negativo nunca poderá causar tanta dor quanto o sofrimento que ele continuará a lhe causar se você não abandoná-lo.

É por esse motivo que você talvez precise fazer as mudanças lentamente e em pequenas etapas. Patti, por exemplo, provavelmente não é totalmente capaz de eliminar o medo e o anseio que sente quando vê algo que deseja. Ela poderá estipular uma meta, ou seja, dará permissão a si mesma para ceder a uma compra impulsiva uma vez por mês que não deverá exceder determinada quantia. Desse modo, Patti começará a aprender que dizer não a si mesma não precisa enviá-la de volta ao passado infeliz, ocasião em que sentia intensamente que suas necessidades estavam sendo menosprezadas.

Eis outro teste que você pode fazer para saber se deve transformar seu modo de pensar em um sistema de crenças mais positivo. Primeiro, identifique as circunstâncias nas quais você tem determinado comportamento com relação ao dinheiro que o prejudica. Se você ainda não sabe ao certo se deveria mudar, faça a si mesmo a seguinte pergunta:

Agarrar-me à convicção obsoleta que vive me causando problemas encerra algum benefício?

Qual o custo de prender-se a convicções negativas e que são, em última análise, financeiramente prejudiciais? O custo é tolerável ou intolerável? Pensemos mais uma vez em Patti. Estar endividada ou gastar em excesso como uma droga emocional a conduz de volta ao passado, na sala com seus pais, quando eles lhe negavam o que ela queria. Lá, ela era uma criança dependente sem nenhum poder aquisitivo e controlada por pais muito mesquinhos. Uma vez mais, os antigos hábitos de Patti são um modo de ela permanecer perto de casa. Muitos de nós preferimos repetir os erros cometidos contra nós na infância a enfrentar a dor de forma decidida e dizer: "Meus pais me magoaram terrivelmente e fizeram com que eu me sentisse muito mal." Com freqüência, podemos tentar corrigir os erros consertando-os como se fôssemos crianças. Esse é o comportamento de Patti quando faz compras de modo indiscriminado. O familiar de algum modo parece mais seguro, mesmo quando o resultado não poderia estar mais distante da segurança que ela está buscando. É mais fácil agir do que sentir. É mais fácil para Patti agir de modo impulsivo do que lidar com seus sentimentos de desapontamento e dor.

Patti tem de decidir se o medo de "sair de casa" e criar seu caminho no mundo é maior do que voltar a contrair dívidas e possivelmente ficar completamente sem dinheiro.

A auto-estima de Patti estava ligada ao sentimento de que ela não merecia ter muito e que não era amada por pais que relutavam em gastar dinheiro. Assim, se as crenças de que "dinheiro é uma droga emocional" e de que é preciso "contrair dívidas para manter o vício" proporcionam um ganho pessoal e financeiro, não há razão para mudar. No entanto, quando ocorre uma perda real nas duas áreas, mudar o modo de pensar faz sentido: as convicções não estão mais funcionando para você. Você está tendo um custo excessivamente elevado para sentir-se bem a curto prazo ou para permanecer emperrado, lutando com problemas de dinheiro.

Enfrentar as dificuldades que causam seus problemas o aproxima mais do bem-estar emocional *e* financeiro. Algumas pessoas dizem que têm uma profunda percepção a respeito de por que sentem e agem de determinada maneira, e jamais poderão retomar os hábitos destrutivos. Desejo o mesmo para todos vocês!

Vamos então começar.

Capítulo 3

Os Batalhadores

Você acredita que terá sucesso se der a impressão de que é bem-sucedido?

Você acredita que as pessoas só respeitam aqueles cuja imagem expressa status?

Você sente o mesmo orgulho por seus bens que sente por suas realizações?

"Todo mundo quer dinheiro. Por isso o chamam de dinheiro", explica o ator Danny DeVito a um amigo no filme *Heist*. É claro que, no nível mais simples, ele está certo: ter dinheiro é melhor do que não tê-lo. Também podemos detectar nesse comentário jocoso a implicação de algo mais profundo, uma convicção compartilhada por milhões de pessoas: todo mundo deseja ter dinheiro graças à sua capacidade de comprar o poder, os melhores bens materiais e, é claro, em razão da idéia que as pessoas têm acerca de posição hierárquica. Em outras palavras, DeVito está dizendo que todo mundo quer ser rico – e que cada um de nós é um Batalhador.

Afinal, viver no luxo nos faz sentir bem. Ter os mais recentes símbolos de status podem elevar nossa posição em nosso círculo social, enquanto dinheiro no banco e investimentos inteligentes podem proporcionar segurança. Sem dúvida, portanto, o estilo de vida do Batalhador em seu estado ideal, com todos os símbolos do sucesso, pode ser emocional e financeiramente gratificante. Entretanto, como já vi repetidas vezes, ele só é gratificante quando sabemos que realmente lhe é acessível. Com excessiva freqüência, o Perfil Finaceiro Batalhador se apaixona pelos bens do status e sacrifica a poupança e as oportunidades de investimento a longo prazo para gastar hoje. Esse não é de modo algum um estado ideal.

Você respondeu sim a qualquer uma das questões no início do capítulo? Em caso positivo, talvez sinta necessidade de ser um Batalhador. No entanto, se você está cansado de manipular recursos e não ter segurança para o futuro, estou aqui para lhe mostrar como pode fazer seu dinheiro suado trabalhar para você de modo a maximizar o retorno do investimento e ainda permitir que reste alguma coisa para ter uma vida abundante porém dentro de seus recursos.

Meu propósito não é modificar completamente sua tendência de Batalhador. Ao contrário, oferecerei soluções reais, orientando-o por meio de exercícios simples que o ajudarão a conhecer intimamente seu Perfil Finaceiro. Esse conhecimento lhe permitirá estabelecer metas monetárias realistas e colocá-las em ação. Os benefícios? Você passa a controlar suas finanças, constrói capital para o futuro, domina suas áreas de tensão emocional relacionadas com dinheiro e, em última análise, tem uma *verdadeira* sensação de paz. Além disso, você se torna o tipo de pessoa realizadora que deseja ser, em vez de apenas se parecer com uma.

Em primeiro lugar, você tem de compreender sua personalidade de Batalhador, com seus pontos fortes e fracos, bem como os tipos de problemas que enfrenta. Em seguida, descobrirá como trabalhar com seu perfil para obter o melhor de si mesmo.

O Batalhador revelado

Se você é um Batalhador, o dinheiro é um símbolo poderoso que o transforma em função do que ele pode comprar. Para você, emoção envolve status e viver como se ganhasse mais do que realmente ganha. Você tem problemas quando as coisas que o seduzem não lhe são acessíveis. Seu desejo de gastar encerra um significado mais profundo: o dinheiro que desembolsa possibilita que você "marque os pontos" e se compare com os outros: "Tenho a maior casa" ou "guarda-roupa" ou "barco". Desse modo, você consegue sentir: "Valho tanto quanto qualquer outra pessoa." Assim como o alimento pode oferecer conforto psicológico para uma pessoa que come demais, comprar bens sofisticados e associar-se a pessoas ricas alimenta a dinâmica interior de seu perfil.

Você acreditaria se eu lhe dissesse que conheço pessoas que moram em casas de 1 milhão de dólares e aplicam todo o dinheiro na manutenção da propriedade para que pareça magnífica quando observada pelo lado de fora? Se você entrar em uma dessas casas, encontrará apenas, literalmente, uma cama, uma cômoda, uma televisão e algumas cadeiras em aposentos praticamente vazios. Os proprietários afirmam que esse comportamento é aceitável porque uma casa magnífica lhes confere esperança e motivação para ganhar mais dinheiro. No entanto, eles se preocupam com o dinheiro, ou até mesmo ficam um pouco em pânico e receosos de perder tudo que têm! Essas pessoas podem ter um guarda-roupa luxuoso, mas não dispõem de um fundo de emergência, seguro-saúde, nem mesmo começaram a pensar na aposentadoria. Elas afirmam que se sentem bem com a situação, mas é de causar surpresa o fato de não conseguirem dormir à noite?

Na vida real, ser de fato "rico" é um privilégio desfrutado por apenas 4 por cento dos americanos. Considero esse percentual impressionante! Dos outros 96 por cento, cerca de metade leva uma vida satisfatória, enquanto mais ou menos 45 por cento dos americanos lutam para conseguir chegar ao final do mês. Nos muitos anos em que venho atuando como consultor financeiro, um dos principais elementos do Batalhador não mudou: não dispor dos recursos não impede que muitas pessoas continuem a *super*estimar o que ganham e *sub*estimar o que gastam. Se você é um Batalhador, provavelmente está desligado do motivo pelo qual está gastando tanto dinheiro em vez de investi-lo ou guardá-lo para a aposentadoria. A boa notícia é que, como esse perfil é esperto e ambicioso, você *pode* corrigir seu comportamento e fazer o dinheiro trabalhar para você.

Então, como todas estas características se encaixam na sua vida real e na de outros batalhadores?

Os pontos fortes do Batalhador

A maioria das pessoas – embora não todas – que preferem o estilo do Batalhador tem energia e motivação para fazer as coisas acontecerem. Você tem idéias criativas e trabalha melhor quando se encontra em uma situação vantajosa ou trabalha por conta própria. Você gosta de estar no controle e pode ser um empreendedor de primeira. Quando você detecta um bom investimento, descobre um modo de participar dele. Se você tem quaisquer qualidades extraordinárias em comum com outros Batalhadores, elas certamente são a competência nas vendas, no marketing e na promoção pessoal. Você consegue convencer as pessoas a aceitá-lo em um negócio ou direcionar sua energia para vender aos outros um produto, uma filosofia ou um estilo de vida. Provavelmente é desse modo que você ganha dinheiro.

Às vezes fico assombrado com a capacidade que seu perfil tem de fazer com que outras pessoas o ajudem a realizar seus sonhos. Como você é apaixonado por aquilo que o motiva, consegue convencer os outros a segui-lo. Seu perfil em geral não espera que alguém lhe ofereça o que você quer; você está disposto a trabalhar, sentir um grande orgulho de suas realizações e aceitar a derrota com dignidade caso venha a perder. No entanto, entre os vários Perfis Financeiros, você é quem mais se importa com as aparências. Você precisa aparentar ser bem-sucedido e ter uma boa aparência para obter a aprovação dos outros. Acima de tudo, quer dar a impressão de que alcançou o sucesso social. Quando você viceja em um estilo de vida próspero, sabe como harmonizar seus talentos, suas qualidades e sua competência. Isso também indica que você aprendeu a lidar de modo eficaz com seus pontos fracos. Os reveses fazem parte da equação que pode colocar a prosperidade em perigo. A capacidade de identificar suas fraquezas e agir de modo a lidar com elas fará toda diferença.

Os pontos fracos do Batalhador

Não é difícil explicar a maioria de seus problemas financeiros: resultam de sua tendência de *super*estimar o que você ganha e *sub*estimar seus gastos. Você pode ver, por exemplo, algo que quer comprar. Em vez de verificar se pode se dar ao luxo de comprá-lo agora, chega à conclusão de que, quando receber o décimo terceiro salário, um possível aumento ou quando aquela grande oportunidade planejada se concretizar, você facilmente pagará a conta. Assim, você vai em frente e compra a mercadoria. Entretanto, geralmente você não tem o dinheiro necessário na ocasião do vencimento da fatura. Sua entrada de recursos é limitada e você comprou coisas demais que não foram pagas. Esse comportamento está associado a seu segundo problema como Batalhador: *a disposição de colocar-se financeiramente em risco para garantir que terá bens sofisticados quando os desejar*. Quando essas compras ficam fora de controle, especialmente no que diz respeito a mercadorias caras, sua derrocada financeira pode estar a caminho.

Ocasionalmente, você se transforma em um guerreiro financeiro e começa a lutar pelo que deseja possuir. Essa atitude seria admirável se seus esforços estivessem voltados a uma causa que visasse à obtenção do lucro ou a um investimento inteligente. Ao contrário, quando você não tem o dinheiro que precisa para adquirir um artigo sofisticado que possa lhe conferir status, como um terno ou um conjunto feito sob medida, um relógio de pulso incrustado com pedras preciosas, ou ainda para fazer uma sofisticada reforma na cozinha, é doloroso aceitar a verdade: você não tem dinheiro suficiente. O fato de você não ter o produto o deixa ansioso. Seu desapontamento se agrava e a ansiedade alimenta o seu espírito de luta. Você fica determinado a conseguir o que quer, e esses não são seus melhores momentos. Você não está acima de enganar os outros, ludibriar as pessoas ou tratar com arrogância qualquer um que atravesse seu caminho, para obter o que deseja. Os símbolos de viver de modo abundante são capazes de levá-lo a fazer tudo isso.

Embora ser financeiramente empreendedor represente em geral, um ponto forte – ou seja, encontrar alguém que financie total ou parcialmente um projeto –, nesse caso a situação lhe é prejudicial. Aqui, você é motivado pelo sentimento do desespero de desejar possuir algo pelo qual você não pode pagar, e mostra-se disposto a ser um pouco menos do que totalmente honesto. Tenho clientes que confessaram ter inventado histórias que prejudicam a credibilidade, a fim de obter um empréstimo de um amigo ou parente. Ao mesmo tempo, calculam como podem retardar o pagamento do empréstimo obtido antes que seu benfeitor perceba que o dinheiro foi usado na compra de um artigo de luxo. Em ocasiões tais, sei que você não pode se sentir bem com esse aspecto do Batalhador.

Qualquer tipo de empréstimo ou dispêndio imprudente o leva a viver bem além de seus recursos, preparando-o, assim, para o fracasso. Os Batalhadores podem deixar para trás muitos destroços, tanto emocionais quanto financeiros. Por não permanecer consciente de suas deficiências, você pode permitir que falhas de discernimento com base em reações imediatas e fraquezas venham atrapalhar a estabilidade financeira e o sucesso profissional.

No final, as pequenas peças do quebra-cabeça de seu Perfil Financeiro podem se juntar. Isso ocorre quando você se concentra na natureza do íntimo relacionamento que tem com o dinheiro e descobre por que, para você, gastar dinheiro com as aparências é mais importante do que ter estabilidade financeira.

Vamos conhecer alguns Batalhadores. Embora os detalhes de suas experiências possam ser diferentes dos seus, é provável que as difíceis situações financeiras e emocionais que eles enfrentaram lhe pareçam extremamente familiares.

Se você não for alguém, você não é ninguém

Recebi um e-mail de um homem de Cleveland (vou chamá-lo de Tim) que expôs os detalhes de suas finanças e pediu meu conselho sobre como poderia arranjar o dinheiro para manter as duas filhas em uma escola particular. O custo: 20 mil dólares por ano para cada menina. "Elas não podem freqüentar a escola pública", escreveu Tim, e pude sentir a emoção em seu apelo. "Minhas filhas precisam estar em um lugar melhor. Isso é algo fundamental."

A tentativa de Tim de ganhar mais 40 mil dólares por ano para pagar a escola particular dá início à história de um Batalhador repleto de questões financeiras emocionalmente carregadas que lhe causaram um grande dano. Você talvez entenda o dilema dele. Depois de conversar várias vezes com Tim, descobri o que estava errado. Ele tem grandes sonhos e quer se sentir importante, o que significa ter um cargo importante na empresa, roupas que digam aos outros que ele tem uma posição elevada, uma casa que deixe transparecer que ele é bem-sucedido na vida, os filhos na escola particular e um círculo social de elite. Como ele resumiu: "Ser alguém." Lamentavelmente, Tim estava disposto a sacrificar coisas demais pelo status, tanto sob o aspecto emocional quanto sob o financeiro. Tim é um caso clássico da pessoa que *super*estima o que ganha e *sub*estima o que gasta.

Até dois anos atrás, Tim e a mulher, que também trabalha, mal estavam conseguindo se sustentar com o que ganhavam para manter esse sonho. Entretanto, a grande agência de publicidade na qual Tim trabalhava fez um *downsizing* e Tim foi demitido depois de ter trabalhado 18 anos na empresa e ter sido promovido a vice-presidente. Nas palavras de Tim, "a empresa o mastigou e depois cuspiu fora". Seu salário, na época, era de 120 mil dólares anuais. Tim, então, viu-se desempregado, endividado, com uma família para sustentar e andando pelas ruas em seus ternos novos Ralph Lauren.

Embora estivessem vivendo do salário de professora da mulher, tivessem vendido suas ações e certificados de depósito, e recebido a indenização de um seguro, Tim ainda acreditava em mágica. Estava certo de que sua imagem externava "sucesso" para os outros e que ela lhe conseguiria um ótimo emprego em outra empresa. Tim percorrera um longo caminho, mas não percebia que passara a acreditar que ele e seus bens eram a mesma coisa – e que perdê-los significaria perder a si mesmo.

Os gastos de Tim deram origem a brigas conjugais. O casal tinha uma poupança, mas nenhum dinheiro reservado para a faculdade das filhas gêmeas. Com frequência, a mulher de Tim entrava em pânico por ter de pagar o custo exorbitante da escola particular, mas ele conseguia acalmá-la o suficiente para vender-lhe os próprios sonhos. Tim acabou aceitando um emprego de nível inferior ao do cargo que ocupara na empresa que fizera o *downsizing*. Foi mais ou menos nessa época que sua armadura de Batalhador começou a rachar: "Descobri que as aparências na verdade não enganavam ninguém." Quando a esposa ameaçou deixá-lo se ele não controlasse os gastos e não fizesse terapia, Tim cedeu, mas foi uma decisão difícil para ele.

Tim é talentoso, inteligente e deseja ardentemente o sucesso, mas, aos 46 anos, seu problema é que ele, na verdade, não funciona tão bem em um ambiente altamente dinâmico. Tim é muito competente em funções de nível médio, mas não consegue aceitar esse fato. Ele almeja os cargos mais altos e nunca os consegue. Ele simplesmente não é um concorrente forte o bastante. Lamentavelmente, Tim estava comprando um terno sofisticado que achava que pagaria com o salário de um emprego que ainda não tinha. Ao gastar dinheiro antes de ganhá-lo, Tim não estava ativando seu sonho de "ser alguém". Ao contrário, estava cada vez mais colocando a si mesmo e sua família em risco. No momento em que escrevo estas linhas, o casal está pensando em dar entrada no pedido de falência.[1]

O fator ser alguém: representar o papel para conseguir o papel

A fraqueza de Tim, no sentido de agarrar-se obstinadamente à idéia de ser alguém, é a base de outra armadilha do Batalhador: meter-se em apuros por repre-

---

[1] Nos Estados Unidos, a pessoa física pode pedir falência. No Brasil, existe a situação de insolvência civil. (*N. da T.*)

sentar o papel antes de obtê-lo. Tim vestia as roupas que julgava que o tornariam perfeito para a presidência. Entretanto, embora os outros achassem que seu terno sob medida caía bem nele, sabiam que o mesmo não se daria com o cargo.

Desempenhar o papel não é o problema. Alguns behavioristas afirmam que, ao representar uma situação, você passa a ter uma idéia de como ela é e descobre o modo de se encaixar neste mundo. Você se veste para o papel e assume a atitude que, imagina, irá garantir-lhe a entrada. Você faz anotações de como interage com o grupo que deseja impressionar. Ao desempenhar um papel, você pode fazer com que outras pessoas acreditem que o papel *é* você, e também convencer, ao mesmo tempo, a si mesmo. Por exemplo, se você estaciona seu Fusca em um lugar e aluga uma Ferrari para dar a impressão de estar na mesma categoria das pessoas com quem vai se encontrar, você está representando o papel do sucesso. Você se apresenta como se já tivesse alcançado o sucesso. Raramente os investidores entregam dinheiro a pessoas que dizem *precisar* dele e dão a impressão de estar em dificuldades. Os investidores querem estar confiantes de que estão colocando o dinheiro nas mãos de alguém capaz de administrar o dinheiro deles, e você certamente quer demonstrar que essa confiança se justifica.

Essa artimanha é perfeitamente aceitável, e só é perigosa quando você não consegue cumprir o que prometeu. Quando tudo não passa realmente de fingimento, você está fadado a criar um desastre financeiro não muito diferente do de Tim.

No entanto, outro elemento dos hábitos de consumo de Tim foi bem além da representação de um papel. Ele comprava um terno caro como se fosse uma espécie de talismã, como se a roupa estivesse impregnada de poderes capazes de fazer seu desejo tornar-se realidade. Essa convicção é compartilhada por muitas pessoas com tendências de Batalhador. A respeito do assunto, o economista Robert Heilbroner escreveu o seguinte: "A análise constata que, mesmo depois de a criança separar o mundo exterior do interior, continua a dotar as coisas externas da propriedade mágica de ser parte de si mesma. Formulando essa afirmação de outra maneira, a criança considera sua personalidade contagiante, e acredita que ela irradia algo de si mesma sobre os objetos importantes. Seus bens são parte do seu eu." No caso de Tim, eram de fato os bens que faziam com que ele sentisse que era alguém. Era impossível separá-los dele. Sua razão de ser era desejar coisas, e seu mantra era "Tenho isto, logo existo".

A verdade é que a sensação de sucesso provém primeiro do interior, e não dos símbolos externos. Esse modo de pensar levou Tim a se endividar, tudo em prol das aparências.

As origens do fator ser alguém

Conversei sobre o assunto com vários terapeutas para perguntar por que alguns Batalhadores, como Tim, estão dispostos a prejudicar a si mesmos e aos outros. No geral, a resposta é que o fato de parecer bem-sucedido e possuir objetos sofisticados representa a prova de que você tem valor e é importante. Em outras palavras, significa que você é alguém. Essa atitude se reduz a uma auto-estima ferida, evidente em toda pessoa Batalhadora que está pagando um custo emocional e financeiro elevado demais. (Falarei sobre isso mais tarde, no Caminho Emocional. Você aprenderá a curar antigas feridas relacionadas com dinheiro e auto-estima.)

Sem dúvida, algumas das razões que levam as pessoas a se comportar como se a vida fosse um sonho que está sempre prestes a se tornar realidade podem ser encontradas na história pessoal de cada uma. Quer você tenha sido criado em uma família rica, de classe média ou da classe trabalhadora, talvez seus pais considerassem que os bens materiais ou o dinheiro eram substitutos aceitáveis para o afeto e a atenção, de modo que você sempre se sentiu rejeitado. Talvez sua mãe o subornasse com comida, presentes ou dinheiro para convencê-lo das coisas, ou seu pai costumasse fazer o jogo que vincula dinheiro a amor, ou dinheiro a poder, para confundi-lo.

A simples verdade é que nem todo mundo é capaz de ter um sucesso brilhante nos negócios e ganhar e gastar milhões. Algumas pessoas são empreendedoras e dinâmicas, mas só conseguem avançar até certo ponto. Tim é uma pessoa assim, e tinha dificuldade em aceitar essa realidade a respeito de si mesmo. Entretanto, esse fato não o impediu de desempenhar o papel, mesmo nos piores momentos, ou de comprar aquilo com que sonhava: os símbolos de ser alguém.

Em breve, apresentarei os passos e exercícios que Tim realizou para colocar sua vida de volta nos trilhos.

Em seguida, vamos examinar Valerie, cuja história encerra um profundo componente emocional.

Merecimento: o que aconteceu? Meu destino era ser rica!

Enquanto Tim sonha em impressionar os outros parecendo importante, o que alimenta o mecanismo Batalhador de Valerie tem mais a ver com vínculos profundos e com a identificação com uma mãe para quem manter as aparências equivale à própria essência vital.

Criada para acreditar que merecia o que havia de melhor, Valerie estava determinada a casar-se com um homem rico o bastante para realizar seus sonhos. Ironicamente, assim como a mãe, não encontrou um milionário. Em vez disso, Valerie casou-se com um golfista profissional que não era nenhum fenômeno e que agora dá aulas em regime de tempo parcial em um clube esportivo. Don era mais velho do que ela vinte anos. Ele achava que o que ganhava com as aulas mais sua pensão anual poderiam sustentá-los confortavelmente, mas Valerie queria mais. Manteve o emprego de executiva em uma empresa de trajes esportivos para garantir a sua renda adicional. "Eu não queria sofrer como minha mãe sofrera", declarou Valerie. "Ela me criou para acreditar que eu poderia ter tudo que quisesse. Queria mostrar a ela que eu reunia as qualidades necessárias para conseguir o que queria e que eu poderia ter o que *ela* sempre desejara: dinheiro sem preocupações."

Os pais de Valerie haviam sido ricos na infância até que os avós de Valerie, dos dois lados da família, sofreram reveses financeiros. Ao que consta, a família do pai perdeu quase todo o dinheiro no final da década de 1940 por causa de investimentos malsucedidos, e a família da mãe passou a ter dificuldades financeiras mais ou menos na mesma época.

"Minha mãe nunca se recuperou totalmente do fato de ter visto um homem, creio que enviado pelo banco, entrar no Cadillac de meu avô e levá-lo embora", confessou-me Valerie. "Acho que ela tinha 12 anos na época, e era uma menina mimada. Meu avô estava fora da cidade. Minha avó ficou histérica, abalada ao ver retomarem o carro, e ficou morrendo de medo que o mesmo acontecesse com a casa, que foi exatamente o que ocorreu. Minha mãe era apenas uma criança, mas se sentiu humilhada, e ficou preocupada com a possibilidade de que seus amigos passassem a evitá-la se descobrissem que seu pai não podia mais pagar as contas."

A mãe de Valerie nunca conseguiu se livrar de suas tendências aristocratas e, enquanto crescia, sonhava em tornar-se rica novamente. Esperava poder realizar seu sonho por intermédio de um homem que lhe devolvesse no casamento o que ela sentia que lhe fora injustamente tomado na infância: luxo. Mas isso não aconteceu. Ao contrário, casou-se com o pai de Valerie, um homem com um passado semelhante de perda financeira que nunca chegaria a ganhar o suficiente para proporcionar-lhe o bem-estar material que tanto almejava. Esse fato não impediu a mãe de Valerie de comprar o que havia de melhor para a filha e ficar endividada.

"Fui criada em um lar no qual o dinheiro era escasso, mas minha mãe só saía de casa vestida com uma roupa de grife", disse Valerie. "Ela dava um jeito de usar a saia ou o casaco com algum acessório para que parecessem quatro trajes diferentes. O objetivo era dar a impressão de que tinha algo para exibir. Todas as nossas conversas giravam em torno de dinheiro. A tensão era brutal. Morávamos em um pequeno apartamento, mas isso não tinha importância para minha mãe. Ela raramente recebia visitas, preferindo gastar seu dinheiro comprando coisas para mim. Andava na rua usando suas roupas e sentindo-se como se tivesse 1 milhão de dólares, e me vestia para que eu aparentasse o mesmo. Meu pai estava sempre deprimido a respeito de dinheiro, de modo que minha mãe arranjou um emprego."

INSTANTÂNEO FINANCEIRO DE VALERIE

Valerie não deseja uma vida igual à dos pais. Depois de anos de casada, sente que ela e o marido estão financeiramente estáveis.
- A renda anual combinada do casal é de 90 mil dólares.
- Possuem algumas antiguidades compradas em leilões, mas, ao contrário da mãe de Valerie, nunca se endividaram para adquirir objetos de luxo pelos quais não conseguiriam pagar.
- Valerie e o marido, que é conservador com relação a dinheiro, aplicam a maior parte de sua renda disponível em títulos de renda fixa e em algumas ações de primeira linha.
- Ambos têm seguro de vida.
- Valerie tem um plano de aposentadoria no trabalho pelo qual deduz 50 dólares por mês de seu salário.

Ao se aproximar do seu quadragésimo aniversário, Valerie cedeu ao desejo de ter uma casa magnífica e convenceu o marido a dar um salto. Ela investiu a maior parte da poupança de uma vida inteira do casal em uma enorme casa de três quartos com uma boa vista. "Não tenho dormido bem desde que nos mudamos", confessou-me. "Não era meu destino que, a esta altura, as coisas estivessem mais fáceis? Parte de mim está aturdida porque a vida não correspondeu ao grande desígnio que minha mãe previa para mim. Parte de mim é prática o suficiente para saber que tenho de criar meu próprio caminho. Jamais imaginei que ficaria tão confusa a respeito de comprar a casa que sempre senti merecer." Valerie adora a casa, mas não consegue descobrir o que deve fazer a seguir. Abandonar a fantasia de que seu destino sempre foi morar em um lugar grandioso? Descontar a frustração no marido, bem mais velho, que, para início de conversa, não queria se mudar, e destruir o relacionamento? "Estou com o ônus da maior parte dos encargos financeiros. Eu sabia que Don não poderia ajudar-me nesse aspecto, então como posso ficar zangada agora?", comentou.

POR QUE EXALTAMOS O STATUS

Existem Batalhadores exagerados e notórios para quem ter dinheiro tornou-se um exercício de arrogância e merecimento, e ouvimos histórias sobre eles todos os dias. O canal E! Entertainment Television mostra em programas como *It's Good to Be* como essas pessoas gastam o seu dinheiro. Eles totalizam o que atletas, artistas famosos e celebridades que recebem salários fabulosos gastam com suas equipes, consultores financeiros, casas e um estilo de vida exagerado.

O status talvez esteja cercado por uma espécie de magia, mas às vezes dá a impressão de ser uma maldição. Alain de Botton, autor e sociólogo, escreveu o seguinte no livro *Status Anxiety*: "A sede de status, como todos os apetites, pode ser útil: estimula-nos a fazer justiça a nossos talentos, encoraja a excelência, evita que cometamos excentricidades nocivas e aglutina os membros de uma sociedade em torno de um sistema de valores comum. Mas, como todos os apetites", conclui de Botton, "seus excessos podem nos causar danos".

A imagem de Batalhadora de Valerie é particularmente arraigada. Ela presenciou a mãe gastar dinheiro sentindo que o merecia e, embora seja mais prática do que a mãe, Valerie identifica-se fortemente com os valores maternos. Presa ao passado, Valerie acreditava que sua casa magnífica lhe proporcionaria um sentimento de bem-estar e provaria finalmente à sua mãe que ela, em suas palavras, "tinha o direito de desfrutar do bom e do melhor como todas as outras pessoas".

O estrago para Valerie é vincular o valor de sua auto-estima ao valor de se vangloriar de seu direito a uma casa de três quartos em um bairro sofisticado. Não é raro um Batalhador assumir um possível risco financeiro por desejar satisfazer o sonho de um dos pais. Ao adquirir uma casa fabulosa, Valerie esperava demonstrar seu amor e sua lealdade à mãe.

Esquecendo o passado ao melhorar a situação atual

Enquanto Valerie talvez deseje realizar um destino que sua mãe afirmou que ela merecia, Mark está criando um futuro de Batalhador alimentado pelo impulso de ser bem-sucedido para fugir do passado. Tanto a mãe de Valerie quanto a de Mark exerceram uma poderosa influência nos filhos durante a fase de crescimento. Valerie ainda está ligada à dela, mas Mark desligou-se da sua. O relacionamento de ambos, que um dia foi próximo, hoje está tenso. As coisas, para a mãe dele, de certo modo giram em torno de dinheiro. Para Mark, giram em torno do prestígio e de tudo que o acompanha.

A história de Mark é uma narrativa clássica do menino esperto que sabe o que quer desde tenra idade – muito dinheiro – e dá um jeito de sair de um bairro pobre para consegui-lo. "A piada na área permitida aos trailers onde fui criado era que a única maneira de sair dali seria gravando um disco de sucesso", diz Mark com uma risada. "Agora é ganhando na loteria. Mas a idéia é a mesma, ou seja, achar que subir na vida envolve melhorar a situação por meio da sorte, e não de qualquer outra coisa. Não posso esperar pela sorte. Quero bem mais do que isso, e descobri que o conseguiria por meio de meu próprio esforço. E eu estava certo."

Mark mudou-se recentemente para Miami e acha que seu salário de 200 mil dólares anuais, o máximo que já ganhou até hoje, mal dá para sustentar seu estilo de vida Batalhador, cada vez mais sofisticado. Tendo acabado de adquirir uma casa de 1,2 milhão de dólares, Mark está muito distante do bairro no Arizona, onde passou a infância. O dinheiro é tudo para Mark e Toni, a mulher com quem é casado há dez anos e que, segundo ele descobriu há pouco tempo, mente a respeito do que gasta. Como acabou de ser transferido para a Flórida, esse homem de 36 anos receia que qualquer mudança na empresa possa colocar seu emprego em risco. Mark teme perder o emprego, o dinheiro e a esposa de classe média alta, e acabar tendo de morar de novo em um trailer. "Não sou mais como essas pessoas", afirma. Ter uma vida abastada é importante para ele.

Crescendo e querendo mais coisas

A vida pregressa de Mark está repleta de conflitos relacionados com as diferenças entre as classes sociais e com aquilo que o dinheiro realmente pode fazer pelas pessoas. Mark nasceu na Louisiana alguns meses depois da separação de seus pais, que não eram casados. Quando Mark estava com 4 anos, sua mãe se casou. "Ela estava no estágio 'nós somos o povo', e ainda era um pouco hippie, de modo que ela e meu padrasto decidiram morar em um trailer," revelou Mark. "Amigos de meus pais criados em famílias endinheiradas moravam naquele local, mas se identificavam com a classe trabalhadora. Achavam que as pessoas que moravam na área dos trailers eram mais verdadeiras. Eu não gostava nem um pouco daquela realidade. Eu a via como uma vida inferior, roupas compradas em brechós, períodos que passávamos recebendo alimentação do governo. No entanto, só passei a odiá-la quando ingressei na segunda fase do ensino fundamental. O pior, detesto confessar, é que comecei a ter vergonha de meus pais. Um dia então, minha mãe teve um despertar com relação a dinheiro. Parou de pensar que deveria evitá-lo e passou a achar que tinha de consegui-lo!"

Bill Cosby declarou, certa vez, que as primeiras crianças ricas que conheceu foram seus filhos. A mãe de Mark mostrou-se decidida a impedir que seu filho contasse a mesma piada. Quando Mark estava com mais ou menos 13 anos, ela começou a incentivá-lo a fazer amizade com os jovens endinheirados da escola, "afirmando enfaticamente", diz Mark, "que as pessoas que tinham dinheiro eram melhores do que nós, que não tínhamos dinheiro algum. Uma das principais razões pelas quais ela mudou foi o fato de meu padrasto não ter nenhuma ambição além de seu contracheque, e minha mãe queria que eu fosse mais do que presenciava em casa."

No que dizia respeito às ambições da mãe de Mark para o filho, a geografia estava do lado dele. O local onde ficava a área dos trailers fora determinado por um zoneamento antigo, de modo que fazia parte de uma grande propriedade agrícola e estava situado nos arredores do distrito escolar "de nível mais elevado". Desse modo, as crianças da área dos trailers estudavam em uma boa escola, freqüentada por meninos e meninas de famílias ricas. "Comecei o ensino médio como um trabalhador braçal esperto", disse Mark, "e depois, por acaso, descobri o tênis e tornei-me aluno de uma escola preparatória. Com o tempo, melhorei o suficiente para vencer algumas competições escolares. Isso foi minha maneira de chegar ao grupo de elite. Eu trabalhava entregando jornais, mas passei a gastar cada centavo de meu salário na compra de, por exemplo, uma camisa Lacoste, sapatos e bermudas."

INSTANTÂNEO FINANCEIRO DE MARK

Mark está financeiramente em seu limite e só se mostrou disposto a revelar o seguinte a respeito de sua condição financeira:
- Sua empresa paga o plano de saúde e contribui para seu fundo de aposentadoria 401(k)[1], mas ele está se aproximando dos 40 anos e o futuro começa a preocupá-lo.
- Como Mark está compensando agora o que não viveu quando criança, seu fluxo de caixa reflete o fato de que ele ainda está empenhado em provar que é "melhor". Por agir assim, ele gasta tudo que ganha.
- Ele deve Imposto de Renda e teve de deixar passar várias possibilidades de bons investimentos por não dispor do capital necessário.
- Além disso tudo, Toni, sua mulher, lhe custa caro e faz exigências diárias. Mark afirma que o que importa para ele é deixá-la feliz, independentemente do quanto isso possa lhe custar.

A mãe de Mark estava feliz com as escolhas do filho e o estimulava a pensar em ganhar sempre mais no futuro. "O tênis me tornou mais competitivo e determinado a escapar da área do trailer", acrescentou Mark, "e, ao andar com garotos que tinham dinheiro, aprendi como agir e o que dizer. Até mesmo conheci a menina com quem me casaria oito anos depois".

Mark tem orgulho de suas realizações como Batalhador, mas está obcecado pela maneira como trata os pais, que hoje moram em uma pequena casa na área

---

[1] O fundo de previdência PGBL (Plano Gerador de Benefícios Livres) no Brasil foi inspirado no plano 401(k) dos EUA. (*N. do R.T.*)

"errada da cidade", em um bairro que "incomoda" sua mulher quando ela precisa ir até lá com os dois filhos do casal. "Não me entenda mal", declara Mark. "Reconheço o que minha mãe fez por mim. Mas é difícil para minha esposa ficar perto dela e de meu padrasto, o qual, segundo ela, veste integralmente a camisa do operário reacionário e preconceituoso." Adoro minha vida em Miami e farei qualquer coisa para conservá-la. No momento, isso significa deixar de visitar meus pais e não receber visitas deles."

O que é classe social?

Mark tem de resolver uma série de questões que esclareçam o significado do dinheiro para ele e os valores de sua esposa, que pertence à classe média alta. A mãe de Mark queria que o filho subisse na vida, mas não esperava ser rejeitada nesse processo. O que aconteceu a Mark não é incomum. Ele está sentindo o que Alfred Lubrano mencionou no livro *Limbo: Blue-Collar Roots, White-Collar Dreams,* como "dissonância de status". Lubrano afirma que, quando pessoas de procedência operária sobem na vida, seus valores e metas essenciais são desafiados. O resultado é uma profunda reação emocional que traz à tona conflitos e dúvidas. Esforçar-se só apaga esses conflitos e dúvidas se você tiver feito as pazes com seu passado. Essa é a descrição perfeita de Mark.

Os valores operários, como Lubrano os descreve, estão concentrados em ser leal à família, ganhar dinheiro, casar e procriar, e quando a pessoa sobe na vida, esses valores são suplantados, ele escreve, "por coisas a respeito das quais você nunca conversou em casa: realização pessoal, obrigações sociais, busca do conhecimento pelo próprio conhecimento". Quando você sobe na vida, surgem perguntas como: você está abandonando seu passado? Está traindo suas raízes quando ganha muito dinheiro por ter realizado mais na vida? Algumas pessoas se empenham terrivelmente em ter sucesso, e depois não conseguem suportar o que alcançam. Ouvi falar em um homem que saiu de uma pobreza quase absoluta e ficou milionário. Meses antes de morrer, construiu uma fogueira e queimou todas as suas cautelas de ações e quase 1 milhão de dólares em dinheiro. Essa foi sua maneira de dizer que estava arrependido de ter tido vergonha, durante toda a sua vida, dos pais e de seus primeiros anos de vida. As coisas não precisam ser assim.

"Embora a raça e o sexo tenham tido as suas décadas de destaque, a classe social foi encoberta e negligenciada. É a palavra com "C" – o componente problemático da 'tríade do ferro'", escreve Lubrano. "As pessoas gostam mais de falar sobre sexo do que sobre dinheiro, e mais sobre dinheiro do que sobre classe." A classe, diz ele, é uma rede cultural de valores, significados e interações compartilhados... que cria um sentimento de entrosamento entre seus membros. A classe é um roteiro, um mapa, que nos orienta e diz como devemos falar, nos vestir e nos comportar, onde devemos morar, que amigos devemos escolher, como devem ser nossas férias, como devem ser as propriedades, a mobília e os carros que compramos, onde nossos filhos devem estudar, o que devemos dizer a eles durante o jantar, se devemos ter ou não uma mesa de jantar. No entanto, declara Lubrano, "a classe é uma metáfora intangível que marca nosso lugar no mundo... é invisível e inexata, mas encerra ressonância e um profundo significado. A pessoa que nasce em uma família da classe operária vê as coisas de um modo diferente daquelas que são criadas em lares da classe média ou alta".

Apesar do medo de Mark de perder o status e precisar voltar, a contragosto, às suas raízes, a idéia que as pessoas fazem de classe social foi mudando no decorrer das últimas décadas. Pesquisadores cujo trabalho foi relatado nos *Proceedings of the Association of Financial Counseling and Planning Education* descobriram que mais de 85 por cento dos participantes da pesquisa se identificaram como pertencentes à classe média. O estudo baseou-se em variáveis que abrangiam "níveis de renda, bens materiais, padrões de discurso e níveis de instrução, bem como valores morais e espirituais". A conclusão? A falta de uniformidade da definição, bem como sentimentos e convicções amplamente divergentes com relação à posição da pessoa na sociedade, forneceram indícios suficientes de que os participantes não tinham uma definição clara do termo *classe média*.

É possível, como diz Lubrano, que, no caso de muitas pessoas que foram criadas em uma família de classe operária como Mark, o componente emocional do significado de classe seja muito profundo. A questão é especialmente delicada quando sentimos que valemos menos do que outras pessoas porque elas têm mais dinheiro do que nós. É preciso algum tempo para conseguir descobrir isso sozinhos. Tudo isso também comprova a teoria de que dinheiro nunca é apenas dinheiro, e de que sempre envolve emoções.

Mas isso também *pode* ser resolvido.

Realizando mudanças: o caminho emocional

Se você é um Perfil Financeiro Batalhador com experiências semelhantes às de Tim, Valerie ou Mark, esta é sua chance de aprender como refrear os impulsos condicionados ao status que o colocam financeiramente em apuros. Para melhorar sua situação, você terá de repensar seus valores e examinar o que o dinheiro significa para você. Vou orientá-lo por meio de vários exercícios importantes para que você comece a fazer alguns ajustes pequenos, porém essenciais, e desenvolva um sentimento de proporção. Quaisquer mudanças de pequena monta em seu comportamento financeiro o ajudarão a construir um relacionamento mais saudável com o dinheiro *e* com seu parceiro ou cônjuge. Lembre-se: a meta não é que você passe por uma modificação fundamental. Em vez disso, aprenda a fazer concessões a seus hábitos de Batalhador para poder obter segurança e, ainda assim, satisfazer seus desejos, mas em um nível mais razoável.

Em vez de querer viver à altura de uma imagem de status que talvez não seja sua, esta é sua chance de controlar os danos causados a seu ego e suas finanças. Se o estilo de Batalhador é extremamente importante para você, provavelmente sua auto-estima depende do que os outros pensam a seu respeito. Dê um tempo a si mesmo. Você não é o que possui, e sim uma pessoa bastante complexa com bem mais a oferecer ao mundo do que os objetos que comprou.

Comece fazendo a si mesmo as seguintes perguntas para esclarecer como se sente a respeito do que o dinheiro significa para você. Ao responder às perguntas, sua intenção é descobrir a origem de uma questão monetária problemática e fazer as importantes conexões com a maneira como acha que ela o está afetando neste momento. O que seus bens e a necessidade de status realmente lhe proporcionam? De onde vem esse impulso? Às vezes, as pessoas simplesmente desejam ter uma casa grande, o que é bem diferente de querer um Porsche para se sentir melhor com relação a si mesmo por estar impressionando os outros, e não dispor de recursos para comprá-lo. É nesse ponto que você se coloca em apuros.

Em última análise, seu objetivo é identificar pelo menos uma questão monetária vinculada a seu passado que possa estar desestruturando você agora, como tentar esquecer uma infância carente fazendo gastos excessivos com roupas. O objetivo é identificar a questão, separá-la do passado e aceitar que não teve roupas caras na época, *ponto final*. Você não pode mudar o passado, mas é capaz de influenciar o futuro. Pergunte a seus botões: o que posso fazer para melhorar agora sem arrastar o passado comigo? Essa distinção é essencial. Mesmo que more em uma mansão, em sua cabeça você ainda vive em um pobre casebre, e isso só mudará se você se reconciliar com as antigas questões. Você só sairá do casebre quando fechar psicologicamente a porta.

- O que todos os seus objetos significam para você?
- Você sente que não precisa necessariamente possuir mais do que todas as pessoas, mas que pelo menos tem de ser igual a elas?
- Como você descreveria seu maior problema com relação a dinheiro?
- Quando você ganha muito dinheiro ou compra artigos sofisticados, pouco tempo depois você sente que não tem o bastante?

Li recentemente no *The New York Times* uma entrevista com Laura Nash, autora de *Just Enough: Tools for Creating Success in Your Work and Your Life*. Ela fala de um empresário que vendeu seu negócio por 19 milhões de dólares e, surpreendentemente, "sentiu-se envergonhado ao contar a colegas que não havia conseguido mais". Um dos motivos pelos quais ele se sentiu inadequado foram os salários astronômicos das celebridades. Algumas pessoas tendem a adotar os padrões das celebridades e a expectativa com relação ao que é "melhor" ou "suficiente" aumenta diariamente. Isso significa sabotar financeiramente a si mesmo.

Para começar a resolver algumas dessas questões emocionais, experimente os seguintes exercícios:

Você está tentando esquecer alguma coisa do passado?

De certa maneira, todas as pessoas que você conheceu neste capítulo estão tentando esquecer alguma coisa que pertence ao passado, e esforçar-se foi o remédio para bloquear a dor. E você? Talvez seu pai tivesse um carro velho e caindo aos pedaços, que deixava a família constrangida, você morava na área decadente da cidade, usava roupas "herdadas" de outras pessoas ou seus pais tinham dinheiro mas eram extremamente pães-duros. Onde começa sua história a respeito do arrependimento, da definição de experiências ou das influências do passado? De que maneira você a expressa em sua vida financeira?

Se você for como Mark, que foi criado em uma área de trailers, poderá perguntar a si mesmo: "Preciso ser muito rico para provar que realmente me encontro onde estou agora?" Você é capaz de responder: "Não, não preciso ser o oposto perfeito de onde vim para saber que sou uma pessoa de valor"?

Apesar de ganhar 200 mil dólares por ano, Mark não quer se privar de nada, sentir-se constrangido por não estar à altura dos outros ou ocupar uma posição inferior no sistema hierárquico. Ele é influenciado pelas tendências da faixa superior do mercado e pelos gastos das celebridades, mas esses não são seus verdadeiros modelos. O que mais o impressiona são os antecedentes de classe média alta da esposa e a classe endinheirada da tradicional família americana. Ele quer unir-se a eles e ser um deles. Esse desejo é perfeitamente aceitável, mas não quando você ainda tem vergonha de sua origem. Esse esforço certamente terá um custo para você.

Mark disse que sua esposa, Toni, lhe custa caro, mas acha que ela vale o transtorno. Ele aprecia o fato de ela vir de uma família mais rica do que a sua e gosta de exibi-la. Ele teme desesperadamente que ela o deixe se ele não continuar a ganhar cada vez mais dinheiro para oferecer-lhe status. Toni tem claramente uma definição própria da palavra *valor*, e Mark, infelizmente, está fazendo o jogo dela. O que realmente é o valor para Toni? O que o valor significa para Mark? Pense a respeito do significado de valor para você.

A versão de Mark de ter uma vida da qual possa se orgulhar talvez nunca seja suficiente. Isso se deve ao fato de ele ainda não ter resolvido seus sentimentos com relação a ter sido privado dos bens materiais ou enganado no passado. E quanto a você? Se você se sente psicologicamente trapaceado, gastar mais para dar a impressão de que nasceu em berço de ouro não aliviará a dor por muito tempo. O momento da compra o conduz à euforia, mas esta é quase sempre seguida por uma queda, a qual se faz acompanhar por outra orgia de consumo, e assim por diante. No entanto, resolver os problemas e eliminá-los de sua vida para sempre fará a diferença.

Experimente a seguinte mudança em seu modo de pensar:

À semelhança de Mark, você tem de compreender que não deve fugir do passado, e sim ter orgulho do ponto a que chegou. Se você passar o tempo todo fugindo, suas decisões serão tomadas a partir do medo de que seu verdadeiro eu se manifeste. Você pensa o seguinte: "Se eu não fizer isto, acabarei voltando para o lugar de onde vim." O dinheiro tornou-se a linha da vida de Mark, e ele acha que, se o perder, não terá identidade alguma.

Em segundo lugar, se você, como Mark, tiver o impulso de comprar alguma coisa cara e sofisticada que você julgue que irá melhorar sua imagem, pare. Onde você viu o objeto e a quem pertencia? Em que estava pensando quando o viu? Você estava reencenando um episódio do passado no qual achou que não estava entrosado porque seu pai ganhava muito pouco? Enfrente o antigo problema e neutralize o poder que ele tem sobre você. Faça a escolha de viver o presente.

Sentir que não é alguém é seu maior receio relacionado com o status?

Se você é como Tim, sabe que ter tido algum sucesso e perdê-lo é uma experiência dolorosa. Para você, é difícil não parecer um vencedor aos olhos dos outros. O trabalho de Tim dava a ele mais do que uma renda – o título no emprego era tão importante quanto o dinheiro para afirmar que ele era alguém a ser admirado e respeitado. Portanto, até que você reconquiste algum sucesso, sofrerá vários distúrbios emocionais por se sentir, erroneamente, insignificante.

Experimente a seguinte mudança em seu modo de pensar:

Você é mais do que o cargo que ocupa e certamente é mais do que seus ativos. *A auto-estima, seu valor autêntico, é o presente que você dá a si mesmo.* Ela não tem preço. Torna-o diferente, alguém que merece respeito. Se você se agarrar a uma imagem idealizada de si mesmo – sua idéia do que é ser alguém – esperando que ela lhe confira valor, acabará perdendo.

Quando conversei com Tim, percebi que ele estava enganando a si mesmo ao se modelar por uma imagem preconcebida do sucesso que pouco tinha a ver com suas aptidões efetivas. Ele era um gerente qualificado e sabia trabalhar maravilhosamente em equipe, mas não era um líder. Não era competente em planejar o futuro, mas era capaz de evitar um desastre imediato por meio de uma solução inteligente. Contam ainda suas antigas questões emocionais: Tim é um sonhador, e achava que o sucesso garantiria que ele seria melhor do que o pai. Para ele, ser demitido do emprego foi equivalente a ser o homem que não queria ser – um joão-ninguém. Essas atitudes continuaram a fazer com que ele corresse risco financeiro com a família.

Você está agindo com base em atitudes semelhantes e mergulhando cada vez mais em dificuldades financeiras? Se você perdeu um excelente emprego, sua renda diminuiu e você tem a impressão que foi derrubado de um pedestal, pare imediatamente. Pergunte a si mesmo: O que era magnífico com relação ao que eu tinha? Faça uma lista. Talvez uma de suas respostas se pareça com a de Tim: "O emprego me dava a impressão de que eu estava no comando e que as pessoas gostavam de mim. Eu apreciava me vestir bem para ir trabalhar, dando a impressão de que eu era um dos altos executivos da empresa. Eu sentia que era um homem capaz de cuidar da família e que minha mulher tinha respeito e amor por mim. Quero tudo isso de volta."

Se você quer a antiga vida de volta, reconheça que ela talvez nunca mais seja a mesma, mas que você pode construir outra e torná-la melhor. Pode ser que você não seja capaz de reproduzir o antigo sucesso, mas poderá criar um novo. Quando conversei com Tim a respeito do assunto, ajudei-o a descobrir como ele poderia buscar um caminho profissional mais realista, não no nível superior, e sim começando no nível médio, por assim dizer, onde ele encontraria seu lugar adequado e se tornaria uma pessoa com um sentimento renovado de autêntica realização.

Espero que você se separe da idéia do status e veja a si mesmo como uma pessoa completa, capaz, criativa, compassiva, responsável e que funciona em um nível ótimo.

Você costuma ter medo de perder o amor e o respeito de alguém se vier a perder seu dinheiro?

Esta é uma pergunta emocionalmente carregada e podemos ter dificuldade em lidar com ela. Ninguém quer que a resposta seja sim, mas é uma preocupação extremamente comum. Mesmo assim, na maioria vezes, nossos receios sobrepujam a realidade. Conversei com muitas pessoas que moram em um lugar que agrada aos pais ou ao cônjuge, mas que se sentem infelizes ou frustradas. Valerie é um exemplo perfeito dessa situação. "Acho, com freqüência, que desejamos coisas que acreditamos merecer, mas não sabemos aquilo de que realmente precisamos", disse-me ela. "Minha mãe desejava tantas coisas para mim, e sinto que, se eu não fizer com que isso aconteça, ela morrerá achando que a desapontei."

Se você é como Valerie e sente que merece ter uma vida de opulência mas tem medo do quanto ela irá lhe custar, talvez seja interessante fazer a si mesmo a seguinte pergunta: "Posso ser feliz com o que é adequado para mim agora, e não com o desejo de minha mãe com relação ao que eu deveria ter?" Verifique se você consegue responder: "Sem dúvida, posso parar de pensar que merecia mais e não o consegui.[1] Sou capaz de abandonar os valores de minha mãe e viver os meus."

Experimente a seguinte mudança em seu modo de pensar:

Se sua resposta à pergunta for: "De fato, *costumo* ter medo de perder amor e respeito se perder meu dinheiro e, por conseguinte, qualquer status que eu possa ter adquirido", o que você deve fazer? Em primeiro lugar, pare de imediato e comece a mostrar-se mais gentil em relação a si mesmo! Lembre-se de que, se você não der valor a si mesmo, ninguém o fará. O ponto crucial é que, quando você respeita o que realiza e quem você é, a probabilidade de outras pessoas o tratarem com respeito aumenta.

Valerie, a mulher que está vivendo a fantasia de merecimento da mãe, precisa se separar dela e realmente assumir sua individualidade. Valerie ainda está excessivamente apegada ao sistema de valores da mãe e preocupada em agradá-la. Valerie passou a vida acreditando merecer mais. No entanto, quando comprou aquela casa magnífica, sentiu-se indigna dela! A mãe passou a amá-la mais quando adquiriu a casa? A mãe a amava menos antes de ela comprar a casa? A resposta às duas perguntas é não.

E você? A quem acha que está agradando? Por que tem medo de perder essas pessoas? Você sente que às vezes está comprando a atenção ou o interesse de alguém? Se for este o caso, quem é essa pessoa e o que você está recebendo em troca?

Qual o efeito do seu estilo de vida Batalhador sobre as pessoas mais importantes para você?

Um dos aspectos de ser um Batalhador que me interessam é como essas pessoas formam parcerias, tanto na esfera pessoal quanto na profissional.

Seu comportamento afeta as pessoas à sua volta, e às vezes esse comportamento pode ser destrutivo. Tim abalou a segurança da família ao gastar consigo

---

[1] Tenho um bom casamento, filhos ótimos, e uma vida razoavelmente segura.

mesmo dinheiro que não tinha. Alguns Batalhadores podem chegar a abalar a subsistência de um parceiro. Vou falar a respeito de Rick, cujos impulsos Batalhadores saíram totalmente do controle quando ele fez maquinações e enganou outras pessoas.

Larry, um homem de Chicago, revelou-me que seu sócio, Rick, fugiu com o dinheiro apurado em um negócio de vulto. Rick transformou-se em um guerreiro financeiro, tratando Larry com arrogância e magoando as pessoas que se interessavam por ele. Rick não se desculpou por ter ficado com todo o dinheiro. Ao contrário, disse que precisava do dinheiro para pagar a hipoteca e as faturas das compras a prazo da mulher, e que Larry teria de esperar para receber sua parte. Larry descobriu que Rick usou o dinheiro para dar entrada em um barco e comprou um relógio caro de grife.

Larry precisou contratar um advogado para processar o sócio. Larry escreveu o seguinte: "Rick não conseguia acreditar que eu entrara com uma ação contra ele. Disse que eu talvez tivesse feito o trabalho monótono e sem graça de estruturar a proposta do negócio, mas que fora ele quem soubera como impressionar os compradores e vendera o plano. Que fora ele quem pagara o jantar de 500 dólares. Eu o fiz lembrar-se de que eu também estava presente nessas reuniões e que, mais de uma vez, o tirara de enrascadas. No entanto, ele achava que tinha direito ao dinheiro, dizendo que estava dirigindo o negócio e que apenas recebera o dinheiro primeiro."

Sem dúvida, Rick é desonesto e inventa desculpas para sua ganância. Mas o interessante é que ele usou o dinheiro para adquirir outros símbolos de sucesso ainda maiores, e não para pagar dívidas vencidas, o que é uma deficiência do Batalhador. Não sei se Rick vive além de seus recursos, mas a maneira como se comporta com Larry é bem semelhante à da pessoa que o faz. Você talvez não chegue a ponto de abalar a subsistência de uma pessoa fugindo com o dinheiro, mas, se for motivado por um sentimento de desespero por desejar algo que não pode ter, descobrirá um meio de consegui-lo. Você inventará uma história para conseguir um empréstimo com um amigo ou parente, e espero que consiga pagá-lo antes que vejam como você gastou o dinheiro: na compra de um artigo de luxo.

Experimente a seguinte mudança em seu modo de pensar:

Pense a respeito de quais relacionamentos são importantes para você, tanto sob o aspecto pessoal quanto sob o profissional. Examine-os detidamente e descubra como seus hábitos financeiro estão causando problemas. Em primeiro lugar, defina esses relacionamentos. O que você recebe dessas pessoas? Como determinada pessoa enriquece sua vida de maneira que não tem nada a ver com bens materiais? Como você acha que pode enriquecer a vida dessa pessoa de maneira que não tenha nenhuma relação com objetos materiais? Com quem você sabe que pode contar, independentemente de sua situação financeira? Em quem você confia?

Uma vez que tenha esclarecido como se sente com relação às pessoas mais próximas a você, esteja disposto a ser brutalmente sincero consigo mesmo a respeito dos efeitos de seus hábitos de dispêndio sobre os outros. Observe em que ponto precisa transigir. Descubra onde você pode reduzir os gastos. Entenda a necessidade alheia sob o aspecto de segurança atual e no futuro. Há uma enorme lacuna entre o anseio de ter uma vida próspera e fazê-lo de maneira que nem você nem outras pessoas precisem pagar um preço alto demais.

Ao manter-se consciente de suas deficiências, você consegue evitar falhas de discernimento baseadas em reações instantâneas e fraquezas que atrapalham a estabilidade financeira e o sucesso profissional.

Realizando mudanças: o caminho financeiro

Como os Batalhadores tendem a ter dificuldade em conciliar sua renda com as despesas, apresento várias opções que, se seguidas, podem causar uma verdadeira mudança em sua vida.

Meu objetivo é ajudá-lo a desenvolver um sentimento de proporção para que você possa controlar seu dinheiro, acumular capital e sentir-se bem com relação a si mesmo. Ao obter o controle, você finalmente compatibiliza sua renda com as despesas e deixa de viver em uma situação financeira desagradável, semelhante à das pessoas sobre as quais você acaba de ler. A boa notícia é que não vou sugerir que deixe de comprar os artigos que você deseja. Em vez disso, você vai descobrir como poderá se dar ao luxo de comprar alguns produtos sofisticados e, o que é importante, também vai aprender a economizar dinheiro para o futuro, superando, assim, uma deficiência de seu Perfil Financeiro.

É claro que meus objetivos para você não poderão ser ativados se você não definir quais são suas metas financeiras. Você é o poder por trás de seu dinheiro.

Obter o controle financeiro significa mudar. E o elemento mais importante da mudança é algo que não posso fazer por você: entrar em ação. No que diz respeito ao dinheiro, nada transmite uma sensação melhor do que saber que suas finanças estão sob controle e que você não é um trem desgovernado prestes a sofrer um acidente! Posso mantê-lo concentrado em seu destino – a segurança, a prosperidade e o entendimento do que você precisa saber sobre eles –, mas você é o maquinista.

Preparando-se para o plano de controle financeiro do Batalhador

Vou começar fazendo-lhe três perguntas importantes:

1. *Você é capaz de escolher uma área de sua vida na qual estará disposto a fazer uma pequena mudança financeira diariamente?* Isso poderia significar, por exemplo, reduzir o número de vezes que você almoça ou janta fora de cinco para uma ou duas vezes por semana.

2. *Você consegue escolher outra área de sua vida na qual estará disposto a fazer regularmente uma pequena modificação financeira durante pelo menos seis meses?* Você conseguiria, por exemplo, resistir à idéia de ostentar um artigo de luxo que está na promoção mas que, ainda assim, continua bastante dispendioso? Ou então seria capaz de reduzir em 50 dólares os gastos com o guarda-roupa de verão, despendendo apenas 250?

3. *Se conseguisse realizar uma pequena mudança que o fizesse economizar dinheiro regularmente, você teria uma sensação renovada de realização na maneira como administra seu dinheiro?* Na condição de alguém que já ajudou milhares de pessoas a se encontrar financeiramente, sinto-me confiante o bastante para lhe garantir uma coisa: sim, você terá não apenas uma sensação de realização, mas também uma sensação de paz ainda maior.

No momento, leve em consideração os seguintes passos enquanto examina a ajuda financeira que virá a seguir:

Comece onde você está hoje. Você não está limitado pelo que aconteceu no passado, tampouco precisa corrigir todos os erros que já cometeu com relação a dinheiro para desfrutar de um futuro próspero. Você precisa apenas dar um passo à frente agora. Seu entusiasmo e a nova percepção que você adquiriu a respeito do poder de seu Perfil Financeiro deverão motivá-lo a entrar em ação.

Para sentir-se em paz e colher os benefícios de seu trabalho árduo, você precisa manter sob controle seus piores impulsos com relação ao dinheiro. Um dos segredos do sucesso é estar disposto a entender o tipo de problemas financeiro que você enfrenta repetidamente. Tenha coragem e encare-os. Quando fizer isso, você poderá finalmente deixar de ser vítima de seus piores hábitos financeiros.

Você e seu cônjuge ou parceiro poderão construir um relacionamento melhor se compreenderem as necessidades um do outro. Vou começar declarando que o casamento é muito mais complicado do que as finanças conjugais. Se existe um fator crucial, este envolve a sinceridade, e todo o trabalho que se segue irá encorajar esse sentimento. A sinceridade é algo fundamental.

EXPERIMENTE O SEGUINTE: ABRACE UMA NOVA MENTALIDADE QUE LHE PERMITA FAZER AJUSTES NA MANEIRA COMO GASTA SEU DINHEIRO

Embora viver de modo extravagante possa parecer ideal, uma pesquisa realizada pela revista *Money* entre americanos abastados revelou que a regra de ouro para 67 por cento das pessoas que tinham um padrão de vida elevado era viver dentro de suas possibilidades. Essas pessoas acreditavam que estar no controle de seu dinheiro era um sinal de que controlavam sua vida. Isso envolvia ter poucas dívidas e fazer planos para o futuro para que pudessem manter o mesmo estilo de vida abastado nos anos da aposentadoria e não precisassem se preocupar com o pagamento da faculdade dos filhos. Isso parece bom. Uma investigação ulterior revelou que uma pequena proporção – *apenas 19 por cento* – dos americanos abastados declararou que um aspecto muito importante de ter um padrão de vida elevado era comprar as coisas boas que desejavam. Você pode discordar com relação ao que é importante quando tem a renda para gastar, mas faz sentido viver dentro de suas possibilidades para poder ter como metas esses artigos especiais.

Uma das maneiras de conseguir controlar sua vida é parar de julgar a si mesmo e de rotular seu Perfil Financeiro de bom ou mau. É aceitável que sua personalidade se sinta atraída por uma vida abastada e você, por objetos sofisticados. Reconheça seu perfil e aceite-o, mas esteja certo, como demonstra a enquete da revista *Money*, que viver dentro de suas possibilidades é a forma que você tem de se aproximar mais da satisfação financeira. Status não é tudo. Quando aceitar esse fato, *poderá* conquistar um sentimento de harmonia e continuidade com relação ao dinheiro. Em última análise, você terá mais sucesso se aprender a maximizar seu potencial e a controlar sua paixão por extravagâncias. Mas lembre-se de que seu objetivo último é alcançar um estado de paz e tranqüilidade.

A *SmartMoney Magazine* realizou uma enquete e descobriu que os cônjuges costumam mentir um para o outro a respeito de seus gastos. Mais de 70 por cento dos entrevistados declararam conversar com o parceiro sobre dinheiro pelo menos uma vez por semana. Entretanto, "nem tudo que falavam era verdade. Aproximadamente *40 por cento* de homens e mulheres admitiram mentir a respeito do preço de alguma coisa que haviam comprado". Faça o possível para respeitar seu parceiro e dizer a verdade.

Colha os benefícios de aprender a olhar para a frente. Nunca é cedo demais para pensar no futuro. Pegue alguns dólares e aplique em uma conta que renda juros. Sei, a partir de minha experiência com clientes, que gastar agora para poder ostentar o mesmo que outras pessoas significa que você pode se esquecer de fazer planos para o futuro. Recentemente conversei com uma mulher cujo marido Batalhador morreu com 50 anos em um acidente de carro. Ele estava aparentemente bastante endividado, tendo inclusive contraído um empréstimo para manter um negócio em funcionamento. A viúva ficou justificadamente irritada quando começou a descobrir toda a situação. O contador lhe deu a má notícia: não apenas o marido gastara em excesso, como também nunca fizera uma poupança para financiar a aposentadoria deles como ela acreditara que ele fazia. Ela foi deixada com dívidas e uma apólice de seguro que foi o suficiente para quitá-las. Aos 50 anos, teve de começar tudo de novo. Seja mais inteligente!

Entenda que as diretrizes do Batalhador podem lhe oferecer um sistema de referência capaz de mudar sua vida. Além de conseguir controlar seu dinheiro, você também decide o percentual de sua renda que poderá ser gasto para satisfazer seus impulsos de Batalhador. O restante é usado para cobrir suas necessidades, planejar a aposentadoria, investimentos e, se for o caso, pagar a anuidade do ensino médio e/ou da faculdade de seus filhos.

Você pode aprender a redefinir de modo realista suas metas financeiras dentro dos limites de sua renda e determinar o que é mais e o que é menos importante para você. Nenhuma meta financeira é certa ou errada desde que você tome a decisão consciente de estabelecer limites para poder viver dentro de seus recursos *e* ser um Batalhador, porém de modo seletivo.

O material que se segue lhe fornece parte da história ao colocar seu Perfil Financeiro no caminho certo. Eu o guiei através das áreas sensíveis de seus sentimentos a respeito do dinheiro e do motivo pelo qual você gasta; agora, vamos avançar para o lado prático de como e onde você gasta. O mais importante de tudo é que você começará em um autêntico ponto de partida: suas metas financeiras e a forma de sua vida financeira em vívidos detalhes. Somente você conhece esses números. É enfrentando-os e acreditando que pode fazer a diferença para si mesmo que você pode acabar com os hábitos financeiros que o prejudicam. Sei que você é capaz. Continue a fazer os exercícios e a prosperidade se seguirá.

Definindo suas metas financeiras

Vamos começar a tarefa de colocar seu dinheiro em ação.

Uma vez que você esteja disposto a modificar pelo menos um pouco sua atitude, poderá definir e examinar realisticamente todas as suas metas financeiras. Você consegue cobrir suas despesas mensais necessárias como moradia, luz, gás, telefone, alimentos, pagamento de seguros e assim por diante? Muito bem. O que você deseja fazer com o dinheiro restante? Quer comprar uma casa maior, mandar seus filhos para faculdades melhores, comprar o carro mais procurado, adquirir ações que lhe foram recomendadas, alugar uma casa em Saint-Tropez durante a temporada, mandar fazer um enxoval sob medida que você poderá usar durante muitos anos?

Independentemente da meta, o importante é que sua decisão de gastar o dinheiro seja racional, e não baseada na necessidade emocional de sentir-se mais bem-sucedido por possuir determinado objeto. O fundamental é que você possa pagar pelo que comprar e que não adquira um artigo sofisticado no esforço equivocado de aplacar um sentimento de ego ferido.

A definição de uma meta financeira contém duas partes. A primeira é completar uma programação de definição de metas a curto prazo, que faz perguntas básicas a respeito de especificar sua meta e quanto você precisa ter para alcançá-la. O segundo elemento é definir como o dinheiro será distribuído e calcular o tempo necessário para conseguir o que você quer. Ambos os fatores são determinados pela quantidade de dinheiro que você ganha – e pode gastar. Se compartilhar as finanças com um cônjuge ou parceiro, a definição de metas em função do esforço tem de ser feita em conjunto, já que esse compartilhamento evita o atrito quando ambos concordam com relação às metas que devem ser prioritárias.

Apresento a seguir uma simples Programação a Curto Prazo de Acompanhamento da Meta, cujo propósito é ajudá-lo a descobrir como distribuir o dinheiro para fazer gastos adicionais em um prazo curto de seis meses a um ano. Essa programação é importante para você. Irá ajudá-lo a se concentrar no que deseja, e lhe indicará os passos que lhe dirão quanto dinheiro você precisa economizar todos os meses para poder adquiri-lo. A programação relaciona os pontos mais relevantes a serem considerados quando você estiver definindo qualquer meta financeira, a curto ou a longo prazo. Suponha, por exemplo, que você queira tirar férias luxuosas no próximo ano, que consistem em passar duas semanas esquiando em Aspen, ou que você escolhe como objetivo a compra de um carro novo. Chegar às encostas ou sentar-se ao volante de um Lexus é o resultado final, mas quais são seus recursos para obter qualquer uma das duas coisas?

Depois de responder às perguntas, você dará início ao processo de ativar suas metas. Ao efetuar pequenas mudanças em seu estilo de vida Batalhador, você se dará conta de que existe mais dinheiro trabalhando por você – o seu dinheiro.

PROGRAMAÇÃO A CURTO PRAZO DE ACOMPANHAMENTO DA META

1. Minha meta financeira: _____
2. Data em que precisarei de dinheiro para essa meta: _____
3. Daqui a quantos meses? _____
4. Quantia necessária para realizar essa meta: _____
5. Dinheiro já reservado para essa meta: _____
6. Dinheiro que falta ser poupado para essa meta: _____
7. Quantia mensal a ser economizada (divida a quantia da linha 6 pelo número de meses na linha 3): _____

Qual é seu patrimônio líquido?

Seu ativo e seu passivo são compatíveis ou incompatíveis? Para descobrir onde você se situa financeiramente, faça a soma do que possui, conhecido como ativo, e subtraia desse valor suas dívidas, conhecidas como passivo. Este resultado é seu patrimônio líquido. É um instantâneo no tempo, válido apenas para o momento em que você o calcula. Mas é uma representação que você pode guardar e usar como parâmetro comparativo à medida que seu patrimônio líquido for crescendo ao longo dos anos. É uma boa idéia verificar os números, pelo menos uma vez por ano, para verificar como está se saindo, especialmente se ocorrer algum tipo de mudança em sua situação financeira.

Apresento duas planilhas nas páginas seguintes: uma delas focaliza o ativo; a outra, o passivo. Ao completar a planilha do passivo, leia minhas instruções sobre o que fazer em seguida.

Qual é seu patrimônio líquido? Este é o momento da verdade: pegue o valor final na planilha do ativo e subtraia dele o valor final da planilha do passivo, da seguinte maneira:

Ativo total: $ _____
(Menos) Passivo total: $ _____
Patrimônio líquido final positivo (ou negativo): $ _____

Seu patrimônio líquido final é positivo ou negativo? Se for positivo, você está fazendo um bom trabalho ao aumentar seus ativos e manter as dívidas sob controle. Você se encontra em uma excelente posição para ver seu patrimônio líquido crescer ainda mais no futuro. Se seu patrimônio líquido for negativo, não se desespere. Você descobriu uma condição importante de seus assuntos financeiros, e o primeiro passo será livrar-se do aperto. Você claramente tem dívidas demais para a quantidade de ativos que acumulou. Mas lembre-se de que se trata apenas de um instantâneo de suas finanças no momento. À medida que você for lendo o livro, encontrará muitas soluções para aumentar seu patrimônio líquido, quer ele esteja positivo ou negativo agora.

Mas, primeiro, vamos continuar a examinar como você costuma gastar e poupar.

PLANILHA DE SEU ATIVO

Ativos	Data da aquisição	Valor original ($)	Data atual	Valor atual em moeda corrente ($)
1 — Ativos Correntes				
Gratificações ou comissões (devidas a você)				
Certificados de depósito				
Contas-correntes				
Créditos de cooperativas de crédito				
Outras aplicações no mercado financeiro[1]				
Contas de poupança				
Carnês de poupança[2]				
Restituição de impostos (devidas a você)				
Letras do Tesouro				
TOTAL DOS ATIVOS ATUAIS				
2. Valores mobiliários				
Títulos de dívida/ obrigações (tipo de título)				

[1] O mercado financeiro representa o mercado de curto prazo (até 1 ano) e incluir diversos produtos como os CDBs dos bancos, *commercial paper* de empresas etc. (*N. do R.T.*)

[2] Título de renda fixa de longo prazo com carência e garantidos pelo governo dos EUA. Eles pagam juros um pouco maiores em virtude da carência de resgate. (*N. do R.T.*)

PLANILHA DE SEU ATIVO (continuação)

Ativos	Data da aquisição	Valor original ($)	Data atual	Valor atual em moeda corrente ($)
Fundos mútuos de títulos de renda fixa				
Mercado futuros				
Warrants e opções				
Ações específicas				
Fundos mútuos de ações				

TOTAL DOS VALORES MOBILIÁRIOS

3. Bens imóveis

Ativos	Data da aquisição	Valor original ($)	Data atual	Valor atual em moeda corrente ($)
Hipoteca a receber (devida a você)				
Residência principal				
Propriedade para aluguel				
Sociedades limitadas de bens imóveis				
Segunda residência				

TOTAL DE BENS IMÓVEIS

4. Ativos a longo prazo

Ativos	Data da aquisição	Valor original ($)	Data atual	Valor atual em moeda corrente ($)
Anuidades				

PLANILHA DE SEU ATIVO (continuação)

Ativos	Data da aquisição	Valor original ($)	Data atual	Valor atual em moeda corrente ($)
IRAs[1]				
Contas Keogh[2]				
Valores de resgate dos seguros de vida				
Empréstimos a receber (devidos a você)				
Pensões				
Juros de empresas privadas				
Planos de participação nos lucros				
Royalties				
Planos de redução salarial[3]				
TOTAL DOS ATIVOS A LONGO PRAZO				

[1] Individual Retirement Account [Conta de Aposentadoria]. Plano de aposentadoria norte-americano patrocinado pelas empresas com direito a diferimento tributário que o funcionário pode abrir com um depósito anual limitado e que poderá ser sacado depois da aposentadoria. As retiradas dessas contas antes dos 59 anos e meio estão sujeitas a multas fiscais de 10 por cento sobre o principal. (*N. da T.*)

[2] Plano de aposentadoria norte-americano para profissionais autônomos, às vezes chamados de HR10, no qual os impostos são diferidos. No Brasil, plano semelhante é o Fundo de Aposentadoria Programada Individual (Fapi). (*N. do R.T.*)

[3] Planos de participação nos lucros e de bonificações em ações com desconto no salário, usados p ara aposentadoria. No Brasil, o plano de aposentadoria PGBL (Plano Gerador de Benefícios Livres) foi inspirado no plano 401(k) dos EUA. (*N. do R.T.*)

PLANILHA DE SEU PASSIVO

Dívidas	Credor	Taxa de juros (%)	Data de vencimento	Valor devido ($)
1. Obrigações Correntes				
Pensão alimentícia (para o cônjuge)	_____	_____	_____	_____
Contas	_____	_____	_____	_____
Gás e eletricidade	_____	_____	_____	_____
Faz-tudo	_____	_____	_____	_____
Empresa fornecedora do óleo para aquecimento	_____	_____	_____	_____
Médicos e dentistas	_____	_____	_____	_____
Lojas varejistas	_____	_____	_____	_____
Telefone	_____	_____	_____	_____
Outros	_____	_____	_____	_____
Sustento dos filhos	_____	_____	_____	_____
Empréstimos tomados a pessoas físicas	_____	_____	_____	_____
TOTAL DA OBRIGAÇÕES CORRENTES				**_____**
2. Impostos a pagar				
Imposto sobre ganhos de capital				
Federal	_____	_____	_____	_____
Estadual	_____	_____	_____	_____
Imposto de renda				
Federal	_____	_____	_____	_____
Estadual	_____	_____	_____	_____
Imposto predial e territorial	_____	_____	_____	_____
Imposto de vendas e consignações[1]	_____	_____	_____	_____

[1] É um imposto cobrado sobre o consumo de diversos bens e serviços. No Brasil, temos o ISS, que é cobrado sobre serviços; e também o ICMS e o IPI, que são impostos vinculados aos fluxos de bens. (*N. do R.T.*)

PLANILHA DE SEU PASSIVO (continuação)				
Dívidas	Credor	Taxa de juros (%)	Data de vencimento	Valor devido ($)
Municipal				
Previdência social (autônomos)				
TOTAL DE IMPOSTOS A PAGAR				
3. Dívidas imobiliárias				
Residência principal				
Primeira hipoteca				
Empréstimo com garantia hipotecária				
Segunda hipoteca				
Segunda residência				
Primeira hipoteca				
Empréstimo com garantia hipotecária				
Segunda hipoteca				
Propriedade para aluguel				
Primeira hipoteca				
Segunda hipoteca				
TOTAL DAS OBRIGAÇÕES IMOBILIÁRIAS				
4. Obrigações parceladas				
Financiamentos de automóveis				
Empréstimos bancários para consolidação de contas				
Cartões de crédito				
Empréstimos educacionais				

PLANILHA DE SEU PASSIVO (continuação)				
Dívidas	Credor	Taxa de juros (%)	Data de vencimento	Valor devido ($)
Empréstimos para equipamentos e eletrodomésticos				
Empréstimos para mobília				
Empréstimos para benfeitorias domésticas				
Avaliações da dívida				
Empréstimos sobre seguros de vida				
Empréstimos de margem sobre valores mobiliários				
Empréstimos bancários a descoberto				
Empréstimos sobre planos de pensão				
TOTAL DAS OBRIGAÇÕES PARCELADAS				
TOTAL DAS OBRIGAÇÕES				

Calcule seu fluxo de caixa

Quanto você vale, e quais são suas metas financeiras? Quando você faz uma análise detalhada do fluxo de caixa, pode rastrear a origem e a utilização do dinheiro para determinar onde pode fazer gastos com supérfluos – e quando e onde precisa reduzir as despesas e gastar de modo mais inteligente.

Embora se trate de um exercício simples, a maioria das pessoas nunca chega a fazer uma análise do fluxo de caixa. Em vez disso, esperam ansiosas o contracheque seguinte para pagar as contas. Sei que o exercício é maçante, mas faça-o. Aponte o lápis e desligue a televisão. Ao fazer a análise, você saberá exatamente qual a renda que pode esperar receber, bem como quase todas as despesas que planeja pagar com essa renda. Não faça planos com base em uma possível sorte inesperada, como obter uma bonificação adicional no fim do ano, ganhar na loteria ou receber uma herança, mas você deve prever a ocorrência de alguns gastos imprevistos.

A análise do fluxo de caixa deve ser realizada anualmente. Parte dos rendimentos, como bonificações ou a distribuição de ganhos de capital realizada pelos fundos mútuos, é recebida somente em certas épocas do ano, como em dezembro, por exemplo. De modo análogo, muitas despesas, como as escolares, a conta do combustível do carro ou o pagamento dos impostos trimestrais, só têm lugar em determinados meses. Ao calcular seus rendimentos e despesas anuais, você terá uma boa idéia de como é seu fluxo de caixa para o ano. Tendo em mãos os extratos bancários, de corretagem, dos seguros e dos cartões de crédito, bem como a declaração de Imposto de Renda do ano anterior, seu informe de rendimentos anual e outros registros que você tenha acumulado nos últimos seis meses, preencha os valores efetivos na planilha. Este não é um exercício de idéias fantasiosas. É um documento que irá lhe mostrar, quer o resultado seja positivo ou negativo, de que maneira você está efetivamente ganhando e gastando seu dinheiro agora. De nada adiantará aumentar a renda e reduzir as despesas na planilha porque somente você será prejudicado por não saber a verdade.

Nas planilhas que se seguem, você verá que desmembrei o lado da renda da análise em seis categorias: rendimentos do trabalho remunerado, rendimentos do trabalho sem vínculo empregatício, renda familiar, rendimentos recebidos do governo, rendimentos de aposentadoria e renda de investimentos. Para cada uma das subcategorias, disponibilizo uma linha na planilha para o subtotal da renda, o que o ajudará quando tiver de calcular o total da renda no final.

PLANILHA DE FLUXO DE CAIXA

Renda anual	Valor ($)	Total ($)
1. Rendimentos do trabalho remunerado		
Salário após deduções	_____	
Bonificações	_____	
Comissões	_____	
Remuneração diferida	_____	
Horas extras	_____	
Opções de ações	_____	
Gorjetas	_____	
Outros	_____	
TOTAL DOS RENDIMENTOS DO TRABALHO REMUNERADO		_____
2. Rendimentos do trabalho sem vínculo empregatício		
Rendimentos de trabalhador autônomo	_____	
Rendimentos por participação em sociedades	_____	
Rendimentos oriundos de uma pequena empresa	_____	
Aluguel recebido de bens imóveis	_____	
Royalties	_____	
Outros	_____	
TOTAL DOS RENDIMENTOS DO TRABALHO SEM VÍNCULO EMPREGATÍCIO		_____
3. Renda Familiar		
Rendimentos de pensão alimentícia (do cônjuge)	_____	
Rendimentos para sustento (dos filhos)	_____	
Rendimentos de bens de família	_____	
Presentes de membros da família	_____	
Rendimentos de herança	_____	
Outros	_____	
TOTAL DA RENDA FAMILIAR		_____
4. Rendimentos pagos pelo governo		
Rendimentos oriundos da ajuda a famílias com filhos dependentes	_____	

84 Descubra sua personalidade financeira

PLANILHA DE FLUXO DE CAIXA (continuação)		
Renda anual	**Valor ($)**	**Total ($)**
Rendimentos do seguro-invalidez[1]	_____	
Rendimentos do seguro-desemprego	_____	
Benefícios pagos a veteranos	_____	
Rendimentos da Previdência Social	_____	
Rendimentos por danos ao trabalhador	_____	
Outros	_____	
TOTAL DOS RENDIMENTOS PAGOS PELO GOVERNO		_____
5. Rendimentos de aposentadoria		
Pagamentos de anuidades	_____	
Rendimentos de pensão	_____	
Rendimentos oriundos de IRAs	_____	
Rendimentos oriundos de contas Keogh	_____	
Rendimentos oriundos de contas de participação nos lucros	_____	
Rendimentos oriundos de planos de participação nos lucros e bonificações em ações com redução salarial (planos 401(k), 403(b), 457)	_____	
Rendimentos da Previdência Social	_____	
Outros	_____	
TOTAL DOS RENDIMENTOS DE APOSENTADORIA		_____
6. Renda de investimentos		
Juros de contas bancárias:		
CDBs (certificados de depósito bancário)	_____	
Outras aplicações	_____	
Contas no mercado monetário	_____	
Contas que rendeu juros, de ordem de saque negociável (Now – Negotiable Order of Withdrawal)[2]	_____	

[1] No Brasil, há a aposentadoria por invalidez. (*N. do R.T.*)
[2] São contas-correntes que rendem juros. Não existem no Brasil. No entanto, é possível, no Brasil, autorizar aos bancos transferências automáticas de valores em conta-corrente para aplicações que rendem juros, o que é uma alternativa às contas Now. (*N. do R.T.*)

PLANILHA DE FLUXO DE CAIXA (continuação)		
Renda anual	**Valor ($)**	**Total ($)**
Contas de poupança	_____	
Títulos de renda fixa e fundos de títulos de renda fixa		
Ganhos de capital	_____	
Dividendos	_____	
Juros	_____	
Outros	_____	
Sociedades limitadas (bens imóveis, petróleo, gás)	_____	
Fundos de curto prazo e Letras do Tesouro:		
Fundos tributáveis	_____	
Fundos não-tributáveis	_____	
Letras do Tesouro	_____	
Ações e fundos de ações:		
Ganhos de capital	_____	
Dividendos	_____	
Juros	_____	
Outros	_____	
TOTAL DA RENDA DE INVESTIMENTOS		_____
7. Outros rendimentos (especifique)		
_____	_____	
TOTAL DE OUTROS RENDIMENTOS		_____
RENDA TOTAL ANUAL		_____

PLANILHA DE FLUXO DE CAIXA (continuação)

Renda anual	Valor ($)	Total ($)
1. Despesas fixas		
Relacionadas com o carro		
Pagamento do carro (empréstimo ou leasing)	_____	
Combustível do carro	_____	
Outros	_____	
TOTAL		_____
Com a família		
Pensão alimentícia (cônjuge)	_____	
Sustento dos filhos	_____	
Alimentos e bebidas	_____	
Despesas com instrução	_____	
TOTAL		_____
Domésticas		
Tarifas de televisão por cabo ou satélite	_____	
Pagamentos da hipoteca da residência principal	_____	
Pagamentos da hipoteca da segunda residência	_____	
Aluguel	_____	
TOTAL		_____
Seguros		
Automóvel	_____	
Dental	_____	
Invalidez	_____	
Saúde	_____	
Residencial	_____	
Vida	_____	
Outros	_____	
TOTAL		_____

PLANILHA DE FLUXO DE CAIXA (continuação)		
Renda anual	Valor ($)	Total ($)
Poupança e investimentos		
Pagamento de empréstimo bancário	_____	
Contribuições para planos de participação nos lucros e de bônus em ações por meio de redução no salário como os 401(k), 403(b) etc.	_____	
Contribuições para fundos de emergência	_____	
Planos de redução salarial para aposentadoria	_____	
Outros	_____	
TOTAL		_____
Impostos		
Federais	_____	
Municipais	_____	
Predial e territorial	_____	
Previdência social (trabalhador autônomo)	_____	
Estaduais	_____	
Outros	_____	
TOTAL		_____
Concessionárias		
Eletricidade	_____	
Combustível	_____	
Telefone	_____	
Água e esgoto	_____	
Outros	_____	
TOTAL		_____
Outros (especifique)		
_____	_____	
TOTAL		_____
TOTAL DAS DESPESAS FIXAS		_____

PLANILHA DE FLUXO DE CAIXA (continuação)		
Renda anual	Valor ($)	Total ($)
2. Despesas flexíveis		
Filhos		
Mesada	_____	
Babá	_____	
Livros	_____	
Taxas de acampamento	_____	
Creche	_____	
Eventos (festas, passeios com a escola etc.)	_____	
Brinquedos	_____	
Outros	_____	
TOTAL		▬▬▬
Vestuário		
Novas aquisições	_____	
Sapatos	_____	
Conservação (limpeza, alfaiate, lavagem a seco etc.)	_____	
TOTAL		▬▬▬
Contribuições e mensalidades		
Doações para instituições de caridade	_____	
Presentes (Natal, Páscoa, aniversários etc.)	_____	
Contribuições políticas	_____	
Contribuições religiosas	_____	
Contribuições sindicais	_____	
Outras	_____	
TOTAL		▬▬▬
Veículos e equipamentos		
Compra e manutenção de aparelhos domésticos	_____	
Compra e manutenção de carros, barcos e outros veículos	_____	
Compras relacionadas com computador	_____	

PLANILHA DE FLUXO DE CAIXA (continuação)

Renda anual	Valor ($)	Total ($)
Compras de aparelhos eletrônicos de consumo	_____	
Licença e registro de carros, barcos etc.	_____	
Estacionamento	_____	
Outros	_____	
TOTAL		_____
Serviços financeiros e de profissionais liberais		
Taxas bancárias	_____	
Comissões e taxas de corretagem	_____	
Consultoria financeira	_____	
Assessoria jurídica	_____	
Taxas de preparação de impostos	_____	
Outros	_____	
TOTAL		_____
Alimentos		
Bebidas alcoólicas	_____	
Comida e lanches feitos fora de casa	_____	
Refeições em restaurantes	_____	
Cigarros	_____	
Outros	_____	
TOTAL		_____
Manutenção da casa		
Remoção do lixo	_____	
Artigos e manutenção de jardim	_____	
Serviços de limpeza da casa	_____	
Decoração da casa	_____	
Artigos de escritório para o lar	_____	
Consertos e reforma da casa ou apartamento	_____	
Provisões para o lar	_____	

PLANILHA DE FLUXO DE CAIXA (continuação)

Renda anual	Valor ($)	Total ($)
Manutenção do gramado ou remoção da neve	_____	
Artigos de cama e mesa	_____	
Acidentes ou perda por roubo não-segurados	_____	
Outros	_____	

TOTAL _____

Assistência médica
- Despesas com dentista _____
- Medicamentos (vendidos sem receita médica) _____
- Medicamentos com receitas (controlados) _____
- Oftalmologista e óculos _____
- Hospital (parte não-segurada) _____
- Aparelhos médicos (cadeiras de rodas, bengalas etc.) _____
- Despesas médicas (pais etc.) _____
- Despesas com serviços de enfermagem _____
- Beleza (cabeleireiro, manicure etc.) _____
- Cuidado pessoal (cosméticos, artigos de toucador etc.) _____
- Despesas com médicos _____
- Despesas médicas não-reembolsadas _____
- Outros _____

TOTAL _____

Diversos
- Rifas com prêmios em dinheiro _____
- Tarifas postais e selos _____
- Despesas periódicas/não-periódidas _____
- Despesas de negócios não-reembolsadas _____
- Outras _____

TOTAL _____

PLANILHA DE FLUXO DE CAIXA (continuação)

Renda anual	Valor ($)	Total ($)
Diversão e lazer		
Cuidados com animais	_____	
Livros	_____	
Mensalidade de clubes	_____	
Eventos culturais	_____	
Mensalidade de academias de ginástica	_____	
Hobbies	_____	
Bilhetes de loteria	_____	
Assinaturas de revistas e jornais	_____	
Ingressos para o cinema	_____	
Eventos musicais	_____	
Fotografia (câmera, revelação, filme etc.)	_____	
Ingressos para peças de teatro	_____	
Equipamento recreativo	_____	
Ingresso para eventos esportivos	_____	
Aluguel de vídeos e DVDs	_____	
Outros	_____	
TOTAL		_____
Poupança e investimentos		
Contribuições para poupanças bancárias	_____	
Contribuições para o IRA	_____	
Contribuições para a conta Keogh	_____	
Contribuições para ações, títulos e fundos mútuos	_____	
Outros	_____	
TOTAL		_____
Viagens e Férias		
Passagens de ônibus	_____	
Gastos com metrô	_____	
Pedágios	_____	
Passagens de trem	_____	

PLANILHA DE FLUXO DE CAIXA (continuação)		
Renda anual	Valor ($)	Total ($)
Despesas de viagem (exceto férias)	_____	
Despesas de viagens de negócios não-reembolsadas	_____	
Férias (passagens aéreas)	_____	
Férias (aluguel de carro)	_____	
Férias (comida)	_____	
Férias (hotéis)	_____	
Férias (outros)	_____	
Outros	_____	
TOTAL		_____
Outros (especificar)	_____	
_____		
TOTAL		_____
Total das despesas flexíveis		_____
Total das despesas atuais		_____
TOTAL DA RENDA ANUAL (MENOS)		_____
TOTAL DAS DESPESAS ANUAIS (IGUAL)		_____
Fluxo de caixa anual total positivo (ou negativo)		_____

Relacione suas despesas

O próximo passo permite que você descubra de que maneira grande parte de sua renda desaparece todos os anos, e a soma de todos os seus recebimentos situará com precisão quanto você está gastando com artigos de luxo.

As despesas podem ser divididas em duas categorias:

1. Fixas: Este item abrange quaisquer despesas que tenham de ser pagas mensal, trimestral ou anualmente (relacionadas com casa, família, seguros, impostos, serviços essenciais, carro e poupanças e investimentos em

um plano de poupança automática como o plano 401(k) de aposentadoria, além de pagamento de dívidas).
2. Variáveis: Você tem mais controle sobre essas despesas, especialmente no que diz respeito a se vai ou não gastar o dinheiro, ou onde e quando vai fazê-lo (vestuário, educação, computadores e outros aparelhos eletrônicos, carros, serviços profissionais, alimentação dentro e fora de casa, assistência médica, viagens e férias, diversão e lazer, poupança e investimentos em produtos como os planos de aposentadoria IRAs ou um Keogh com imposto diferido). E se você tem o hábito de sair para fazer compras todo fim de semana e pelo menos uma noite depois do trabalho, terá a oportunidade de constatar o que essas saídas estão lhe custando.

Nota: Você encontrará uma categoria na planilha do fluxo de caixa chamada "despesas periódicas/não-periódicas", que envolve *colocar algum dinheiro em um fundo de contingência destinado a emergências.* Todo mundo sabe muito bem o que são essas despesas, pois são imprevisíveis e afetam, de modo inesperado, as finanças. Uma despesa *periódica* pode aparecer muitas vezes, mas você não sabe quando. Por exemplo: manutenção de um carro. Você fura um pneu e precisa comprar um sobressalente, e um ano depois precisa de uma bateria nova; seis meses depois, após um pequeno acidente no trânsito, você tem de levar o carro para a oficina. Uma despesa *não-periódica* também é inesperada, mas, em geral, acontece uma vez e não se repete durante décadas. Por exemplo, uma tempestade faz com que você decida trocar o telhado da casa em vez de apenas consertar as partes danificadas. Seu freeze quebra e, em vez de comprar um novo, você decide substituir uma peça não muito cara e que o manterá funcionando por mais vinte anos.

Ao preencher a parte da planilha referente às despesas, você será capaz de verificar que percentagem de sua renda está sendo dilapidada pelas despesas fixas. Como queremos reservar 5, 10 ou até 15 por cento de sua renda para gastos do Batalhador com supérfluos, o valor final lhe dará uma idéia bem mais clara da quantia que lhe resta para destinar a despesas opcionais.

Salte quaisquer categorias na planilha que não se apliquem a você no momento. Com o tempo, você chegará ao resultado: depois de preencher os dois lados da planilha, o da renda e o da despesa, subtraia as despesas dos rendimentos e terá seu fluxo de caixa anual. Se você está ganhando mais do que gasta, parabéns por ter um fluxo de caixa positivo. Sua próxima tarefa é descobrir a melhor maneira de usar seu dinheiro adicional, provavelmente aplicando na poupança e em investimentos, depois de separar uma reserva para emergências.

No entanto, se suas despesas forem maiores do que sua renda, o que não é uma situação improvável no caso dos Batalhadores, seu fluxo de caixa é negativo, e está na hora de você realmente esmiuçar suas despesas. O simples fato de você ter um fluxo de caixa negativo não significa que você esteja em apuros. Você pode, mesmo assim, estar colocando dinheiro no plano de poupança de sua empresa, de modo que está investindo mais do que talvez imagine. No entanto, se o motivo pelo qual você está gastando mais do que ganha forem dívidas excessivas relacionadas com bens dispendiosos ou com seus hábitos de dispêndio diário que se acumulam, está na hora de prestar atenção ao que está acontecendo e recuar.

Vou sugerir algo que talvez pareça óbvio, mas que pode fazer com que você economize bastante nesses gastos diários. O cálculo é bastante simples. Voltemos à minha pergunta anterior: você é capaz de escolher uma área de sua vida na qual estará disposto a fazer uma pequena mudança financeira todos os dias? Isso poderia significar, por exemplo, reduzir o número de vezes que almoça ou janta fora de cinco para uma ou duas vezes por semana.

Se você trabalha fora de casa, anote o que gasta diariamente com cafezinhos, almoço e jantar (se for esse o caso). Uma estimativa modesta é 5 dólares; nas grandes cidades, 10 dólares por dia. Assim, no decurso de segunda-feira a sexta-feira, são 25 dólares vezes cinco dias, ou seja, 100 dólares por mês. Esse valor equivale a 600 dólares seis meses mais tarde ou 1.200 dólares ao ano nas grandes cidades. Não é uma quantia insignificante! Em vez de comer fora, você pode levar para o trabalho uma comida preparada em casa e colocar o dinheiro que gastaria com o almoço em uma conta que renda juros no mercado monetário. No final de seis meses, você poderá usar o dinheiro para pagar o débito do cartão de crédito, colocá-lo em um fundo de aposentadoria, ou, sem dúvida, gastá-lo em um artigo de luxo, que terá mais significado para você devido ao esforço que fez para obter o dinheiro.

Tudo é realmente simples e bastante satisfatório quando você vê as mudanças que fez nos gastos e na poupança efetivamente tomando forma!

Crie um plano financeiro pessoal que funcione

É fácil ficar empolgado e comprar o carro de seus sonhos ou tirar as férias que o fazem acreditar que está confirmando uma imagem de status, mas, se você não tiver o dinheiro, as contas chegarão rápido e você terá de lidar com os problemas causados pelos gastos excessivos. A verdade é a seguinte: se você deseja viver de modo abastado e está lutando para conseguir o que quer, precisa pensar na possibilidade de fazer um orçamento para no final obter o que deseja. Apesar de não ser um objetivo atraente, o orçamento pode ter mais valor para você do que qualquer bem: você descobrirá nele o percentual de sua renda que poderá usar nos itens que lhe dão prazer.

Se a palavra *orçamento* o faz lembrar de algo sombrio, excessivamente meticuloso ou limitante, chame-o então de Plano de Controle Financeiro Pessoal. Acima de tudo, é uma chance de fazer o que a revista *Money* afirma que 67 por cento das pessoas abastadas fazem: ter um estilo de vida agradável vivendo de acordo com suas possibilidades.

Eis como fazê-lo: o orçamento é um amigo que tem em mente o que é melhor para você. Ele é um documento vivo, que respira, expandindo-se e contraindo-se à medida que suas circunstâncias e prioridades mudam. Um orçamento, por si só, não aumentará sua renda nem reduzirá seus gastos, mas o ajudará a perceber o que está realmente acontecendo com seu dinheiro para que você possa melhorar sua situação financeira e arcar com o artigo sofisticado que cobiça. Seu orçamento lhe permite enxergar a melhor direção a seguir, ao mesmo tempo que lhe confere o controle sobre suas finanças de modo que lhe possibilite decidir o que é mais, ou menos, importante para você. O teste supremo do valor de um orçamento é ser capaz de montá-lo de maneira a não perceber nenhuma privação.

Assim, o orçamento é um plano intensamente pessoal. Outras pessoas podem ter algumas prioridades idênticas às suas, mas não exatamente a mesma quantia que lhes permitirá obtê-las. Se você considera importante incluir no orçamento férias luxuosas na praia todos os anos, no inverno, em um resort chique no Caribe, que assim seja – desde que os números lhe digam que isso é compatível com suas possibilidades.

Por onde começar? Você conhece seu ativo e seu passivo, porque acaba de fazer uma análise abrangente de seu patrimônio líquido. Você claramente priorizou suas metas financeiras e analisou de que maneira seus rendimentos se correlacionam com suas despesas. Usando essas informações como base, o passo seguinte é projetar esses valores no futuro para criar um orçamento que funcione para você.

Existem dois tipos de orçamentos: o anual e o mensal. O plano anual requer mais raciocínio; você provavelmente não conseguirá fazer uma boa previsão de sua renda e de suas despesas em uma única tarde. Organize-se para fazer esse orçamento ao longo de várias sessões no decorrer de aproximadamente uma semana. Experimente diferentes situações, usando o lápis nas primeiras vezes que fizer o orçamento para poder apagar o que escrever até que os números façam sentido. Algumas abordagens de bom senso poderão assegurar o sucesso do trabalho. Tenha os seguintes pontos em mente quando for preparar seu orçamento:

Seja realista e atenha-se especificamente à sua situação. Não conte com níveis de gastos ou de renda que você gostaria de ter, porque isso apenas atrapalhará o exercício.

Estabeleça prioridades. Defina, de modo realista, suas metas financeiras de acordo com sua renda, e determine o que é mais e o que é menos importante para você. Não existem objetivos financeiros certos ou errados, desde que você tome a decisão consciente de viver conforme suas possibilidades.

Não se preocupe com pequenos detalhes. Use números redondos em seu planejamento orçamentário; o objetivo é ajudá-lo a controlar seus gastos e satisfazer suas metas financeiras para que você possa encontrar aqueles 5, 10 ou até mesmo 15 por cento para gastar em itens supérfluos. O objetivo não é levá-lo à loucura tentando acertar os valores até o último centavo. Existem orçamentos mensais e anuais, de modo que você deve escolher o que julgar melhor.

Envolva todo mundo. Comece por discutir o orçamento com seu cônjuge ou parceiro, para poder descobrir e explicar quais são seus objetivos e ele poder explicar os dele. Quando você conversa sobre o assunto com a pessoa com quem compartilha a vida, tem uma chance muito maior de alcançar suas metas do que se seu parceiro não oferecer contribuição alguma. Quando conversei com Mark, o homem que tem medo de perder tudo e acabar tendo de voltar para a área reservada aos trailers, ele admitiu abertamente que satisfazer a necessidade da esposa, no sentido de ter um estilo de vida sofisticado, era algo tão estimulante para ele quanto sua própria necessidade de ganhar o máximo possível. Desse modo, ele está trabalhando arduamente não apenas para sua segurança e satisfação pessoais, como também para manter uma imagem social que é importante para sua mulher. (Os capítulos posteriores contêm muito mais informações sobre o gerenciamento do dinheiro conjugal.)

Além de elaborar um orçamento anual, você deve manter um controle contínuo de como está se saindo mensalmente pelo menos nas principais categorias. Eu sei que esse sistema funciona.

Há pouco tempo, conversei com uma mulher de Galveston, Texas, que originalmente me enviara um e-mail mencionando sua necessidade de controlar as finanças depois de ter passado vinte anos gastando para manter as aparências. Sua história é uma experiência inspiradora sobre o antes e depois de ser um Batalhador, com um final surpreendente.

Donna escreveu-me há seis meses para pedir meu conselho sobre como ela e o marido poderiam interromper seus padrões de gastos e, ainda assim, desfrutar o sentimento de prosperidade que se esforçaram tanto para alcançar. O problema deles era o seguinte: o fluxo de caixa era quase todo formado por gastos. "Aqui estou eu aos 48 anos", escreveu ela. "Meu marido tem 50, não temos praticamente nada no banco. Nenhum dos dois tem um plano de aposentadoria. Será que existe saída para nós?"

O interessante é que o pedido de aconselhamento financeiro de Donna acompanhou de perto uma grande despesa. Ela e o marido, Steve, haviam decidido instalar uma piscina maior, já que isso aumentaria o valor da propriedade. "No entanto", escreveu ela, "se eu pensasse no custo, teria realmente entrado em pânico." Donna estava tendo sérios conflitos a respeito de querer gastar agora e precisar interromper o fluxo. Eu me senti seguro de que poderia ajudá-la, e também à sua família, a repensar suas prioridades com um Plano de Controle Financeiro. Em primeiro lugar, eu precisava saber algo a respeito de sua história e da maneira como ela pensava a respeito de dinheiro.

Donna foi criada por pais ativistas sociais, e ambos falavam do dinheiro como algo ruim. Para eles, os símbolos de status eram superficiais. Mas as inclinações e os valores de Donna eram outros. Ela queria mais, e queria que tudo fosse novo e de grife. Casou-se com um *chef*, e durante os primeiros anos nos quais ele passou formando sua reputação profissional em seu pequeno restaurante, eles estavam sempre "torrando" todo dinheiro que conseguiam economizar. Steve queria entrar de sócio para um clube social esportivo para fazer contatos. Donna queria um anel de brilhantes. "Sei exatamente quanto ele custou", escreveu ela, "mas eu queria algo em que estivesse escrito 'dinheiro'."

Donna e Steve são clássicos Batalhadores, com carreiras relativamente estáveis. "Trabalho há cinco meses em uma empresa de petróleo e ganho relativamente bem", escreveu Donna. "Mas o dinheiro entra e sai de imediato para as necessidades básicas." O problema de dinheiro de Donna é uma deficiência clássica do Batalhador: pensar a respeito do dinheiro para o dia de hoje, em vez de separar algum para amanhã.

Ocorre sempre um choque quando nos damos conta, como ocorreu com Donna, de como a aposentadoria está próxima. Haverá a despesa de pagar a faculdade da filha, o que também faz parte de seu futuro desembolso financeiro. Além de chegar rápido demais para todos nós, o futuro é *agora*. Donna e Steve precisam de um plano capaz de gerenciar sensatamente o nível de renda combinado do casal de cerca de 110 mil dólares anuais. Eles são proprietários da casa onde moram e têm algumas dívidas, mas estão aquém das expectativas nos investimentos e na poupança voltados ao futuro.

Mas o destino entrou em cena. Os efeitos do estilo de vida Batalhador de Donna de repente ficaram claros para ela quando, alguns meses depois de inaugurar a nova piscina, seu pai morreu. Donna descobriu que ele havia gasto tudo que tinha com despesas médicas, deixando-lhe um espólio de cerca de 5 mil dólares e uma pequena casa na região leste do Texas, cuja existência ela desconhecia.

Donna escreveu que ficou aturdida, não por causa da quantia, mas pelo fato de o pai haver comprado uma casa e tê-la mantido em segredo. No início, ficou zangada com ele, mas depois sentiu pena por ele não ter podido compartilhá-la com a família. Seu pai sempre tivera uma atitude desdenhosa com relação ao estilo de vida da filha e nunca se deixara impressionar por suas aquisições voltadas ao status. "Acontece que ele era mais esperto do que todos nós com relação ao dinheiro", declarou Donna. "Quero guardar minha herança em vez de torrá-la. Como podemos reduzir as despesas? Devemos vender a casa do papai? Como aumentar ao máximo os 5 mil dólares? Por onde devemos começar?"

As perguntas de Donna a respeito de colocar a herança para render mostram que ela está pronta para fazer alguns ajustes efetivos em seu estilo de vida Batalhador. Donna e o marido preencheram planilhas de definição de metas e tomaram a decisão comum de colocar a herança para render. Depois de efetuar a análise do fluxo de caixa, eles somaram as dívidas, projetaram a renda até o final do ano e descobriram como conseguir uma quantia adicional para pagar a piscina: Donna trabalharia nas sextas e sábados no turno da noite no restaurante de Steve, e usaria o dinheiro das gorjetas para ajudar no pagamento.

E a herança? Decidiram colocar os 5 mil dólares em um plano de previdência individual. Como Donna ainda não tem direito a participar de um plano de aposentadoria no emprego por trabalhar na empresa há menos de seis meses e Steve tem um negócio próprio, podem fazer, como casal, uma contribuição totalmente dedutível para o plano de aposentadoria, porque a renda bruta ajustada deles está abaixo de 150 mil dólares. Essa decisão oficialmente deu início ao fundo de aposentadoria de Donna e Steve, um bom ponto de partida. Depois que você se aposentar, pode recorrer a várias fontes de renda, admitindo-se que tenha construído um patrimônio. Nos Estados Unidos, os planos de aposentadoria são uma boa aposta, já que você pode retirar o dinheiro quando tiver 59 anos e meio sem nenhum ônus, ou pagar uma multa de 10 por cento se retirar os recursos antes disso. (Em um capítulo posterior, falarei mais sobre os IRAs tradicionais e os IRAs Roth, explicando o funcionamento e a remuneração deles.) E, em vez de viajar este ano nas férias, Donna e a família decidiram passar algumas semanas na casa que ela herdou do pai e depois entregá-la a um corretor que possa lhes conseguir um locatário. Com isso, a casa se valorizará e eles receberão a renda do aluguel.

A princípio, Donna achou que perder umas férias para economizar e trabalhar horas adicionais seria algo muito difícil de fazer, mas o esforço valeu a pena. "Em três meses, conseguimos reduzir bastante a dívida da piscina", declarou. Donna e Steve contrataram um empreiteiro para fazer algumas benfeitorias na casa do pai, mas a despesa compensou. Alugaram o imóvel e agora recebem a renda adicional.

Donna acrescentou: "Talvez fazer um orçamento tenha me ajudado a amadurecer. No início, tive vontade de reagir e manter o estilo de vida ao qual estava acostumada. Em seguida, examinei o plano de controle e a realidade certamente dói! Eu não conseguia acreditar na quantidade de dinheiro que gastávamos com o item "manter o nível". Ainda gosto muito de ter uma boa aparência, mas Steve e eu achamos que conseguimos controlar nossos gastos. Sei que fiz algo realmente importante para mim mesma e para minha família, e ainda posso sonhar.

Sei que você pode ter tanto sucesso quanto Donna. Eis como fazer isso:

PLANILHA DE ORÇAMENTO MENSAL

Mês _____   Ano _____

Renda	Efetivo	Orçamento	Orçamento até esta data	Dados efetivos até esta data
Rendimentos do trabalho remunerado				
Renda familiar				
Rendimentos recebidos do governo				
Renda de investimentos				
Rendimentos de aposentadoria				
Rendimentos de trabalho sem vínculo empregatício				
Outros rendimentos				
RENDA TOTAL				

Despesas

Despesas fixas				
Carro				
Família				
Casa				
Seguros				
Poupança e investimentos				
Impostos				
Serviços essenciais				
Outros				
Total das Despesas Fixas				

PLANILHA DE ORÇAMENTO MENSAL (continuação)				
Mês _____ Ano _____				
Renda	Efetivo	Orçamento	Orçamento até esta data	Dados efetivos até esta data
Despesas variáveis				
Filhos	_____	_____	_____	_____
Vestuário	_____	_____	_____	_____
Contribuições e mensalidades	_____	_____	_____	_____
Instrução	_____	_____	_____	_____
Equipamento e veículos	_____	_____	_____	_____
Serviços financeiros e de profissionais liberais	_____	_____	_____	_____
Alimentação	_____	_____	_____	_____
Manutenção da casa	_____	_____	_____	_____
Despesas médicas	_____	_____	_____	_____
Diversos	_____	_____	_____	_____
Diversão e lazer	_____	_____	_____	_____
Poupança e investimentos	_____	_____	_____	_____
Viagens e férias	_____	_____	_____	_____
Outros	_____	_____	_____	_____
Total das Despesas Variáveis	_____	_____	_____	_____
TOTAL DAS DESPESAS	_____	_____	_____	_____
RENDA TOTAL MENOS DESPESAS	_____	_____	_____	_____

PLANILHA DE ORÇAMENTO MENSAL

Ano _____

Renda anual	Dados efetivos ano anterior	Orçamento para este ano	Dados efetivos para este ano	Orçamento *versus* dados efetivos para este ano
Rendimentos do trabalho remunerado	_____	_____	_____	_____
Renda familiar	_____	_____	_____	_____
Rendimentos recebidos do governo	_____	_____	_____	_____
Renda de investimentos	_____	_____	_____	_____
Rendimentos de aposentadoria	_____	_____	_____	_____
Rendimentos de trabalho sem vínculo empregatício	_____	_____	_____	_____
Outros rendimentos	_____	_____	_____	_____
RENDA TOTAL ANUAL	_____	_____	_____	_____

Despesas

Despesas fixas				
carro	_____	_____	_____	_____
família	_____	_____	_____	_____
casa	_____	_____	_____	_____
seguros	_____	_____	_____	_____
poupança e investimentos	_____	_____	_____	_____
impostos	_____	_____	_____	_____
serviços essenciais	_____	_____	_____	_____
outros	_____	_____	_____	_____
TOTAL DAS DESPESAS FIXAS	_____	_____	_____	_____

PLANILHA DE ORÇAMENTO MENSAL

Ano _____

Renda anual	Dados efetivos ano anterior	Orçamento para este ano	Dados efetivos para este ano	Orçamento *versus* dados efetivos para este ano
Despesas variáveis				
Filhos	_____	_____	_____	_____
vestuário	_____	_____	_____	_____
contribuições e mensalidades	_____	_____	_____	_____
instrução	_____	_____	_____	_____
equipamento e veículos	_____	_____	_____	_____
serviços financeiros e de profissionais liberais	_____	_____	_____	_____
alimentação	_____	_____	_____	_____
manutenção da casa	_____	_____	_____	_____
despesas médicas	_____	_____	_____	_____
diversos	_____	_____	_____	_____
diversão e lazer	_____	_____	_____	_____
poupança e investimentos	_____	_____	_____	_____
viagens e férias	_____	_____	_____	_____
outros	_____	_____	_____	_____
Total das Despesas Variáveis	_____	_____	_____	_____
TOTAL DAS DESPESAS	_____	_____	_____	_____
RENDA TOTAL MENOS DESPESAS	_____	_____	_____	_____

Finalmente: pontos a serem lembrados pelos Batalhadores

Ceda, de modo comedido, ao desejo de consumir e entregue-se ao alívio de saber que o que você compra é *suficiente*!

Caso exista um gatilho psicológico que o leve a comprar artigos sofisticados para que você se sinta melhor com relação a si mesmo, investigue as origens desse gatilho. Inicie o processo de neutralizar seus efeitos sobre você. Procure orientação psicológica se o impulso de gastar estiver fora de controle.

Analise regularmente suas metas para descobrir onde esses artigos sofisticados podem se encaixar sem lhe causar uma pressão financeira. Nenhuma meta financeira é certa ou errada; o que importa é que ela tenha sido escolhida por meio de uma decisão consciente.

Seja sincero a respeito de sua renda, despesas e orçamento (a previsão de seus rendimentos e despesas futuros), porque você é a única pessoa que se beneficiará da verdade ou a lamentará.

Pense no orçamento como um roteiro que lhe permite saber a direção que você quer seguir, mas que, ao mesmo tempo, lhe oferece várias opções de como chegar ao destino. Inclua todas as pessoas que são e serão afetadas por ele.

CAPÍTULO 4

Os Avestruzes

Você costuma se sentir incapacitado pela confusão, ansiedade ou culpa por causa de dinheiro e tende a não tomar conhecimento dos problemas em vez de lidar com eles?
Você tem medo de reivindicar seus direitos junto a uma "autoridade financeira" ou qualquer pessoa que esteja lidando com seu dinheiro, como seu cônjuge, pai, mãe ou um corretor?
Você teme o desastre financeiro mas entrega seu dinheiro a uma pessoa na qual, no fundo, não tem certeza se pode confiar?

Dorothy Parker, famosa escritora, inteligente e perspicaz, declarou certa vez que, em sua opinião, "as palavras mais bonitas eram 'cheque em anexo'." Entretanto, quando ela morreu, seus testamenteiros ficaram chocados ao encontrar cheques não-descontados espalhados por todo o apartamento, muitos ainda em envelopes fechados, nas gavetas da penteadeira e da escrivaninha, alguns usados como marcadores de livro ou jogados sobre uma pilha de revistas. Parker se queixava com freqüência de não ter dinheiro suficiente. Embora controlasse bem sua carreira e a venda de seus livros, era totalmente descontrolada no que dizia respeito a lidar com o próprio dinheiro.

Quando você ouve falar nesses hábitos descuidados, pode pensar: "Ela era insensata com o dinheiro." Embora isso possa ser verdade, a situação é muito mais complicada. Como você verá, o perfil que chamo de Avestruz tem claramente conflitos sobre como lidar com as próprias finanças, mas tem um excelente potencial não-aproveitado para fazê-lo. Como foi constatado posteriormente, no meio de seu caos financeiro, Parker foi capaz de procurar um advogado para elaborar um testamento, deixando no final milhões para o herdeiro de sua escolha: a instituição de caridade predileta.

Você talvez conheça alguém que parece negligente com o dinheiro, ou quem sabe você seja um Avestruz pronto para retirar os envelopes das pilhas e finalmente dedicar-se a colocar suas finanças em ordem. Estou determinado a encorajar todos os Avestruzes a se concentrar em desenvolver a confiança necessária para atacar quaisquer problemas financeiros. Você pode começar sentindo-se pouco à vontade, mas a única maneira de lidar com o dinheiro é começar a contá-lo para verificar onde você se encontra. Se não está feliz com sua situação financeira ou tem medo até mesmo de olhar para onde se encontra, você achará muitas respostas às suas perguntas financeiras à medida que prosseguir na leitura.

O Avestruz revelado

Li uma análise interessante depois dos eventos do 11 de Setembro. Nela, relatava-se que muitos herdeiros e beneficiários das vítimas dos atentados descobriram que seus entes queridos não haviam tomado medidas financeiras adequadas, que o seguro era insuficiente, que não houvera a indicação de beneficiários e os planos de contingência eram incompletos ou simplesmente inexistentes. Desse modo, além da catástrofe dos eventos e da perda dos entes queridos, essas pessoas passaram por um verdadeiro abalo financeiro.

Se algum dia eu me preocupei com a possibilidade de que fôssemos uma nação de Avestruzes, isso aconteceu naquela ocasião. Eu me perguntei quantas pessoas empregadas teriam deixado de completar alguns passos básicos para garantir seu futuro financeiro e o de suas famílias.

Na qualidade de consultor financeiro, sei que evitar problemas de dinheiro não encerra nenhum benefício, porque eles não vão embora, apenas aumentam! Entender os Avestruzes fornece algumas respostas para a mudança.

O que leva um Avestruz a evitar problemas básicos de dinheiro? As razões são inúmeras. O dinheiro costuma deixá-lo confuso, intimidado ou até mesmo constrangido. Se você é um Avestruz clássico, não faz orçamentos, não sabe quanto deve, quanto gasta ou como manter atualizados os registros financeiros. Por estranho que pareça, a maioria dos Avestruzes não está endividada, eles em geral pagam as contas e têm um parceiro ou um parente que tende a lhe proporcionar assistência financeira. Você pode ser um Avestruz constrangido por saber muito pouco a respeito de dinheiro, de modo que muda de assunto sempre que ele vem à tona. A idéia de trabalhar com um planejador financeiro é tão árdua para você quanto se tivessem lhe pedido para empurrar uma pedra enorme até o topo do Monte Fuji.

Existem também Avestruzes que sentem orgulho de sua indiferença pelo dinheiro. Se for esse seu caso, é provável que você costume falar a respeito de como o dinheiro o deixa entediado ou como sua vida profissional ou em família absorvem muito seu tempo, de modo que você não se dedica a ver gráficos de ações. *Sempre que converso com Avestruzes desse tipo* – e eles proliferam entre toda espécie de profissionais, inclusive advogados, professores, médicos e artistas –, *fico impressionado com a convicção profundamente arraigada de que sempre irão sobreviver, embora tenham dificuldade em lidar com o dinheiro no cotidiano.* Mas, na maioria das vezes, recebo telefonemas e e-mails de Avestruzes como você, que finalmente compreendem que negligenciaram suas finanças por um tempo longo demais e agora estão preocupados, frustrados e prontos para entrar em ação.

Também conheci uma variação mais extrema desse tipo: aqueles que estão esperando para ser resgatados de seus problemas financeiros. São os que estão "À espera do cavaleiro branco", pessoas que não apenas evitam os problemas o mais que podem, mas cujas convicções a respeito do dinheiro estão desconectadas da realidade. O cavaleiro branco que elas almejam pode ser um bilhete premiado da loteria, uma herança que chega quando elas mais precisam, um casamento com uma pessoa rica ou uma quantia encontrada de maneira milagrosa.

O resultado de sonhar em excesso e cuidar muito pouco dos negócios pode ser um iminente desastre financeiro. À medida que suas finanças vão lentamente piorando, os que estão "À espera do cavaleiro branco" desejam que alguém venha livrá-los de seu fardo, em vez de agir de imediato para corrigir a situação. Ambos os tipos de Avestruzes estão presos à penosa e errônea convicção de que não são capazes de aprender os fundamentos do dinheiro. Estou aqui para provar que você pode, finalmente, controlar seus problemas financeiros.

Os pontos fortes do Avestruz

Você não é geralmente obcecado ou motivado por dinheiro. Seu Perfil Financeiro em geral inclui artistas, intelectuais ou pessoas mais interessadas em realizações e/ou assuntos espirituais. Na condição de Avestruz, *você não fica de olho no dinheiro, como poderia fazer um Batalhador ou Grande Apostador, concentrando-se primeiro na criatividade, na produtividade, na responsabilidade diante dos outros e em desenvolver bons relacionamentos.* Alguns Avestruzes são médicos ou outros profissionais prósperos que se envolvem de tal modo com o trabalho que deploram o tempo que precisam dedicar aos assuntos financeiros.

Como você é basicamente inteligente, quando se empenha em mudar a maneira como administra o dinheiro, persistirá até atingir sua meta.

Os pontos fracos do Avestruz

Na qualidade de Avestruz, você é fiel à sua mascote, ou seja, mantém a cabeça enterrada na areia enquanto tudo pega fogo à sua volta. O que pegou fogo são problemas que cada vez aumentam mais e com os quais você não soube lidar: impostos ou impostos atrasados, pedidos de empréstimo, descobrir como irá pagar a primeira semestralidade ou anuidade da faculdade de seu filho, que vence daí a seis meses, elaborar um orçamento para descobrir onde conseguir dinheiro adicional para investir. E outras coisas. Tudo colocado de lado. As razões pelas quais você pode desprezar os problemas financeiros podem variar, mas os resultados são os mesmos: desprezá-los não faz com que desapareçam, e eles não se resolvem sozinhos sem sua intervenção. Você pode até mesmo adiar preparar-se para o futuro porque acha que não sabe como fazê-lo. Embora se preocupe com o que está à sua frente, você ainda está emperrado no presente, incapaz de agir, sem saber o que fazer primeiro e com vergonha de perguntar a alguém que saiba.

Recebo muitos e-mails de Avestruzes que confiam demais nas pessoas e entregaram o controle de suas finanças a alguém que "é competente com o dinheiro", mas que também pode ser competente em trapacear. Em vez de monitorar essas pessoas, você tem um comportamento passivo e aceita o que elas afirmam ter feito com seu dinheiro. Essa confiança fácil baseia-se na convicção de que você não consegue entender um documento financeiro ou jurídico, mas que outras pessoas conseguem. Alguns Avestruzes sentem-se simplesmente esmagados pelo que acham que não conseguem fazer e não verificam o que lhes foi informado a respeito de onde está seu dinheiro e de quanto têm. Quando se considera inadequado com relação ao dinheiro, qualquer decisão, por menor que seja, desperta esses sentimentos de dúvida em você. Você precisa confiar nos outros, porque o dinheiro não cuida de si mesmo.

Já os que estão "À espera do cavaleiro branco", além de desejarem que os outros administrem seu dinheiro, também buscam salvadores que o produzam para eles. Os que estão "À espera do cavaleiro branco" podem envelhecer perguntando a si mesmos por que os outros têm sorte e eles não, e achar que nunca foram escolhidos para ser afortunados. Essa necessidade do sonho impossível é semelhante à crença infantil nos milagres. De modo irônico, mesmo quando um cavaleiro branco efetivamente aparece, o Avestruz pode ficar sem nada após alguns anos. A revista *Money* publicou uma matéria sobre ganhadores da loteria, verificando a situação financeira deles três anos depois de terem ganho o prêmio, e a maioria havia dilapidado quase todo o dinheiro.

Se você se considera inadequado, esteja certo de que tem muitos Avestruzes como companhia. Segundo uma pesquisa realizada em 2002, "americanos de praticamente todas as categorias demonstraram uma falta de know-how financeiro", enquanto outro estudo relatou que "a educação financeira é a chave para um valor pessoal fundamental: alcançar as metas e os sonhos da vida".

Oriento Avestruzes constantemente, pessoas que tendem a permitir que as questões de dinheiro se tornem muito mais problemáticas do que deveriam ser. Vou narrar duas histórias que exemplificam como isso pode acontecer para esse perfil e mostrar-lhe como você pode produzir uma reviravolta emocional e financeira.

"A vida seria perfeita se ao menos o dinheiro cuidasse de si mesmo."

Julia e Pete estão na metade da casa dos 30 anos e moram com Eric, o filho de 7 anos, em um bairro bem situado de Pittsburgh. Julia encerrou recentemente seu negócio de *catering*, que dirigiu de casa durante um ano, quando decidiu deixar o mundo empresarial. O fato de ela não ter conseguido novos clientes foi mais intencional do que uma demonstração de incompetência. A verdade é que Julia estava cansada de trabalhar e queria ficar alguns anos em casa sendo apenas mãe. No entanto, também se sentia pouco à vontade com seu crescente sucesso, especialmente quando comparado com o do marido. Pete é um especialista em multimídia em tempo integral, cujo trabalho responde agora por toda a renda do casal. Entretanto, quase tudo que ele ganha vem de um único cliente, e Pete não tomou a iniciativa de procurar outros. Ele ganha bem, mas não se realiza no trabalho.

Por se tratar de um casal que está tendo relativo êxito, você poderia pensar que eles não têm problemas de verdade. A ironia é que tanto Pete quanto Julia encontram-se em um momento crítico particular no qual seus receios sobre as finanças poderão colocá-los em dificuldades. Como ocorre com quase todos os Avestruzes, eles atingiram uma barreira *emocional*, mas nenhum dos dois consegue enxergar por que isso aconteceu ou como mudar de atitude.

Depois de conversar longamente com Julia, descobri algumas importantes informações sobre ela e Pete. Julia é, em grande parte, uma pensadora moderna, mas de muitas maneiras ela se converteu em uma mulher casada tradicional da década de 1950 que confunde ser uma mãe que optou por ficar em casa com a atitude passiva e incompetente a respeito de dinheiro. Julia fica satisfeita ao administrar as despesas da casa, mas, disse ela, não consegue se impor perante nenhuma "autoridade financeira", de modo que parou de tentar.

Julia nunca se sentiu motivada a ganhar dinheiro, mas adorava ser criativa e cuidar de crianças. "Nunca precisei pagar por nada até o final da faculdade", declara. "Meus pais eram reservados com relação ao dinheiro, que era uma coisa de que os adultos tomavam conta. Não me ocorreu pensar de modo diferente." Mas acontece que ela pensava, o que a deixava em pânico. Quando decidiu ter um negócio próprio, Julia foi capaz de administrá-lo de modo lucrativo e contratou um contador em tempo parcial para cuidar dos detalhes. Em vez de se sentir bem-sucedida, ela desistiu do negócio porque tinha certeza que iria "estragar tudo e perder muito dinheiro". Embora estivesse tendo sucesso, Julia estava presa a uma antiga imagem de si mesma na qual "não tinha jeito para lidar com dinheiro". Seu lado receoso desejava: "Se ao menos o dinheiro pudesse cuidar de si mesmo", ao mesmo tempo em que a mulher de negócios que tinha o raciocínio lógico decidiu encerrar o negócio e parar enquanto estava tendo lucro.

> ## INSTANTÂNEO FINANCEIRO DE JULIA E PETE
>
> Como acontece com a maioria dos Avestruzes, Julia e o marido conseguem manter a atual situação com competência. Eis em que consiste:
> - A renda anual do negócio de Pete é 75 mil dólares.
> - Eles têm uma hipoteca. Há um ano tomaram uma linha de crédito de 200 mil dólares com garantia hipotecária para construir um anexo na casa em que residem, a qual adquiriram em 1993, e que não estão tendo dificuldade alguma para pagar.
> - Quase não têm dívidas. As faturas do cartão de crédito são pagas integralmente todos os meses.
> - Julia recebe uma pensão da empresa onde trabalhou, e seu plano de aposentadoria (401 k) na empresa foi transformado em um plano de previdência individual do tipo IRA quando ela deixou a empresa para abrir o próprio negócio. Pete tem um plano de previdência individual IRA.
> - Eles têm uma poupança que se destina a pagar a faculdade do filho, e o pai de Pete criou um fundo adicional para o neto.

Para ter certeza de que eu entendia o quanto ela era "incompetente" com relação a dinheiro, Julia forneceu-me outros exemplos do que havia feito: os detalhes do empréstimo com garantia hipotecária a confundiram a ponto de ela perder a capacidade de concentrar-se nele; ela tinha de ficar pedindo a Pete que o explicasse a ela. Julia recebe um boletim informativo eletrônico, mas nunca o leu. "Eu o excluí sem querer da primeira vez, e agora simplesmente o excluo de propósito", declarou com um riso constrangido. Ela aprendeu os fundamentos do dinheiro, mas chega a um ponto em que se sente "esmagada pelas coisas práticas".

Julia escolheu viver inquieta com sua reação de enterrar a cabeça na areia diante do dinheiro, enquanto Pete é um Avestruz que funciona muito bem e que vive no próprio estado de negação. Ele ganha bem, tem orgulho de conseguir manter a família sem dívidas e tem metas financeiras, mas tende a ficar emperrado na hora de progredir além do controle básico do dinheiro, como o pagamento das contas. E há também a questão de enfrentar seus verdadeiros sentimentos a respeito de dinheiro.

Pete tem vontade de parar de trabalhar como freelance e abrir um negócio com um amigo. Até agora, essa mudança está sendo apenas discutida, já que Pete ainda precisa acertar detalhes com o amigo sobre o quanto teria de investir no negócio. Julia está preocupada com a possibilidade de que uma mudança profissional desse vulto possa colocar a família em risco, especialmente porque Pete, escreveu ela, "preferiria ter 3 mil dólares em notas de 20 debaixo do colchão a investir o dinheiro. A vida seria perfeita", acrescentou, "se eu pudesse fazer com que Pete enfrentasse seus receios com relação a dinheiro e deixasse que um profissional nos ajudasse a elaborar um plano para o futuro."

Quanto mais eu lia o que ela escrevera, mais eu percebia o quanto a história de Pete girava em torno do relacionamento de Julia com o dinheiro – e vice-versa. Na verdade, o relacionamento de ambos não é um casamento raro de dois Avestruzes emperrados em dois pontos de vista não-produtivos a respeito do dinheiro e mergulhados em um dilema financeiro. Para Julia, a situação envolve fazer-se de desentendida e, para o marido, ficar apreensivo.

As tendências de Avestruz de Pete se refletem no sentimento de urgência de Julia. "Se Pete entrar no negócio com o amigo", declarou ela, "ele nos levará à loucura. Ele sonha ganhar muito dinheiro, o que é interessante, mas eu me preocupo por achar que ele talvez não tenha capacidade para dirigir um negócio, o que é algo completamente diferente." Julia parou de falar por um momento e, em seguida, acrescentou: "O fato é que Pete quer que eu arranje um emprego de meio expediente para que possa ficar menos preocupado com relação ao dinheiro caso venha realmente a entrar no negócio. Ele tem insistido comigo, mas sabe que não quero fazer isso. Acho que Pete está usando o fato de eu não querer trabalhar como desculpa por não ter levado a conversa com o amigo adiante. Se ele prefere colocar o dinheiro debaixo do colchão a investi-lo, estou certa de que esse não é exatamente o símbolo do homem de negócios competente."

Em última análise, Julia acredita que um planejador financeiro lhes conferiria a estrutura necessária para enfrentarem melhor seus receios financeiros e lhes ofereceria um plano mais adequado ao futuro. Mas esse é um obstáculo difícil de transpor, devido às atitudes atuais de Peter.

Emperrado no meio

Pete está emperrado. Tem uma vontade enorme de mudar sua linha de trabalho, mas o medo que sente de não conseguir se tornar competente com relação ao dinheiro o está refreando. "Não creio que neste momento eu consiga convencer

Pete a procurar um planejador financeiro, ou mesmo a obter um parecer a respeito de ter o próprio negócio", declara Julia. "Ele não confia em ninguém. Seria necessário insistir para convencê-lo do benefício, e não tenho certeza de que conseguiria fazer isso." Em seguida, ela me perguntou: "Como conseguir que um homem como Pete desperte e assuma o controle?"

Esse casal de Avestruzes conseguiu se virar até agora na vida do dia-a-dia, mas têm ambições financeiras que somente eles podem administrar. Julia é mais prática com relação a dinheiro e mais confiante do que imagina. Pete quer ter um negócio com o amigo, mas deseja o apoio emocional e financeiro da mulher; quer que ela arranje um emprego de meio expediente para complementar a renda do casal. Julia receia que um homem que tem apenas uma destreza rudimentar com o dinheiro, como pagar contas, não consiga formar uma parceria bem-sucedida em um negócio.

Logo veremos como Pete e Julia podem fazer mudanças muito necessárias, mas primeiro vamos dar uma olhada em Ken, cujo caso ilustra outra questão típica de um Avestruz.

"Quero mudar, mas não será tarde demais?"

Ken escreveu-me a respeito de outro problema do qual os Avestruzes costumam se queixar: ser sacudidos na casa dos 40, 50 ou 60 anos e despertar de uma espécie de apatia financeira, receando que seja tarde demais para construir um patrimônio maior para o futuro. A boa notícia é que você pode recuperar o tempo perdido, dependendo de quando você começar, de quanto dinheiro deseja e do esforço que está disposto a investir para recuperar esse tempo.

Ken passou exatamente por essa situação. Foi criado em uma família de classe média, filho de pais do final da Grande Depressão que eram muito rígidos com relação a dinheiro. Tudo girava em torno desse assunto, quase sempre de um modo negativo. O dinheiro era sempre um conceito fugaz no que dizia respeito a investi-lo e aumentá-lo. Ken trabalhou desde pequeno e gastava tudo que ganhava, sem nunca ser capaz de fazer o dinheiro trabalhar para ele. "Meus pais nunca me ajudaram a entender como multiplicar o dinheiro. Eles faziam uma preleção e preenchiam um cheque. Jamais me ensinaram coisa alguma. Eles me empurravam na direção em que queriam que eu usasse o dinheiro, o que me deixava ressentido", declara Ken. "Sempre tive interesse em começar algum tipo de negócio, como meu avô fez, mas meus pais se recusavam a me emprestar dinheiro para isso. Eu queria ser como meu avô e conquistar o respeito que ele recebia dos outros."

INSTANTÂNEO FINANCEIRO DE KEN

Ken relaciona as seguintes características em seu instantâneo:
- Suas dívidas são manejáveis. Os dois cartões de crédito da família apresentam um débito de 4 mil e 2 mil dólares, respectivamente, e só são usados nas férias, em emergências e coisas desse tipo. "Vivemos sem eles durante um longo tempo", informa Ken, acrescentando que a família sempre paga as coisas à vista.
- Ken e Janet estão amortizando uma hipoteca de 80 mil dólares e têm prestações mensais do carro no valor de 300 dólares.
- Ken deve 20 mil dólares de um empréstimo educacional que foi prorrogado mais vezes do que ele gostaria. "No entanto, devido às necessidades das meninas, às vezes isso é tudo que posso fazer", comenta.
- Ambos contribuem para o plano de compra de ações e de bônus em ações 401(k) no trabalho, mas esses planos de aposentadoria são os únicos investimentos da família.
- Janet controla as contas da família. Ela foi criada em um lar no qual o dinheiro sempre foi um problema, de modo que "aprendeu a fazer malabarismos com ele. Ela faz com que as coisas dêem certo", disse-me Ken.

Ken nunca começou o próprio negócio, mas finalmente se estabilizou na carreira. Depois de passar por uma série de empregos na área da construção civil, voltou a estudar e se formou em engenharia. É casado há 15 anos com Janet e tem duas filhas com ela.

Agora que Ken está com quase 50 anos, seu futuro financeiro parece estar em ascensão. Ken está sendo considerado para uma promoção; ele é o único em sua área na empresa, e os planos para aumentar o quadro de pessoal estão apontando para uma posição de supervisão para ele. Pela primeira vez na vida, ele sente que está chegando a algum lugar, mas receia que seja muito tarde para adquirir o conhecimento financeiro necessário para expandir seu futuro. "Preciso aprender a investir, a dominar os fundamentos do setor imobiliário. Sempre comecei tarde em tudo. Levou algum tempo para eu encontrar uma profissão. E também para me casar. Meu *timing* não é muito bom! Existe sempre um intervalo entre o agora e o depois. Sempre consigo enxergar cinco anos à frente, mas não consigo ver o amanhã", afirma. "Como posso ganhar mais dinheiro agora?"

Ken adotou o ponto de vista do Avestruz, no sentido de que ele, de alguma maneira, é incompetente com relação a dinheiro. Os indícios mostram que ele está se saindo bem, que provê a subsistência da família, e que, com um cargo de supervisão em vista, continuará a progredir. No entanto, Ken ainda está estabelecendo limites e vivendo com restrições a respeito do que pode aprender e de quando pode aprender essas coisas. O que o está perturbando é o raciocínio do Avestruz!

Temos então June, uma mulher "À espera do cavaleiro branco" que tem uma história diferente para contar.

"Quem virá me salvar e tornar realidade meus sonhos de ganhar dinheiro?"

Determinado desde a infância a ter uma carreira, Ken está finalmente enxergando a possibilidade de realizar seu sonho de alcançar um sucesso financeiro maior. A ligação de June com a realização dos sonhos é diferente. Ela tem 28 anos e é casada. Escreveu-me em um momento no qual estava se sentindo desesperada por achar que não conseguiria colocar as finanças em ordem. June foi adotada quando bebê, é professora substituta e estava pensando se deveria continuar a trabalhar como subalterna ou procurar um emprego permanente com benefícios.

A incapacidade de June de decidir o que fazer na vida refletia-se em uma convicção a respeito de si mesma que a vinha colocando em dificuldades financeiras durante anos. A situação é a seguinte: "Há uma história convincente que se repete em minha cabeça e me diz que não tenho o que é necessário para ganhar dinheiro", escreveu June. Em vez de lidar com a realidade de sua situação, June a evita. Só paga as contas quando chegam as advertências ou as empresas de cobrança começam a telefonar. "Digo a mim mesma: 'Não temos dinheiro para pagar esta conta' e jogo-a em uma bolsa de compras", confessou-me ela. "Ed, meu marido, tentou fazer com que eu seguisse um plano de pagamentos disciplinado, mas tive muita dificuldade em permanecer fiel a ele. Eu cometia enganos o tempo todo em minha conta corrente e me sentia perdida. Gostaria de encontrar uma saída simples para tudo isso. Minha mãe nunca precisou passar por isso. Tudo era feito para ela. Penso com freqüência a respeito disso."

June também me falou de seus desejos. Gostaria de poder ganhar na loteria, conhecer alguém que lhe desse muito dinheiro ou apresentar-se no palco e ser descoberta. Ela até mesmo sonha em encontrar a mãe biológica, que, segundo a fantasia de June, se revelará rica, a abraçará e a livrará de sua confusão financeira.

June revelou-me posteriormente algumas experiências acerca de seu passado que formaram seu sistema de crenças a respeito de si mesma e da origem do dinheiro. A mãe adotiva de June, que vinha de uma família relativamente próspera, estava em geral contente e sempre estimulava June a "viver perigosamente, a ser animada" e a "não se deixar arrastar por uma existência convencional; caso contrário, você se arrependerá". June freqüentemente tomava conta do irmão mais novo, que também era adotado, enquanto a mãe saía para seus compromissos sociais.

INSTANTÂNEO FINANCEIRO DE JUNE

June pode ter levado excessivamente a sério a idéia de não se importar com dinheiro, o que pode, com o tempo, ter afundado suas finanças. Eis como:
- Ela tem faturas médicas a pagar no valor aproximado de 10 mil dólares, resultantes de um acidente de carro e de uma cobertura inadequada do seguro-saúde da família de seu marido.
- Além dessa dívida, June deve 2.500 dólares de um empréstimo bancário e 750 dólares nos cartões de crédito.
- Ed, seu marido, tem uma dívida de cerca de 15 mil dólares, inclusive juros de mora.
- Nenhum dos dois tem uma poupança ou planos de investimento.

A influência do pai era oposta. Ele era gerente de um supermercado e tão pão-duro com dinheiro quanto a mãe era liberal. A família sempre viveu com conforto, mas qualquer coisa relacionada a dinheiro gerava discussão. O pai sempre era contrário a gastar dinheiro, mas acabava cedendo aos pedidos da mãe. Entretanto, era unha-de-fome com June. Sempre dizia não quando ela lhe pedia um aumento de mesada ou mais dinheiro para gastar. A mãe, em geral, agia em sua defesa, o que às vezes dava origem a uma discussão entre os pais.

June resumiu então sua infância e adolescência: "Eu era em grande parte responsável por cuidar de meu irmão, enquanto minha mãe saía para se divertir", disse June. "E também via como meu pai cuidava bem dela, e acho que era isso que eu também queria. Quando fiquei mais velha, não tive vontade de ser responsável por nada nem por ninguém."

Em seguida, June declarou como uma verdadeira Avestruz: "Temos sonhos. As contas podem esperar." A outra metade do "nós" a que ela se refere é Ed, seu marido há quatro anos, um homem dez anos mais velho do que ela. Ed é um engenheiro de som em um estúdio de gravação e está tentando montar uma empresa de produção. Ele está tendo dificuldade em conseguir um financiamento para iniciar o negócio. June dá aulas como professora substituta em escolas da localidade de um a três dias por semana, enquanto sonha em ser cantora e trabalhar em um dos projetos de Ed.

Por insistência de uma amiga, June candidatou-se a um emprego na área de vendas e distribuição e foi contratada. Ela está animada porque isso fará com que sua renda atual duplique e lhe conferirá alguma estabilidade. Sua amiga, que trabalha na empresa, disse a June que seu supervisor ganha pelo menos 100 mil dólares anuais. "Esse valor me parece completamente fora de alcance", declara June, "mas está na hora de eu trabalhar com alguém que efetivamente ganhe tanto assim. Talvez eu possa aprender alguma coisa e ser como ela. É possível que assim consigamos sair deste buraco financeiro."

Desistindo de si mesmo e do dinheiro

Quando June pensa a respeito de dinheiro e de sua infância e adolescência, suas memórias se concentram em como ela achava que recebia pouco em troca de ser uma boa filha. Sua mãe talvez tenha lhe dito que se agarrasse à vida, mas June foi incapaz de fazer isso. Ao contrário, ela parecia vagar pela vida, deixando que as coisas lhe acontecessem, ao mesmo tempo em que sonhava com mais. June basicamente se descreve como uma Cinderela, a quem o amor foi vedado e negado, e que ainda espera ser salva por seu príncipe, o cavaleiro branco. Ed, seu marido, com tendências de Avestruz, até agora não se revelou o salvador que ela tanto procura. Ed não foi capaz de fazer o que o pai de June fez por sua mãe, ou seja, cuidar dela e liberá-la de todas as obrigações financeiras. Ao contrário, as tendências destrutivas de Ed com relação às finanças afetam June e aumentam seu fardo e sua falta de confiança no que diz respeito a dinheiro.

Vamos voltar atrás e ver como Julia, Pete, Ken e June podem modificar sua maneira de pensar para melhorar o relacionamento com o dinheiro.

Realizando mudanças: o caminho emocional

Como Julia e Pete demonstram duas tendências diferentes de Avestruz, vou analisá-los individualmente. As questões de dinheiro confundem e oprimem Julia, e enviar-me um e-mail é o mais perto que ela já chegou de fazer um esforço para entender o que ela e Pete estão passando. Ela sabe que Pete precisa de seu apoio emocional e financeiro, e está passando por vários conflitos que ainda não conseguiu resolver. Já assessorei um grande número de Avestruzes como Julia, e sei que é possível afastar-se desse estado de desejo sonhador "se ao menos..." e enfrentar a realidade com verdadeiro otimismo.

As principais objeções de Julia a respeito de lidar com o dinheiro são que "há muito o que aprender e um excesso de variáveis sobre dinheiro para digerir". "Francamente", disse ela, "eu preferiria não lidar com elas". É compreensível que ela se sinta insegura com relação ao futuro, o que só faz gerar mais estresse a respeito dos problemas financeiros. Ela está certa: *existe*, de fato, muito o que aprender, e todo mundo fica desconcertado ou bloqueado com algum aspecto do mundo financeiro, como leis tributárias ou calcular o saldo do talão de cheques. No entanto, muitos Avestruzes se esquecem – e Julia está entre eles – de como foram bem-sucedidos, e não reconhecem o quanto *efetivamente* sabem. Mas ser um Avestruz e descartar todo o assunto não o ajuda a aprender. Fazer-se de bobo também não adianta. Segundo me dizem os psicólogos, este é o verdadeiro obstáculo de Julia. O que ele é realmente?

Fazer-se de bobo nunca é uma estratégia monetária inteligente

Embora os homens às vezes se façam de bobos, um número muito maior de mulheres foi criado para acreditar que deve, pode ou será incompetente ou menos competente do que os homens na esfera do dinheiro. Algumas mulheres aprendem ainda que deixarão os homens intimidados se forem competentes com o dinheiro, o que ameaçará qualquer relacionamento íntimo. É exatamente o que acontece com Julia. Ela receia que seu sucesso com o negócio possa expor o marido, que no momento está pensando em ser um empresário. Ela pode estar renunciando a seu sucesso para que o marido, segundo acredita, pareça mais forte e mais capaz. É uma idéia antiquada que nesse caso está debilitando o futuro financeiro de Julia e Pete. No entanto, algo mais está acontecendo.

Julia foi infantilizada quase a vida inteira, primeiro pelos pais e depois por si mesma. Ela fala a respeito de como lida com o dinheiro de um jeito infantil que dissimula suas verdadeiras habilidades. Se agir como uma garota obtusa, que não está pronta para o mundo adulto da responsabilidade, Julia sabe que alguém estará presente para cuidar dela. Em um típico estilo de Avestruz, ela tem o hábito de rir envergonhada de si mesma por excluir "acidentalmente" informações financeiras ou por ficar com o olhar embaciado quando precisa conhecer algum dado a respeito da hipoteca, transformando seus atos em uma piada. É assim que ela se apresenta a Pete, mas ele está saturado: já não a considera mais tão divertida assim. Quer que ela cresça, e a amará mesmo assim, mas ela não tem certeza disso.

Experimente a seguinte mudança em seu modo de pensar:

O fato é que se fazer de boba é uma defesa. Julia provavelmente preferiria chorar, porque receia não entender de finanças e perder o marido se o fizer. Se você se apanhar bancando o bobo quando não o é, minha sugestão para você é a mesma que dei a Julia: sair do passado e entrar no futuro que você realmente deseja. Você não deve ter medo de enfrentar o que conhece e colocar em ação o que sabe a respeito de dinheiro. Essa atitude só poderá ajudá-lo financeiramente, e não prejudicá-lo. Bancar o bobo talvez tenha sido mais aceitável em outra época de sua vida, mas não agora. E não em um momento crítico de sua existência.

Entenda que você é adulto, não é mais um bebê e que não é engraçadinho bancar o bobo e se esconder atrás dessa atitude. Você *pode* aprender, é aceitável fazer isso em um ritmo no qual se sinta à vontade. Você não precisa aprender tudo da noite para o dia ou mesmo em seis meses. Ninguém faz isso, nem mesmo os grandes magos das finanças sobre as quais você lê o tempo todo. O fato é que você pode mudar! Faça-o gradualmente, uma coisa de cada vez.

Assim como aconselhei Julia a guardar os boletins informativos que recebe e ler a metade em um dia e a outra metade no outro, recomendo que você escolha um assunto relacionado com dinheiro que saiba que irá ajudá-lo no momento, como, por exemplo, elaborar um orçamento. Examine o capítulo sobre os Batalhadores para ver o que efetivamente entra na elaboração de um orçamento que pode funcionar para você. Faça uma lista das perguntas que possam lhe ocorrer a respeito das informações, e esteja disposto a pedir que alguém lhe forneça as respostas ou a procurá-las por si mesmo. Pouco a pouco, você se libertará de uma percepção obsoleta que o leva a sabotar a si mesmo e considerar-se "uma pessoa que não tem o domínio do dinheiro", e finalmente amadurecerá. As informações sobre a vida de Julia, por exemplo, dizem-lhe que ela é capaz de administrar um lar e que dirigiu um negócio pequeno porém lucrativo. Essas são constatações positivas a respeito de sua competência. Quando Julia começar a dizer a si mesma que é capaz de lidar com o dinheiro e aceitar a idéia, estará no caminho da mudança plena. O mesmo é verdadeiro com relação a você. Acredite em sua capacidade de lidar com o dinheiro e você o fará.

Já o Caminho Emocional de Pete é diferente.

Revelando seus segredos financeiros um para o outro: libertando-se para seguir em frente!

O problema emocional básico de Pete é sua incapacidade de enfrentar e admitir seus segredos financeiros. Um deles é que ele teme fracassar ou parecer um fracassado, e o outro é que quer receber mais da mulher, que, em sua opinião, o está desapontando. Este pode ser um problema que também o está bloqueando.

Você está em um ponto da vida no qual uma oportunidade profissional se apresentou, mas torná-la realidade o preocupa? À semelhança de Pete, você tem um amigo ou sócio que teve um sucesso meteórico nos negócios que você gostaria de copiar mas tem medo de tomar as medidas necessárias para que isso aconteça? Pete ficou imobilizado, de modo que protela e evita conhecer os detalhes da proposta porque tem medo de tentar qualquer coisa experimental, embora tivesse vontade de fazê-lo, "se ao menos ...". Como Julia me disse, "Pete costuma se arriscar bastante, mas não está disposto a correr o risco de fazer um grande negócio com o amigo". Ela chama isso de "uma coisa do ego". Nesse ínterim, Pete culpa Julia por não arranjar um emprego antes de ele telefonar para o amigo. Pete precisa do apoio pleno de Julia, mas não dessa maneira. Por acaso essa situação lhe parece excessivamente familiar?

Experimente a seguinte mudança em seu modo de pensar:

À semelhança de Pete e Julia, você e seu companheiro não estão apenas se escondendo do dinheiro, mas também se escondendo um do outro? Você precisa se sentar com a pessoa com quem decidiu compartilhar a vida e conversar, sem limitações, a respeito do que você está passando. Quando se encontra assustado a respeito de uma mudança, você não quer admitir o que não sabe a respeito de dinheiro, seja um possível negócio com um amigo, seja discutir o assunto com um consultor financeiro. Essa é uma característica comum dos Avestruzes e é algo que pode ser compreendido e administrado. Significa que você e seu cônjuge ou parceiro precisam enfrentar as expectativas recíprocas! Quer dizer que você precisa revelar seu segredo e aceitar que não é uma fraqueza pedir ao companheiro que o ajude financeiramente, para que você possa ir atrás de uma oportunidade ou para atenuar seus encargos financeiros.

Em primeiro lugar, vamos examinar uma mudança de carreira e verificar como isso afetará suas finanças: se você tiver mais de 30 anos, realmente terá de tomar decisões inteligentes a respeito de qualquer mudança profissional importante. Se for casado, a decisão deve ser unânime – você e seu companheiro precisam estar de acordo com relação à mudança e ser capazes de se preparar para eventuais modificações financeiras. Se você está sozinho, é claro que só tem de dar satisfações a si mesmo. Em seguida, precisa decidir se deseja aproveitar uma oportunidade profissional que o estimula ou lhe interessa. Se o negócio envolve um amigo, como no caso de Pete, você tem de saber se se sente competitivo demais para trabalhar com ele a fim de fazer o negócio prosperar. Se a personalidade e a competição não forem um problema, você precisa verificar o quanto e o que é esperado de você. Agarre a oportunidade ou afaste-se e pare de culpar seu cônjuge ou parceiro por você não correr o risco. E se você for a pessoa que está pensando em uma mudança profissional, descubra o que você precisa no que diz respeito ao apoio financeiro e emocional de seu cônjuge ou parceiro. Pete, por exemplo, acha que Julia não tem o direito de criticar o fato de ele não correr um risco porque está desempregada. Afinal, ele não tem uma família para sustentar? Se ele deseja a oportunidade profissional, precisa dizer a Julia como é importante que ela contribua com alguma renda para a família enquanto ele se adapta ao novo negócio.

Em seguida, examine mais profundamente o relacionamento com seu cônjuge ou parceiro. O fato de você desejar que ele arranje um emprego ou mude para um que pague melhor não estará ocultando outro segredo, o desejo de que seu cônjuge amadureça? Vocês dois são adultos, possivelmente com uma família e grandes responsabilidades financeiras. Você gostaria que seu cônjuge reagisse com mais disposição e arranjasse um emprego para facilitar as coisas para você? No caso de Pete, se ele não entrar no negócio com o amigo, pelo menos sentirá que Julia está realmente a seu lado e finalmente não é mais mimada. Independentemente da origem de sua aversão ao risco, ela certamente se intensifica se seu cônjuge despejar todas as responsabilidades financeiras em você e depois se mostrar preocupado com o futuro.

Ambos podem estar com receio de contemplar atentamente o futuro, mas vocês nunca conseguirão sair desse padrão de comportamento enquanto um de vocês não conseguir examinar detalhadamente o presente e o outro morrer de medo do que está por vir. Quando expuser a seu cônjuge suas questões secretas com relação a dinheiro, você sentirá que tem um parceiro de verdade. E você precisa de um parceiro assim para tomar a próxima providência. O fato de vocês dois conhecerem as realidades financeiras da vida e as aceitarem só poderá fortalecer o casamento!

Você está pedindo instruções de má qualidade e aceitando-as?

O destino de Ken consistiu em ser criado por pais que, quando jovens, haviam sido afetados por uma crise financeira mundial e uma batalha diária pela sobrevivência. O fato de eles finalmente terem tido dinheiro na idade adulta e relutarem em dar dinheiro e apoio ao filho representa o infortúnio de Ken. Muitos Avestruzes são filhos de pais que lhes negavam dinheiro e balançavam diante deles o que eles "um dia talvez viessem a ter". Esses Avestruzes sofreram ao longo do caminho por duvidar que realmente um dia teriam e mereceriam dinheiro ou que tomariam decisões monetárias inteligentes. Eles se acostumaram a pedir a opinião de pessoas que tendem a reprimi-los ou controlá-los, além de lhes dizer por que eles não devem ter dinheiro. Ken mostrava-se um pouco mais resistente, mas não tinha muita certeza disso. Sua preocupação é que talvez seja tarde demais.

Experimente a seguinte mudança em seu modo de pensar:
Apenas porque outras pessoas um dia o subjugaram financeiramente e você deu continuidade a esse comportamento refreando a si mesmo não significa que você tenha de continuar se privando das coisas ou se enganando. Mesmo que seus pais algum dia tenham lhe negado dinheiro, entenda que você não precisa mais ser aquela criança passiva. Você pode se mexer para conseguir o que deseja e recuperar em parte o tempo perdido.

Ken, por exemplo, realmente interiorizou a negatividade dos pais, não apenas com relação ao dinheiro de modo geral, mas também na convicção de que, se tivesse dinheiro, não saberia como lidar com ele. Quando pediu a ajuda dos pais no negócio, eles não apenas a recusaram, como também se negaram a liberar as contas que haviam mantido para ele. Em decorrência disso, Ken protelou suas decisões, mas cada uma delas compensou para ele. Ele pode ter pulado de um emprego para outro devido à natureza do setor da construção civil, mas estava sempre empregado. Voltou para a faculdade, conseguiu um financiamento para os empréstimos, casou-se com uma mulher que o apóia emocionalmente e cuida das contas com competência, e agora está em busca de um futuro financeiro mais sólido.

De fato, Ken e você podem colocar parte das finanças em dia, mas vocês têm uma tarefa emocional a realizar primeiro. Você precisa perdoar a si mesmo por não ter sido mais agressivo a respeito do que queria fazer e por ter pensado em seus pais como a única fonte de dinheiro a que poderia ter recorrido. Pense na maneira como você fala de seus pais e do que eles lhe deram ou deixaram de dar. Fala sobre eles de um modo que demonstra como você era passivo, como quando pensava: "Eles não me ensinaram" a lidar com o dinheiro? Você conferiu a seus pais muito poder, o que lhes permitiu conduzi-lo por um número excessivo de caminhos sem perspectiva de progresso? Ou, como Ken, você descobriu uma saída, do tipo antes tarde do que nunca?

Eis outro fator a ser considerado. Vamos voltar ao caso de Ken para que você consiga encontrar os pontos de semelhança com você. Ele demorou a fazer as coisas porque tinha problemas com relação a decidir o que fazer com sua vida. Ele estava com quase 40 anos quando se formou em engenharia. Simplesmente não havia pensado em fazer uma carreira antes disso. De vez em quando se preocupava com o futuro, e esperava que tudo ficasse bem. Ken não está seriamente endividado e mal fez planos para a aposentadoria, e agora que está com quase 50 anos desenterrou a cabeça da areia. Se a situação emocional dele se parece com a sua, você precisa entender por que se permitiu caminhar tão lentamente, e perdoar-se por sua aparente fraqueza.

As decisões certas encontram a época adequada. Quando as pessoas chegam aos 40 e 50 anos e olham para trás, podem ficar deprimidas a respeito do que aconteceu e dizer: "Isto é o que eu deveria ter feito", ou "Nossa, o que foi que fiz!". Deixe o passado ir embora!

Quando você aceitar quem é, se fortalecerá psicologicamente ao reconhecer todas as suas realizações. Você precisa parar de se criticar por ter tomado decisões mais tarde do que mais cedo. Largue o chicote e use a energia para congratular-se por suas realizações.

E você provavelmente realizou muitas coisas. Andar por aí sentindo que não fez nada, arrastando a advertência de seus pais no sentido de que você não pode ter dinheiro, significa desperdiçar tristemente uma vida de valor. Ao se perdoar, pode acreditar plenamente em uma imagem mais positiva de si mesmo e depois voltar-se para o problema em questão: ganhar mais dinheiro para o futuro.

Ken despertou tarde, mas ainda tem uma boa chance. E você também!

Você está dando a si mesmo a chance de se salvar?

Se a pessoa que ficar "À espera do cavaleiro branco" tem uma característica, esta é o apego infantil a fantasias de resgate. Quem não deseja levar uma vida sem preocupações e ser recompensado apenas por ser quem é e por estar vivo? Mas quantos de nós somos agraciados com isso? Poucos. E receber de presente dinheiro, glória e acesso a tudo e todos que desejamos nem sempre é de bom agouro. Pense na princesa Diana.

Muitas pessoas que tiveram uma infância repleta de problemas e dificuldades se esforçam e aprendem a construir uma vida que deixa as privações para trás. Elas se recuperaram, e isto não é algo fácil. Você dá a si mesmo a chance de se salvar quando descarta a imagem de que está vivendo como vítima e não vencedor. Quando você pensa como vítima, torna-se indeciso, descuidado e imaturo em relação a lidar com as obrigações mais básicas, como pagar a conta de luz antes das ameaças de corte, por exemplo. Jogar as contas em uma bolsa de mercado, sem abri-las, simplesmente não é algo engraçadinho. Esse comportamento o mantém preso ao passado, sentindo-se explorado. Você faz a mesma coisa?

Além disso, uma abordagem irrealista à maneira de lidar com o dinheiro sempre afetará o relacionamento com seu cônjuge ou parceiro. No caso de June, ela se sente culpada por se encontrarem em uma situação tão desagradável, em parte devido às suas dívidas, ao seu rendimento instável e à sua atitude com relação ao dinheiro. No entanto, ela me disse que sabe que tanto ela quanto Ed, com suas tendências de Avestruzes, são responsáveis pelas dificuldades financeiras que estão enfrentando.

É chegada a hora de começar a agir como um vencedor. Tome medidas que demonstrem que você está se permitindo amadurecer. Essa atitude é a salvação pessoal em sua melhor forma. Você precisa aprender a acreditar em si mesmo como alguém que merece ter mais, em vez de destruir as chances de realizar seus sonhos e metas – genuinamente. Como começar?

Experimente a seguinte mudança em seu modo de pensar:

As pessoas que estão "À espera do cavaleiro branco" têm personalidade emocional e ainda dependem dos outros ou da sorte. Quando a magia domina excessivamente sua vida, você está em apuros, a não ser que seja Harry Potter. Em vez disso, crie a própria mágica procurando entender a diferença entre metas e sonhos.

Desejar dinheiro geralmente não lhe proporciona nada, exceto mais frustração. O que pode ajudá-lo é saber a diferença entre ter um sonho e fazer com que uma meta se torne realidade. Quando você deixa de desejar e passa a agir, realmente faz com que milagres aconteçam por meio de seu esforço. Cada pequeno sucesso no caminho de tornar uma meta realidade gerará um sentimento de autodeterminação e competência.

Minha sensação é que June sabe administrar dinheiro melhor do que deseja admiti-lo. E você? June está sempre criando situações nas quais tenta forçar o marido, Ed, a cuidar dela. No entanto, ele é um Avestruz muito marcante para que possa dar à esposa o que ela precisa. Você está agindo de maneira semelhante com seu cônjuge ou parceiro? Essa pessoa é incapaz de realizar seus sonhos? Se este for o caso, talvez você esteja diante de seu golpe de sorte. No caso de June, os problemas de Ed com relação a dinheiro a forçaram a entrar em ação e aceitar um emprego que oferece a possibilidade de ser mais bem paga.

Em seguida, continue a sonhar, mas estabeleça a distinção entre um sonho e uma meta. O *sonho* é uma imagem do que você quer. Pode ser algo que é possível e que exija um salto de fé. O sonho é natural e se baseia em emoções. Você tem o sonho de ser um empresário bem-sucedido. Seu sonho também pode ser impossível, como desejar ser sócio de Warren Buffett.[1] Existe então a *meta*: um objetivo que você pode tornar realidade ao formular um plano, conferindo-lhe uma ordem cronológica e seguindo-o até o fim para fazer com que ele se concretize. A satisfação que você obtém ao atingir uma meta o estimula a seguir em frente. Com que intensidade você quer alcançar esse objetivo? Este é o gatilho que o fará entrar em ação.

Quando começa a deixar de depender dos outros e a tomar medidas para atingir suas metas, você se torna mais auto-suficiente e mais competente para lidar com o dinheiro.

Realizando mudanças: o caminho financeiro

Na condição de Avestruz, você subestimou por tempo demais a própria capacidade de administrar dinheiro! Até agora, você se esquivou da plena responsabilidade financeira e, se chegou a aprender alguma lição, foi que os problemas não desaparecem nem se resolvem sozinhos. Muitos de vocês confiaram suas finanças a uma pessoa "competente com o dinheiro" e, em vez de ser protegi-

---

[1] Conhecido como "Oráculo de Omaha", Buffett é presidente do conselho administrativo da Berkshire Hathaway e possivelmente o maior investidor de todos os tempos. Sua fortuna flutua com o desempenho do mercado, mas nos últimos anos tem sido divulgado que ela está em torno de 62 bilhões de dólares, o que o torna o homem mais rico do mundo, segundo a revista *Forbes*.

dos, talvez tenham sido controlados ou até mesmo explorados. Estou certo de que você já teve o suficiente das duas situações.

Como é possível mudar? Comece a combater a síndrome da inércia e da apatia comum a seu perfil. A maior modificação que você pode fazer em sua imagem financeira é tornar-se mais dinâmico, entrar em ação e enfrentar a situação! Quero lhe garantir que você pode assumir o controle de suas finanças, fazê-lo com facilidade e começar a administrar o dinheiro com verdadeira confiança!

Meu objetivo é estimulá-lo a elaborar planos eficazes de gerenciamento do dinheiro, os quais adaptei para complementar sua personalidade de Avestruz. Fazer com que esses planos trabalhem para você é mais fácil do que você imagina. Sei que seu Peril Financeiro tem uma grande capacidade para recuperar a imagem monetária quando você se compromete a dar o primeiro passo no sentido de ajudar a si mesmo. Dar o primeiro passo para sair das sombras é o segredo do sucesso.

Preparando-se para mudanças financeiras indolores e certeiras

Vou começar fazendo-lhe algumas perguntas:

1. *Você é capaz de abalar o* status quo? Examine sua vida neste exato momento e veja como ela poderia ser melhor se você estivesse administrando seus problemas financeiros. O *status quo* está lhe dizendo que não fazer nada não lhe dá retorno algum em seu investimento de tempo e de esforço, e simplesmente retarda o dia do ajuste de contas.
2. *O* status quo *pode sacudi-lo e afastá-lo do devaneio*? Eu sei que pode. Vou contar a história de uma ex-Avestruz convicta que jurou que jamais descobriria como lidar com dinheiro e que, inadvertidamente, demonstrou que estava errada. A história dela realmente é do tipo que tem conseqüências para toda a vida.

Kitty entrou em contato comigo pela primeira vez há alguns meses, depois da morte prematura do marido, buscando um conselho a respeito do que deveria fazer em primeiro lugar. Ela me disse que Todd sempre tomara conta do dinheiro "em quase todas as coisas importantes" durante os vinte anos de casamento. Ou seja, Todd cuidava da hipoteca, dos investimentos, dos seguros e assim por diante, e Kitty pagava as contas das concessionárias e comprava comida, e tinha uma conta corrente individual no banco. Ela trabalhava como assistente jurídica para um grande escritório de advocacia e o marido tinha um pequeno negócio, o que sempre fora suficiente para ambos. Embora fosse um Esquilo, que tendia mais a ser econômico e preferia poupar a gastar, Todd tinha uma fraqueza: a bolsa de valores. Ele passava pelo menos uma hora por dia seguindo as tendências do mercado e conversando com seu corretor.

Quatro anos antes de Todd morrer, Kitty conheceu uma consultora de investimentos na festa de Natal da empresa em que trabalhava e, agindo contra as características de seu perfil, decidiu contratá-la. "Fran fora altamente recomendada e, embora eu mal entendesse o que ela fazia, confiei nela. Fran me disse que o mínimo com o qual começava a trabalhar era 5 mil dólares", disse Kitty. "Eu sabia que Todd iria subir pelas paredes, mas pensei que eu talvez conseguisse duplicar meu investimento e surpreendê-lo." Kitty nunca disse nada a Todd sobre dinheiro e, fiel à sua personalidade de Avestruz, jogava os extratos mensais da consultora, *fechados*, em uma caixa na última prateleira do closet. Ela mudou de emprego pouco depois e raramente conversava com Fran, exceto para mentir, dizendo que achava que "estava tudo bem com os investimentos". Kitty ainda receava ver o que havia acontecido com seus 5 mil dólares.

Quando Todd morreu, Kitty tinha meses de contas acumuladas e outros documentos para pôr em ordem. "Eu estava assoberbada", declarou. "Não sabia por onde começar. O que precisava ser transferido para mim. O que eu poderia sacar. Como encontrar todos os ativos de Todd. E estava morrendo de medo de abrir os 47 extratos que Fran me enviara." Quando Kitty entrou em contato comigo pela segunda vez, acabara de receber o último. Depois de carregar o extrato o dia inteiro na bolsa e de olhar para ele apavorada, Kitty finalmente o abriu. O saldo de sua conta, que começara com 5 mil dólares, era agora de 29 mil dólares!

"Instintivamente tive certeza de que Fran sabia o que estava fazendo", escreveu Kitty. "Eu estava apenas esperando que o investimento não fosse uma perda total. Sei que não fiz nada para fazer o dinheiro crescer, que fui completamente passiva. No entanto, curiosamente, esse sucesso fez com que eu julgasse que agora poderia lidar melhor com o dinheiro. Fiz uma lista das coisas que Todd fazia e que eu tinha de examinar – a casa, o custo da faculdade de meu filho, os impostos – e comecei a estudá-las alfabeticamente. Não gosto de fazer os cálculos, mas tenho me sentado à escrivaninha com uma máquina de calcular pelo menos durante uma hora por dia para executar minha tarefa. Cheguei à conclusão de que era mais assustador me colocar em uma situação arriscada com um filho para criar do que lidar com o dinheiro e simplesmente enfrentá-lo!"

Você talvez não tenha um estoque de envelopes fechados repletos de boas notícias, mas pode encarar a história verdadeira de Kitty como um conselho: quando você entra em ação e sacode a situação vigente, mesmo que uma hora de cada vez, sempre acabará na frente!

3. *Se você fosse capaz de lidar com o dinheiro de maneira que lhe conferisse uma nova sensação de liberdade e realização, você o faria?* Acredite em mim quando afirmo que não há nenhum inconveniente em entender suas finanças e finalmente ter uma sensação de paz a respeito de administrar o dinheiro. Ajudei milhares de Avestruzes a despertar de sua letargia financeira e passar a acreditar em sua capacidade de administrar dinheiro com um plano super-simples de recuperação, que apresentarei em breve.

Minha ampla experiência com Avestruzes me mostrou que você não costuma procurar ou, mais provavelmente, não procurará regularmente um consultor financeiro. Uma única visita é inútil, já que um relacionamento contínuo para discutir suas finanças é essencial e provavelmente algo que você não estaria disposto a fazer. (A história de Pete e Julia é um exemplo perfeito disso.) Uma boa alternativa é iniciar uma série de sistemas automáticos, nos quais seu único esforço será assinar alguns documentos. Você faz automaticamente a coisa certa para si mesmo, em vez de automaticamente não fazer nada e se ver cada vez mais em sérios apuros.

Em breve relacionarei uma série de soluções para você, mas primeiro você tem de saber o que talvez não saiba a respeito de dinheiro agora.

O que fazer primeiro: descubra sua realidade financeira mais ampla e depois concentre-se nela

Muito bem, vamos dizer logo: de fato, pode ser um pouco inquietante finalmente lidar com os inúmeros aspectos de sua vida financeira que você vem adiando, mas você pode fazê-lo. O truque é descobrir o que você precisa saber sobre seu dinheiro em várias categorias principais e não se preocupar com a maneira como *se sente* com relação a classificar as soluções. Por enquanto, ponha de lado toda e qualquer dúvida, como "Jamais conseguirei fazer isso!", e mergulhe de cabeça.

Eis o conselho que muitos psicólogos dariam: faça o que é melhor para você e não o que seus sentimentos lhe dizem para fazer. O melhor para você é organizar seu dinheiro, de modo que não se entregue a pensamentos como: "Não estou com ânimo para pensar em como iremos pagar a faculdade de nosso filho; afinal, ainda faltam oito anos" ou "É deprimente demais fazer um testamento". Minha sugestão é que você faça uma lista de onde está seu dinheiro neste exato momento e dos assuntos mais importantes aos quais precisa se dedicar. Investimentos? Seguros? Testamentos? Pagar contas? Definir um plano de aposentadoria? Pagar anuidades futuras da faculdade? Juntar dinheiro para pagar a entrada de um imóvel?

Recentemente recebi um e-mail de um casal de Avestruzes que estavam casados havia três anos e tinham decidido comprar uma casa e começar uma família. Eles haviam gasto todo o dinheiro no aluguel caríssimo de um apartamento e não tinham no banco nada que se aproximasse do valor da entrada da casa. Esse é um duplo dilema dos Avestruzes, no qual o casal evitou planejar para o futuro achando que sempre "teria tempo para economizar para esse fim". Seus interesses, necessidades e situação financeira podem mudar de repente. Em vez de permitir que uma crise financeira irrompa, esteja preparado. E faça isso automaticamente.

Faça aquilo que ocorre automaticamente: estabeleça serviços e planos fáceis que fazem o trabalho para você[1]

O melhor plano financeiro para você, que é um Avestruz, é tirar o dinheiro das mãos e poupá-lo, investi-lo ou usá-lo para pagar as contas. Quando você souber quais são suas metas a curto e a longo prazo, e tiver uma renda entrando, poderá contratar muitos planos automáticos que "farão os cálculos para você", como diria Kitty, a investidora secreta. Existem vários planos automáticos, que são:

---

[1] Os serviços e planos referem-se à realidade norte-americana. Quando existente, é informado ao serviço ou plano correspondente no Brasil. (*N. da E.*)

Planos de Investimento Automático

Os planos de investimento automático são excelentes. Todos os fundos mútuos permitem que os planos de investimento automático retirem, todo mês, dinheiro de sua conta corrente ou de poupança e o deposite no fundo mútuo à sua escolha. A TIAA-CREF[1], por exemplo, permite que você deposite apenas 50 dólares por mês em seu fundo mútuo. Isso possibilita que você acompanhe o mercado de ações e de títulos, bem como o mercado imobiliário e internacional com gastos mínimos do fundo e sem comissão alguma. Essa é uma estratégia vencedora clássica para um Avestruz. Você tende a pensar que precisa acumular grandes quantias antes de começar a investir, e por esse motivo deixa pequenas quantias se acumularem sem investi-las.[2]

Títulos de poupança e anuidades

Você pode participar dos títulos de poupança dos Estados Unidos por intermédio de planos de dedução salarial ou, se seu empregador não oferecer esse tipo de plano, você pode ir diretamente ao U.S. Treasury [Tesouro dos Estados Unidos] e programar para 25 dólares, 50 dólares, ou qualquer outra quantia que você deseje que seja automaticamente deduzida de uma conta-corrente e aplicada em um título de poupança. Uma vez mais, você está economizando dinheiro. Eis outras boas notícias para os Avestruzes no que diz respeito a investimentos automáticos: só é necessário inscrever-se uma vez, e depois a conta é administrada para você.[3]

Outro passo que você pode dar para que seu dinheiro seja automaticamente investido é na forma de uma anuidade, que é um invólucro de seguro

---

[1] A TIAA-CREF (Teachers Insurance and Annuity Association – College Retirement Equities Fund) é uma das maiores associações de serviço financeiro nos EUA e administra fundos de ações para aposentadoria. (*N. do R. T.*)

[2] No Brasil, também é possível retirar dinheiro automaticamente de contas-correntes e de poupança e aplicá-lo em fundos de investimento. (*N. do R. T.*)

[3] No Brasil, a compra de títulos do governo pode ser feita no site do Tesouro Nacional, páginas do Tesouro Direto, mas não existe plano de dedução salarial oferecido pelo empregador. Também não há, no Brasil, títulos do Tesouro para poupança de longo prazo com carência e rendimentos mais elevados, como ocorre nos EUA. (*N. do R. T.*)

ao redor de um investimento. Além de apólices de seguro de vida nas modalidades de valor de resgate e a termo, as seguradoras vendem anuidades. Embora sejam emitidas por empresas de seguro de vida, as anuidades funcionam de maneira diferente das apólices do tipo valores de resgate ou a termo. As anuidades pagam um fluxo regular de renda enquanto você está vivo, em geral, depois que você se aposenta, ao contrário do seguro de vida, que paga aos beneficiários um montante fixo quando você morre. As anuidades também têm a vantagem da capitalização do imposto diferido sobre a parte do investimento da conta.

Assim, uma anuidade fixa é, de certo modo, como um CDB (certificado de depósito, adquirido por intermédio de um banco), enquanto uma anuidade variável é como um fundo mútuo no qual você pode escolher ações, títulos, dinheiro vivo ou o que quiser. E seu principal está crescendo com os impostos diferidos porque ele está nesse invólucro de seguro, e tudo é administrado por uma seguradora.[1]

Não sou um Avestruz, mas tiro proveito de anuidades automáticas que considero fazer sentido acrescentar a meus investimentos. Todos os meses, por exemplo, aplico certa quantia em uma anuidade do American Express, administrada por sua seguradora. O plano é conservador e paga juros fixos de 4 por cento ao ano, o que capitaliza os impostos diferidos. O American Express investe o dinheiro em, digamos, títulos que pagam 6 por cento de juros, paga juros de 4 por cento para mim e para outros titulares da anuidade, e fica com a diferença.

Debito a quantia de meu cartão de crédito e recebo milhas no programa de milhagem, o que consiste em outra vantagem. O dinheiro vai crescendo. O American Express, na verdade, projeta quanto ganharei a essa taxa de poupança e a essa taxa de juros em dez, quinze ou vinte anos, ou na ocasião em que eu atingir a idade de aposentadoria. Na verdade, quando eu me aposentar, essa conta encerrará algumas centenas de milhares de dólares que, de outra maneira, eu não teria. Nada mal!

---

[1] No Brasil existem os fundos de aposentadoria (previdência privada) FAPF, PGBL e outros. (*N. do R. T.*)

Planos de reinvestimento de dividendos

Esses planos são altamente recomendáveis para qualquer Avestruz que deseje possuir ações e tornar o processo o mais indolor possível. É muito simples: você compra ações, o plano reinveste automaticamente seus dividendos e você lucra. É assim que seu dinheiro pode aumentar, praticamente sem esforço, depois que você se inscreve e assina o primeiro cheque. Se você começar, por exemplo, com duas ações da ExxonMobil, cujo valor unitário hoje é 40 dólares, terá feito um investimento de 80 dólares. Quando as ações pagam dividendos, mais ações são compradas automaticamente para você com o dinheiro. Então, além disso, você pode concordar com uma compra opcional em dinheiro, que é um modo de aumentar automaticamente seu investimento acima dos 80 dólares iniciais. Esse plano retira uma quantia estabelecida de, digamos, outros 25 dólares por mês de sua conta corrente. Agora, sem fazer esforço algum, você está comprando mais ações da ExxonMobil, o que gera mais dividendos, os quais são capitalizados à medida que o número de ações aumenta.

Minha advertência, nesse caso, é que você escolha *ações conservadoras de alta qualidade para esse plano*.

Há dois sites nos quais você pode se inscrever para esse plano. Um deles se chama DirectInvesting.com. O outro é Moneypaper.com, no qual você pode se inscrever em 1.300 planos de investimentos, sem pagar comissão alguma. Nesse ínterim, durante seus anos de trabalho ou mesmo de aposentadoria, você está fazendo um pé-de-meia e dominando sua inércia de investimento.

Inscreva-se na agregação de contas

Se você já desejou ser capaz de monitorar todas as suas contas, bem como sua atividade financeira a partir de um *único* site, em vez de ficar saltando de uma conta para outra, a agregação de contas possibilita que esse desejo se torne realidade. Os Avestruzes gostarão deste serviço. Ao inscrever-se, você obtém um ponto de acesso on-line na Web, no qual poderá verificar para onde seu dinheiro está indo e como está se acumulando. Você pode monitorar, por exemplo, suas contas bancárias, suas contas na corretora, as atividades e os pagamentos relacionados com os cartões de crédito e os programas de milhagem. Outra solução simples e automática para você!

Fundos para a faculdade

Avestruzes escrevem para mim o tempo todo a respeito da "crise do pagamento da faculdade" que se aproxima. O problema, em geral, se manifesta quando um adolescente de 16 anos começa a fazer planos para ir para a faculdade e você nem começou a colocar dinheiro em um fundo com essa finalidade. O ideal é que você aplique em um fundo no qual contribua com 50 ou 100 dólares por mês quando seu filho estiver com 3 anos e não mais do que 6. Um fundo desse tipo é o 529 College Savings Plan[1], que tem esse nome por causa da seção do código da Receita Federal dos Estados Unidos que o autorizou, e está em vigor nos cinquenta estados americanos. Existem duas variações: a mais antiga é chamada de plano de anuidade pré-pago, por intermédio do qual os participantes que residem no estado contribuem com uma quantia fixa para as taxas de uma faculdade estadual, garantindo que todas as anuidades estarão cobertas quando o jovem nela ingressar. A versão mais recente é um programa de investimento, semelhante a um plano de aposentadoria 401 (k).

Eis alguns comentários encorajadores sobre o plano 529. Ao contrário de outros produtos de poupança para a faculdade, nele você pode colocar uma quantia elevada, que chega a 269 mil dólares em alguns estados. Além disso, em alguns estados, o plano corresponde a uma parte de sua contribuição. Alguns estados exigem que o dinheiro permaneça no fundo por um período mínimo para que você possa fazer uma retirada, ao passo que outros oferecem contas que investem exclusivamente em certificados de depósito. As taxas e as despesas também são variáveis. Verifique as regras e os regulamentos desse fundo no estado em que você mora e como informar as contribuições à Receita Federal. E visite também savingsforcollege.com, um site premiado que tem todas as informações que você precisa sobre o plano 529, bem como sobre outros planos com os quais você poderá compará-lo.

O Coverdell Education Savings Account é um novo tipo de conta que foi criado como parte do Taxpayer Relief Act [Lei de Alívio ao Contribuinte] de 1997. Essa conta era chamada de Education IRA, mas o nome mudou. Ela permite que você poupe até 2 mil dólares por ano por criança com menos de 18 anos para ajudar a pagar as despesas com a educação, como anuidades, taxas, livros, moradia e refeições, e diz respeito às escolas de nível médio e supe-

---

[1] Esta modalidade de aplicação financeira não existe no Brasil, aqui, deve-se pagar uma poupança ou outras aplicações financeiras quaisquer para este fim. (*N. do R.T.*)

rior, tanto particulares quanto religiosas, bem como à anuidade de cerca de 771 escolas estrangeiras. Assim, por exemplo, se você investir 2 mil dólares por ano e receber juros de 8 por cento ao ano, em 15 anos você terá cerca de 58 mil dólares livres de impostos.[1]

PLANILHA DE CUSTOS DA FACULDADE E DAS NECESSIDADES DE POUPANÇA

Primeiro Passo: Faça uma avaliação dos custos da faculdade do seu filho[2]

Insira as seguintes informações	Exemplo	Seu Filho
1. Idade do seu filho	2	
2. Anos que faltam para a faculdade	16	
3. Custo anual atual da faculdade preferida	$22.533	
4. Fator de inflação (ver Tabela A)	2,18	
5. Custo anual previsto da faculdade (Multiplique a linha 3 pela linha 4)	$ 49.121	
6. Custo total da faculdade (Multiplique a linha 5 pelo número de anos de faculdade planejados)	$ 196.487	
7. Valor estimado da renda futura, empréstimos, renda proveniente de estágios durante a faculdade e outras fontes de financiamento da faculdade	$ 50.000	
8. Custo líquido da faculdade (Subtraia a linha 7 da linha 6)	$ 146.487	

Tabela A: Fator de inflação da faculdade

Anos que faltam para a faculdade	1	2	3	4	5	6	7	8	9
Fator de inflação	1,05	1,1	1,16	1,22	1,28	1,34	1,41	1,48	1,55
Anos que faltam para a faculdade	10	11	12	13	14	15	16	17	18
Fator de inflação	1,63	1,71	1,8	1,89	1,98	2,08	2,18	2,29	2,41

---

[1] Esta modalidade de aplicação direcionada à educação, não existe no Brasil. A poupança para que os filhos cursem faculdades deve ser feita de modo independente pela família e não por meio de planos patrocinados pelo governo. Existe, no entanto, o programa Fies, que é direcionado ao financiamento do ensino superior. O site do Ministério da Educação oferece informações sobre o programa de universidade para todos (Prouni), ao qual o Fies é vinculado. (*N. do R.T.*)
[2] Valores em dólares americanos.

PLANILHA DE CUSTOS DA FACULDADE E DAS NECESSIDADES DE POUPANÇA (continuação)		
Segundo passo: calcule o valor do seu investimento habitual	Exemplo	Seu Filho
9. Fator de investimento (Insira o fator apropriado da Tabela B)	29,18	
10. Valor do investimento anual (Divida a linha 8 pela linha 9)	$5.020	
11. Valor do investimento mensal (Divida a linha 10 pela linha 12)	$418	
12. Valor do investimento trimestral (Divida a linha 10 pela linha 4)	$1.255	

Tabela B: Fator de Inflação do Investimento

Anos que faltam para a faculdade	Fator de inflação
1	1,07
2	2,21
3	3,42
4	4,72
5	6,11
6	7,59
7	9,17
8	10,86
9	12,66
10	14,58
11	16,64
12	18,83
13	21,17
14	23,67
15	26,34
16	29,18
17	32,23
18	35,47

No entanto, caso tenham se passado muitos anos e você não economizou dinheiro suficiente, não desista. Um pequeno fundo para a universidade que você crie agora poderá não pagar os quatro anos da faculdade, mas poderá ser muito útil para evitar que você entre em pânico. O mais provável é que você não se livre do problema do financiamento porque seu filho conseguiu uma bolsa integral na faculdade; isso pode acontecer, mas precisamos ser realistas e começar a resolver seu problema de maneira prática.

Ligar novamente o piloto automático poderá evitar algumas despesas.

Antes de desanimar e convencer-se de que jamais poderia juntar uma quantia grande o suficiente, entenda que você pode tomar hoje várias medidas que tornarão o ensino superior uma realidade para seus filhos amanhã. Apesar dos obstáculos, milhões de pessoas conseguem financiamentos para a faculdade dos filhos, e quero tomar providências para garantir que você será um deles!

Vamos começar com um "microinvestimento" que permite que você poupe quantias muito pequenas durante um longo período para atingir uma meta. Nesse caso, seus dois fundos automáticos de microinvestimento estão na área da poupança para a universidade. Tanto o BabyMint.com como o Upromise.com são sites fáceis de usar e dos quais você pode se beneficiar. Você se inscreve gratuitamente nos serviços e, quando adquire artigos com os varejistas participantes, recebe *um desconto de até 20 por cento* em compras do dia-a-dia feitas em redes varejistas como Wal-Mart, Toys "R" Us, Sharper Image, Crate & Barrel, Pizza Hut, Macy's, McDonald's e Gap, ou então recebe um desconto quando compra produtos de marcas conhecidas como Huggies, Kellogg's e Keebler. Os resultados equivalem a receber milhas aéreas gratuitas quando você utiliza um cartão de crédito. No entanto, nesse caso, o dinheiro está indo para um plano de poupança em um fundo universitário. Por exemplo, se você comprou um presente na Sharper Image por 100 dólares, eles depositarão 8 por cento da venda de 8 dólares do seu plano de poupança para a universidade, e isso não lhe custará nada. Milhares de empresas estão participando desses planos, e você pode encontrar lojas e produtos que se encaixam em seu estilo de vida, ao mesmo tempo em que faz compras e poupa para o futuro!

Você também pode economizar com pontos da Upromise quando compra ou renova o financiamento de sua casa. Esses descontos podem ser automaticamente rastreados e depositados em planos diversos.

Fundos automáticos de aposentadoria

Se você não tem filhos para mandar para a universidade, mas está pensando em fundos de aposentadoria e gosta da idéia dos reembolsos automáticos, então a NestEggz.com foi feita sob medida para você. Ela funciona exatamente como a BabyMint e a Upromise, mas o dinheiro do reembolso é direcionado para uma conta de poupança de aposentadoria à sua escolha, ou você pode tomar medidas para obter o dinheiro do reembolso de uma só vez. Encorajo Avestruzes como você, que poderão deixar de providenciar fontes adicionais de fundos de aposentadoria para quando for tarde demais, a se inscrever agora. Nada poderia ser mais fácil. Não há taxas, e todas as vezes que você comprar alguma coisa, o dinheiro é automaticamente depositado em uma conta que você, um dia, ficará feliz por ter aberto. Esse plano poderá ajudá-lo a evitar o desastre mais à frente.

No caso da NestEggz, você pode direcionar os reembolsos para um plano como o IRA, uma conta de fundo mútuo, uma conta no mercado financeiro ou praticamente qualquer outro plano de poupança para a aposentadoria, exceto um 401(k), que só pode receber contribuições por intermédio de seu empregador.

Enquanto você faz compras, os varejistas lhe dão bonificações em uma faixa que vai de 2 a 20 por cento de sua compra total. Seus ganhos são reunidos e guardados na conta até você acumular o que a NestEggz chama de Bucks[1], ou especificamente, um mínimo de 25 dólares na conta. No final do mês, esses ganhos são convertidos em dólares e depositados em seu plano de poupança para a aposentadoria. Ou você pode optar por receber mensalmente os reembolsos quando seu saldo alcançar um mínimo de 25 dólares.

Compensando o tempo perdido

Alguns Avestruzes fazem parte da "Geração que quer recuperar o tempo perdido", freqüentemente olhando para trás e verificando o que deixaram de fazer para tornar sua vida financeira mais fácil e acabar com a insegurança devido ao medo de ter dificuldades no futuro. Entre as perguntas que os Avestruzes me fazem, as mais freqüentes são reflexo desses temores, que são variações de "Como posso compensar esses vinte, trinta ou até mesmo quarenta anos que deixei de investir... ou poupar?" ou, "Tenho 55 anos e não fiz nenhum plano de aposentadoria. Quando penso nos próximos dez anos, entro em pânico!" Minha resposta é que é possível compensar *parte* do tempo perdido, o que vai depender do quanto você precisa, do quanto precisa investir e de quando vai precisar do dinheiro.

Na condição de Avestruz, nada o incentiva a entrar em ação mais rápido do que um desastre iminente ou uma meta financeira que surja no horizonte, como a anuidade da faculdade ou a aposentadoria. Já vi Avestruzes despertarem

---
[1] Neste contexto, Buck é uma gíria que significa dinheiro, dólar. *(N. da R.T.)*

a tempo de sair de uma crise e brilhar em uma área na qual, erroneamente, acreditam ser menos competentes: o gerenciamento do dinheiro. Acima de tudo, entretanto, compensar o tempo perdido implica assumir riscos verdadeiros e prestar atenção aos investimentos. Qualquer medida que você tome fará uma diferença enorme – e você terá de manter a cabeça fora da areia. Se a idéia de um investimento de alto risco o deixa inquieto, procure um consultor financeiro que possa ajudá-lo a superar as suas preocupações emocionais. Você simplesmente terá de fazer uma escolha: entrar em ação e correr mais riscos, ou não fazer nada e observar a areia se mexer à sua volta.

Eis a minha sugestão para que você comece a compensar o tempo perdido: *seja mais agressivo em seus investimentos.* Quanto mais distante você estiver da época em que irá precisar do dinheiro para a meta, mais agressivo deverá ser. Dê um tempo para que o investimento seja rentável. Se você precisa pagar uma conta alta no mês que vem, não tem tempo para que um investimento de alto risco dê certo. Entretanto, no caso de um período de investimento de cinco anos, você tem um horizonte razoável.

Em que você deve investir? Os Junk Bonds têm um bom desempenho, gerando um rendimento de 8 ou 9 por cento ao ano em dólares. Lembre-se de que esses títulos de rendimento elevado (high-yield bonds) são emitidos por empresas ou países que têm uma classificação de crédito inferior ao grande investimento[1], e que estão em ascensão ou em decadência; no seu caso, você espera que estejam seguindo em direção ao topo.[2] Os títulos de rendimento elevado, como o próprio nome diz, são acompanhados de um risco mais elevado. Você não precisa comprar títulos individuais desse tipo; pode investir em fundos mútuos que operam com esse tipo de título. Como a economia americana está indo bem, com poucas empresas inadimplentes, você tem possibilidade de lucrar.

Outros investimentos de alto risco são ações na área da biotecnologia, tecnologia e Internet. A Google abriu o capital em 2004 e suas ações subiram de 85 para 300 dólares. Era considerada uma ação de risco e não havia certeza de que subiria tanto, mas foi o que aconteceu.

---

[1] Agências de rating (avaliação de risco de crédito) classificam empresas e países ao redor do mundo, e aqueles que recebem grande investimento são considerados de risco de crédito baixo. (*N. do R. T.*)

[2] Os Junk Bonds são mais voláteis do que outros de menor risco, porém, é mais provável obter ganhos elevados. (*N. do R. T.*)

> ### NUNCA É TARDE PARA PLANEJAR O INVESTIMENTO!
>
> Se você é um Avestruz de 55 anos ou mais e precisa de uma "última chance" para fazer um plano de aposentadoria, pense em uma reorganização ultra-agressiva ou ultrafinanceira.
>
> No lado agressivo: nos Estados Unidos, há algumas boas notícias, já que a Receita Federal tem agora um plano de contribuição "para recuperar o tempo perdido", destinado a compensar as oportunidades perdidas de poupança, e você ainda pode tirar proveito dos novos limites máximos. A partir de 2002, o máximo que você podia contribuir para os planos 401 (k), 403 (b) e 457 eram 22 mil dólares, vistos como 11 mil dólares para uma contribuição regular e 11 mil para a recuperação do tempo perdido. A quantia aumentou em incrementos de 2 mil dólares, atingindo um máximo de 30 mil dólares em 2006. Se você não tem nenhum desses planos, abra um plano IRA (conta de aposentadoria) ou um plano Keogh e contribua com o máximo que puder.
>
> No lado da reorganização ultrafinanceira: poupe e invista mais agressivamente. Faça isso cortando despesas para ter mais dinheiro livre para investir, de modo a atingir sua meta financeira. Arranje um emprego adicional ou comece a fazer bicos. Protele a aposentadoria por alguns anos para aumentar seus recursos.

Trilhando o caminho certo dos 20 aos 60 anos ou mais

Com o objetivo de ajudá-lo a permanecer alerta para que possa lidar com problemas financeiros imediatos, bem como com necessidades mais específicas quando você ficar mais velho, criei uma classificação de destaques financeiros e organizei-os por períodos de vinte anos. Sei que os Avestruzes tendem a se fazer de incapazes, de modo que quero evitar que vocês digam quando tiverem 50 ou 60 anos: "Como eu gostaria de ter aplicado dinheiro em um fundo de aposentadoria quando comecei a trabalhar", ou "Como gostaria de ter começado a investir mais cedo" ou "Quem imaginaria que um dia eu iria me preocupar em fazer um testamento?" Escolhi três entre inúmeras áreas financeiras possíveis nas quais você deverá se concentrar durante vinte anos, áreas nas quais os Avestruzes têm mais dificuldade. É claro que você também deverá estabelecer planos de poupança regulares, providenciar a cobertura adequada de seguro e poupança para pagar a faculdade de seus filhos de qualquer idade.

O que apresento a seguir são, ao mesmo tempo, lembretes e diretrizes para que você possa começar a se pôr em dia com o que vem evitando ou que o deixa inseguro, e preparar-se adequadamente para o futuro.

Para Avestruzes de qualquer idade

Estatísticas recentes mostram que o nível da poupança pessoal dos americanos nunca esteve tão baixo desde a Grande Depressão da década de 1930, e estou certo de que os Avestruzes se destacam entre as pessoas que não estão poupando. As razões pelas quais você não economiza de modo regular variam; por exemplo, viver exclusivamente do salário e não ter um excedente para poupar ou não conhecer qual o melhor plano para poupar e descartar a poupança como uma opção.

Comece a poupar: as contas de poupança podem não render os maiores juros, mas fazem algo mais importante: *a poupança pode proporcionar uma reserva em uma situação de crise ou quando você precisar de um reforço temporário, ou financiar uma meta financeira futura.* Pesquise as taxas de juros dos fundos de poupança e comece aos poucos. "Descubra" semanalmente o dinheiro para fazer um depósito. Por exemplo, se você liquidou uma dívida, passe, em vez disso, a pagar a mesma prestação (ou não menos do que a metade) para si mesmo. Por ser um Avestruz, você provavelmente se acostumou ao ritmo de pagar essa conta, de modo que deve apenas continuar a efetuar o pagamento, com a diferença de que agora você obtém benefício de poupar o dinheiro. E faça o que 56 por cento dos americanos têm o hábito de fazer: jogue as moedas em um pote todas as noites, conte-as e deposite-as no banco no final do mês. O dinheiro cresce.

Peça conselhos financeiros: Seu conhecimento financeiro começa agora. Dê a si mesmo a chance de aprender, e faça-o lentamente, passo a passo. Ninguém aprende de supetão tudo a respeito de finanças! Eu também preciso de muito tempo e esforço para ler e digerir as informações.

Sente-se ao lado de seu cônjuge, companheiro, corretor ou consultor financeiro, comece pelo topo da lista, e diga: "Gostaria de analisar minhas finanças. Não entendo o que está acontecendo, e quero começar a aprender o que é preciso agora." Ou então, se isso se aplicar a você, como acontece com muitos casais que dividem as responsabilidades financeiras: "Você vive me dizendo para não me preocupar com o que temos, mas é importante para mim saber *o seguinte.*"

Você não precisa obter todas as informações de uma só vez. Dependendo da pessoa com quem você está falando e de quais são suas prioridades, as perguntas poderiam ser estruturadas como as que se seguem ou conter estas idéias:

- Quais são nossos maiores investimentos, e quanto eles valem?
- Caso você seja proprietário de sua casa: Quanto ela está valendo no mercado?
- Se alguma coisa acontecesse a seu cônjuge ou companheiro, você poderia permanecer na casa, ou teria de vendê-la e se mudar para um lugar menor?
- Qual o conteúdo do testamento de seu cônjuge ou companheiro? Você conhece as disposições e as entende? Na verdade, seu cônjuge ou companheiro fez um testamento? *Você* fez um?

Assimile as informações e pesquise os detalhes que você não entende. Se seu cônjuge ou consultor disser: "Mil dólares foram para o imposto sobre ganhos de capital", e você não souber o que isso significa, peça uma explicação ou procure se informar a respeito. (Você poderá obter mais informações sobre os planejadores no capítulo sobre os Esquilos e dados sobre quem procurar no Apêndice.)

A casa dos 20 e dos 30 anos: estabelecendo as bases financeiras

Essas décadas são um período excelente para estabelecer hábitos financeiros sólidos. Configure, por exemplo, um sistema eficaz de registrar as informações, acompanhe cuidadosamente o fluxo de caixa e crie um orçamento que você possa seguir. Mesmo que você ainda conte com a ajuda financeira de seus pais, equilibre sua renda e suas despesas sem levar em conta o auxílio deles. O ideal é priorizar metas a curto, médio e longo prazos. Você tem a maior parte da vida diante de você e, quanto mais rápido definir o que deseja realizar primeiro, mais chance terá de tornar seus sonhos realidade.

Não espere alcançar de uma só vez todos os seus objetivos. Economizar para dar entrada em uma casa, por exemplo, pode ser uma prioridade mais alta do que comprar um carro ou ter um filho.

Ao avaliar sua tolerância ao risco, compreenda que, embora você possa não ter muito dinheiro, tem muito tempo para que seus investimentos cresçam. Nessa idade, você tem a vida inteira para se recuperar se um investimento arriscado fracassar. Além disso, se você conseguir tolerar mais riscos, seus investimentos contarão com mais tempo para ter uma valorização significativa. A maior parte das pessoas na casa dos 20 e dos 30 anos tende a ser excessivamente conservadora com o dinheiro. Em vez disso, arrisque-se mais na esperança de obter um retorno mais elevado a longo prazo. Eis algumas dicas próprias à sua idade para que você evite os traços crônicos dos Avestruzes:

Investimentos: Comece a compor um portfólio de ações, títulos e fundos mútuos assim que conseguir reunir recursos para fazê-lo. Tenha como meta separar nada menos do que 10 por cento de sua renda após os impostos. Se você não tiver muito capital, os fundos mútuos provavelmente farão mais sentido do que ações ou títulos individuais.

Crédito: Organize um bom começo obtendo crédito com credores, como bancos ou empresas de cartões de crédito, e pague em dia suas dívidas. Lembre-se de que existem as empresas de serviço de proteção ao crédito que fazem o acompanhamento de como as pessoas pagam as dívidas. E se você tiver uma hipoteca, não deixe de efetuar em dia todos os pagamentos.

Benefícios dos funcionários: Ao participar de todos os programas de benefício do seu empregador assim que você começar em um emprego ou se qualificar para os programas, você poderá ter um início sólido assentando sua base financeira. Inscreva-se em todos os programas disponíveis de aposentadoria, como os de participação nos lucros e os de planos de redução salarial. Quanto mais cedo você começar a participar, maiores serão as contribuições correspondentes da empresa, e mais crescerá seu pé-de-meia para a aposentadoria.

A casa dos 40 e dos 50 Anos: o apogeu dos anos da remuneração

Quando você chega à casa dos 40 e dos 50 sua renda deverá estar substancialmente mais elevada do que era quando você tinha 20 ou 30 anos, e você deverá ter acumulado um acervo considerável de ativos. Tudo isso deverá se refletir em um patrimônio líquido expressivo. Você provavelmente alcançou muitas das metas de curto e médio prazos que definiu quando era mais jovem, embora tenha novos objetivos para realizar. Algumas de suas metas a longo prazo, como economizar para a aposentadoria, viajar bastante ou começar seu negócio talvez ainda estejam por acontecer. Muitos Avestruzes reduzem suas atividades de poupança nesses anos, mas não ceda à tendência do Avestruz de gastar em vez de poupar, não desista de uma meta por falta de energia, nem mesmo espere que alguém irá salvá-lo e tomar conta de seu dinheiro.

Nesses anos, você provavelmente terá mais fontes de renda, assim como mais despesas. Quando você avaliar a tolerância ao risco, poderá descobrir que ficou um pouco mais relaxado com o passar dos anos. Se você compôs um portfólio substancial de ativos, talvez esteja mais interessado em preservá-los do que em aumentá-los. Por outro lado, se você não investiu muito, terá de correr mais riscos para ter o retorno elevado necessário a fim de custear uma aposentadoria confortável. A propósito, tenha sempre um testamento válido, e atualize-o regularmente para levar em conta as mudanças em sua situação familiar.

Crédito: Estabeleça um histórico de crédito sólido que permita que você peça emprestada a quantia que precisar. Faça o possível para pagar suas dívidas agora. Contrate menos empréstimos do que contratou quanto tinha 20 e 30 e poucos anos. Seus maiores empréstimos, excluindo a hipoteca, provavelmente serão para pagar a faculdade de seus filhos. Em vez de pegar um empréstimo para comprar um carro novo, pense na possibilidade de fazer um leasing.

Financiamento da faculdade: Seus filhos provavelmente ingressarão na faculdade quando você estiver na casa dos 40 ou dos 50 anos, de modo que, se você não fez uma poupança com essa finalidade, terá de contrair grandes empréstimos em várias entidades e passar pelo difícil processo de solicitar ajuda financeira e subvenções. Se você tem alguns anos pela frente antes do primeiro ano da faculdade de seu filho mais velho, economize o máximo possível, desde logo! Quanto mais você reduzir os empréstimos que terá de pedir quando seus filhos forem para a universidade, mais capital acumulará para seus objetivos, inclusive a aposentadoria. (Você encontrará mais dicas sobre o financiamento da faculdade no capítulo sobre os Comodistas.)

Aposentadoria: Você ainda tem tempo para planejar e financiar sua aposentadoria, mas esse tempo está se tornando escasso. Se você tem ludibriado seu fundo de aposentadoria em prol de necessidades aparentemente mais urgentes, como educação de uma criança ou despesas médicas, comece a separar algum dinheiro para si mesmo e aumente essa quantia o máximo possível ao longo dos anos. (Você encontrará mais informações sobre o planejamento para a aposentadoria no capítulo sobre os Comodistas.)

A partir dos 60 anos: os anos da aposentadoria

Cheio de esperança, você acumulou uma quantidade significativa de ativos e pagou integralmente a maioria senão todas as dívidas. Você deverá estar operando com um fluxo de caixa bastante positivo porque já se livrou de muitas despesas dos anos anteriores, como pagamento de faculdade, roupas de bebê e mobília. Nesse ínterim, quando se aposentar, você deverá receber uma renda da previdência social, do benefício definido de sua empresa e/ou de seu plano de pensão com benefício definido de sua empresa, de seus investimentos e de suas anuidades. O que você gasta para viver não deverá exceder sua renda e, caso isso aconteça, use o exercício do orçamento do Capítulo 3 para conseguir reduzir os gastos.

Investimentos: Quando você deixar de levar dinheiro para casa, na condição de Avestruz, poderá se sentir tentado a converter seu portfólio de investimentos com uma ampla combinação de ações, títulos e instrumentos monetários unicamente em títulos de renda fixa. Essa seria a pior decisão financeira que você poderia tomar em sua vida. Se você viver mais vinte ou trinta anos, seu portfólio não apenas terá de lhe proporcionar uma renda constante, como também terá de protegê-lo da inflação. Se você se trancar nos rendimentos correntes comprando apenas títulos de renda fixa, seu capital não crescerá como provavelmente ocorrerá se você tiver ações. A melhor estratégia de investimento na aposentadoria é fazer uma combinação conservadora de ações, títulos de renda fixa e produtos que produza uma renda suficiente para você viver, mas cujo valor também aumente com o tempo. Isso talvez signifique manter cerca de 80 por cento de suas aplicações em instrumentos monetários, como as aplicações no mercado financeiro, e em ativos de renda fixa como títulos municipais, títulos especulativos de rendimentos elevados, obrigações do tesouro e títulos de empresas de alta qualidade, e letras hipotecárias, além dos fundos mútuos que controlam esses ativos.

Impostos: Seu interesse é minimizar a mordida do leão e receber sua renda de aposentadoria de um modo que estenda o Imposto de Renda devido pelo maior número de anos possível. Por exemplo, a não ser que você precise incondicionalmente do capital para sobreviver, não use as distribuições de seus planos IRA ou Keogh antes dos 75 anos e meio. Essa estratégia confere o máximo de tempo possível para que seus ativos se acumulem com diferimento dos impostos. Além disso, se você morar em um estado com tributos elevados, compre títulos emitidos pelo estado para evitar os impostos federais e estaduais. Não deixe de aproveitar ao máximo as disposições do código tributário que beneficiam os idosos. Seu contador saberá exatamente quais são essas disposições e como se aplicam a seu caso.

Planejamento do espólio: Você terá de informar a um tribunal de sucessões[1] como distribuir seus ativos, independentemente de quais sejam. Para evitar o inventário, procure estabelecer um truste intervivos,[2] o qual você controla enquanto está vivo mas que pode moderar os impostos sobre o espólio e evitar complicações para seus herdeiros quando você morrer.

Para evitar complicações, caso você venha a ficar incapacitado mental ou fisicamente, faça um *living will*,[3] uma *durable power of attorney*[4] ou uma *health care power of attorney*.[5] Esta última permite que seu cônjuge, filhos, médico ou um amigo íntimo tome decisões médicas vitais para você.

Você tem tudo a lucrar se prestar atenção a todos esses aspectos das finanças! Conceda a si mesmo essas vantagens. Não se esqueça de contratar uma cobertura de seguro adequada. Mantenha um bom histórico e retenha os impostos, para que seus assuntos tributários funcionem apropriadamente. Siga um orçamento digno para saber aonde está indo seu dinheiro. Essas idéias da administração financeira básica são como as frutas que pendem baixo nos galhos: são fáceis de apanhar e adoçam sua vida! Dê o primeiro passo e estenda a mão para alcançá-las.

---

[1] No Brasil, a transmissão do espólio deve ser feita com 50% no mínimo para os herdeiros legítimos, cabendo até 50% para os herdeiros testamentários, no caso de haver testamento. (*N. do R.T.*)

[2] Utilizado com freqüência nos Estados Unidos, porque permite que os ativos sejam passados aos herdeiros sem a necessidade de um inventário. (*N. da T.*)

[3] Testamento em vida. Documento que determina que médicos, parentes ou outras pessoas devem se abster de adotar medidas extraordinárias, como aparelhos que mantêm a pessoa viva, com o objetivo de prolongar a vida no caso de uma doença terminal. (*N. da T.*)

[4] "Procuração durável". Autoriza o procurador a agir em nome do outorgante caso este venha a se tornar mentalmente incapacitado. (*N. da T.*)

[5] "Procuração para cuidados com a saúde". Autoriza o procurador a tomar decisões relacionadas com os cuidados com a saúde caso a pessoa fique incapacitada. No Brasil, existe a figura do curador. Este é responsável por decisões relativas à saúde do incapacitado. (*N. do R.T.*)

Finalmente: pontos a serem lembrados pelos Avestruzes

Dê a si mesmo a chance de enxergar a luz. Pare de achar que não tem jeito para lidar com dinheiro, e acredite que é capaz de descobrir o que fazer.

Quando você aprende mais a respeito de seu dinheiro, não precisa confiar nos outros. Seu dinheiro não cuida de si mesmo; quem cuida dele é você.

Compreenda como a vida poderia ser muito melhor se você estivesse administrando seus problemas financeiros. A situação vigente lhe informa que ficar parado sem fazer nada não confere retorno algum a seu investimento de tempo e esforço. Agite a situação!

Tire o dinheiro de suas mãos e poupe-o, invista-o ou use-o para pagar as contas. Facilite as coisas ao máximo para você, inscrevendo-se em muitos planos automáticos.

Capítulo 5

Os Endividados

Você tem mais de seis cartões de crédito? Se for este o caso, quantos estão com o limite estourado?

Você sente que suas dívidas estão fora de controle – mas está certo de que está pronto para controlar suas finanças e não tem certeza por onde começar?

Você aumenta o seu débito pegando mais dinheiro emprestado na tentativa de liquidar o que já deve?

Você pode dizer que está falindo, com a corda no pescoço, a perigo ou na pior, mas, independentemente de como descrever a situação, você está falando de dívidas. De todas as situações na vida em que você pode se encontrar, dever muito dinheiro é praticamente o último lugar onde você gostaria de estar. No entanto, você pode estar em uma situação financeira crítica. Alguns especialistas da área financeira dizem que estar quebrado nos Estados Unidos é considerado normal. Eu não sou um deles.

Não há nada tão inextricavelmente ligado à sensação de bem-estar e segurança quanto o dinheiro. Não ter o suficiente ou dever demais não apenas limita suas escolhas, como também afeta a maneira como você se sente com relação a si mesmo. No entanto, estar endividado tornou-se uma epidemia americana, de modo que, se respondeu sim a duas das três perguntas anteriormente relacionadas, você não está sozinho. Você pode se sentir como se fosse um Endividado que está fugindo dos credores enquanto procura uma maneira de controlar suas finanças. Não se desespere – você encontrará ajuda aqui. Com informações, planejamento e muito esforço, você pode dar uma reviravolta em sua vida financeira, assumindo o controle do modo como lida com o dinheiro. Vou lhe mostrar como!

Estou em uma campanha vigorosa para ajudar a reduzir, ou até mesmo eliminar, o débito inacreditável que aflige um número excessivo de pessoas. Minha mensagem é ao mesmo tempo prática e radical: prática, porque oferecerei idéias sobre como repensar o débito e sugerirei maneiras para você poder pagar o que deve e começar a construir uma vida melhor e até mesmo próspera; e radical, porque quero motivá-lo a enfrentar os hábitos autodestrutivos que o mantêm no vermelho. Quando você entender *por que* acaba tendo problemas financeiros, estará a um passo de efetuar mudanças reais em seu saldo bancário. Abandonar hábitos negativos nunca é fácil, mas você pode fazê-lo, dando um pequeno passo de cada vez. Tanto as recomendações práticas quanto as radicais levarão tempo, mas qualquer esforço que o aproxime da solvência é um tempo bem despendido. O dinheiro é seu, portanto assuma o controle dele e desfrute-o!

As dívidas se acumulam de tantas maneiras quantas existem para esbanjar, e você talvez esteja se perguntando: "Como isso foi acontecer comigo? Eu dou um duro danado! Para onde foi todo o dinheiro?" Faça o teste abaixo, e você terá uma idéia muito boa sobre se o excesso de gastos provavelmente lhe causará problemas.

Você é um esbanjador? Um teste[1]

Seguem-se afirmações relacionadas com suas técnicas de gastos. Faça um círculo ao redor de uma das cinco respostas que se seguem a cada afirmação.

---

[1] Este teste foi criado por Paul Richard, RFC*, diretor executivo do Institute of Consumer Financial Education (ICFE), e está reproduzido aqui com permissão.
*É uma designação certificada pala Associação Internacional dos Consultores Financeiros Registrados (International Association of Registered Financial Consultants) para aqueles consultores financeiros que atendem aos elevados padrões de educação, experiência e integridade que são exigidos de todos os seus membros. (*N. do R.T.*)

PONTUAÇÃO:

Sou eu sem tirar nem pôr: 1 ponto
Parece muito comigo: 2 pontos
Parece e ao mesmo tempo não parece comigo   3 pontos
Parece um pouco comigo: 4 pontos
Não parece nem um pouco comigo: 5 pontos

1. Vivo sempre dentro do que minha renda me permite.
   Sou eu sem tirar nem pôr
   Parece muito comigo
   Parece e ao mesmo tempo não parece comigo
   Parece um pouco comigo
   Não parece nem um pouco comigo

2. Em cada período de rendimento, separo pelo menos 10 por cento para a poupança.
   Sou eu sem tirar nem pôr
   Parece muito comigo
   Parece e ao mesmo tempo não parece comigo
   Parece um pouco comigo
   Não parece nem um pouco comigo

3. Minhas finanças são administradas de acordo com um plano de gastos por escrito.
   Sou eu sem tirar nem pôr
   Parece muito comigo
   Parece e ao mesmo tempo não parece comigo
   Parece um pouco comigo
   Não parece nem um pouco comigo

4. Todos os gastos com casa e supermercado são planejados com antecedência e feitos com uma lista.
   Sou eu sem tirar nem pôr
   Parece muito comigo
   Parece e ao mesmo tempo não parece comigo
   Parece um pouco comigo
   Não parece nem um pouco comigo

5. Raramente vou mais de uma vez por semana ao supermercado.
   Sou eu sem tirar nem pôr
   Parece muito comigo
   Parece e ao mesmo tempo não parece comigo
   Parece um pouco comigo
   Não parece nem um pouco comigo

6. Os cupons de alimentos e de outras coisas, bem como as ofertas de desconto, são utilizados sempre que possível.
   Sou eu sem tirar nem pôr
   Parece muito comigo
   Parece e ao mesmo tempo não parece comigo
   Parece um pouco comigo
   Não parece nem um pouco comigo

7. A comparação das compras no que diz respeito à qualidade, à utilidade, ao preço etc. é algo que faço/fazemos praticamente em todas as compras, pequenas ou grandes.
Sou eu sem tirar nem pôr
Parece muito comigo
Parece e ao mesmo tempo não parece comigo
Parece um pouco comigo
Não parece nem um pouco comigo

8. Não tenho nenhum crédito ou débito rotativo ativo nos cartões de crédito ou de débito.
Sou eu sem tirar nem pôr
Parece muito comigo
Parece e ao mesmo tempo não parece comigo
Parece um pouco comigo
Não parece nem um pouco comigo

9. Não tenho feito saques e descoberto minha conta corrente nem pago taxas atrasadas nos cartões de crédito.
Sou eu sem tirar nem pôr
Parece muito comigo
Parece e ao mesmo tempo não parece comigo
Parece um pouco comigo
Não parece nem um pouco comigo

10. Contribuo regularmente para um plano de aposentadoria patrocinado por meu empregador, para um IRA ou para um plano 401(k).
Sou eu sem tirar nem pôr
Parece muito comigo
Parece e ao mesmo tempo não parece comigo
Parece um pouco comigo
Não parece nem um pouco comigo

Como você se saiu?

10-15 Muito Bem.	Está na hora de ensinar aos outros o que você faz.
16-20 Bem.	Concentre-se em melhorar algumas das áreas mais fracas.
21-35 Razoavelmente.	Uma hora por semana dedicada a aprimorar os hábitos de dispêndio equivalerão a uma grande economia.
36-40 Precisa de ajuda.	Mudanças imediatas se fazem necessárias, agora, para evitar um desastre financeiro.
41-50 Precisa de ajuda profissional.	Está na hora de procurar um consultor de crédito e débito.

O ciclo do débito: como vivemos e como pagá-los

Os estudos a respeito de débitos e dos devedores mudam todos os dias. O que se modifica mais rapidamente é o número de pessoas que estão colocando a vida em perigo. O débito pessoal encontra-se na casa dos trilhões de dólares! E a história não é nova. Dever dinheiro foi um dia considerado uma grave falha de caráter, e que dava a entender, de um modo possivelmente rude, que a pessoa ganhava pouco, administrava mal o dinheiro ou era um procrastinador. Dever dinheiro e não ressarci-lo no prazo estabelecido era algo que simplesmente não se fazia. A prisão dos devedores confirmava a idéia de que deixar de pagar uma dívida era crime. Os tempos mudaram, e com eles vieram os cartões de débito das lojas, os cartões de crédito e maneiras de fazer negócio que incluíam o débito na equação do lucro. Os que concedem crédito tornam fácil e conveniente você pegar um empréstimo e usar o dinheiro para comprar coisas. Isso estimulou enormemente os gastos do consumidor, de modo que mais pessoas do que nunca estouraram o limite dos cartões de crédito e estão indo à falência, o que não é bom. Vamos parar com isso agora!

Os americanos estão passando por níveis nunca antes presenciados de execuções de hipoteca ou de outras dívidas, de falta de pagamento dos impostos territoriais e prediais, de contas absurdas de serviços médicos, tudo em razão de uma crescente onda de endividamento. Muitas pessoas desempregadas usam os cartões de crédito para poder sobreviver. Outras usam os cartões de crédito para financiar pequenos negócios, como lojas e franquias. Ouço histórias desse tipo o tempo todo. É um modo empreendedor, porém arriscado, de sair do buraco, e uma boa idéia se o negócio der certo. No entanto, se não der, você estará pagando 19 por cento ou mais de juros anuais ao cartão de crédito por um negócio que nunca dará lucro e ainda lhe custará dinheiro.[1]

Se fosse possível atribuir a culpa a um único fenômeno, teria de ser ao débito do cartão de crédito. A quantia que devemos aos cartões é o valor desconcertante de mais de 800 bilhões de dólares. Como chegamos aí? Levantamentos revelam que o lar americano em média deve perto de 10 mil dólares, enquanto o número de pessoas que pagam integralmente os cartões de crédito caiu para 39 por cento, de acordo com o Cambridge Consumer Credit Index. No decurso de uma geração, as famílias deixaram de ter 11 por cento da renda na poupança e 3 por cento em dívidas de consumo e passaram a ter 1 por cento (ou menos) na pou-

---

[1] No Brasil, os juros de cartões de crédito se encontram em torno de 8% a 10% ao ano em média. (*N. do R.T.*)

pança e uma dívida de 14 por cento. Essa situação decididamente não é boa! Você pode perceber as características fundamentais de um Endividado.

Os detalhes a respeito do débito podem deixá-lo sem fôlego, como é mostrado no quadro que se segue.

> **POR QUE AS PESSOAS ESTÃO ENDIVIDADAS: AS RESPOSTAS SURPREENDENTES**
>
> O National Endowment for Financial Education fez uma pesquisa sobre o conhecimento financeiro das pessoas nos Estados Unidos e descobriu que, embora a maior fonte individual de endividamento esteja representada por hipotecas de casas que são bens de família,[1] *a utilização inadequada dos cartões de crédito é, na verdade, a principal causa do aumento do índice de falências* (cerca de 1,6 milhão por ano), bem como do aumento da frustração externada pelas pessoas endividadas. Mais de três quartos dos estudantes universitários têm vários cartões de crédito, com um saldo devedor médio total de 2.748 dólares. Nos últimos anos, houve um aumento de 51 por cento nos pedidos de falência anuais entre pessoas com 25 anos ou menos.

Se você está pronto para arrumar a bagunça e o estresse causados pelo fato de viver endividado, sei que posso lhe mostrar como assumir o controle do seu dinheiro. Existe ajuda para todo Endividado, desde que você esteja disposto a entender como se endividou e sinceramente desejar sair do buraco – e depois aprender o que deve fazer para se reerguer financeiramente. Você terá de começar aprendendo a separar seus "desejos" de suas "necessidades" – e tornar prioritário pagar as necessidades. Coloque os desejos de lado até realmente poder arcar com eles.

O Endividado revelado

Se você é um Endividado, sua vida mudou de maneira significativa, que indica uma perda financeira, uma situação difícil na qual você está emperrado. O motivo pelo qual você está endividado pode resultar de vários eventos e/ou escolhas. Às vezes, as dívidas são a consequência de você ter perdido sua fonte de renda. Você

---

[1] Nos Estados Unidos, a casa, mesmo sendo bem de família, pode ser tomada pelos credores se a hipoteca não for paga. (*N. da T.*)

pode ter sido demitido porque sua empresa promoveu o *downsizing*, você perdeu seu negócio ou mora em uma área na qual as empresas de maior porte fecharam as portas e existem agora menos empregos. A perda do emprego e/ou a redução da possibilidade de fazer horas extras fazem uma enorme diferença. A diminuição de bonificações e os aumentos de salário menores também são fatores decisivos. Os consumidores costumavam pagar as contas com a remuneração das horas extras, mas agora muitas empresas eliminaram essa opção. Em vez de reduzir os gastos, as pessoas usam os cartões de crédito e esperam tempos melhores. Quando os cartões de crédito se tornam salva-vidas temporários, o débito se acumula.

E existem também os Endividados que se empolgam com a gratificação instantânea ou se sentem impelidos a gastar e comprar tudo no cartão de crédito, sabendo que não poderão pagar a maioria das compras. Para eles, não se trata apenas da falsa sensação de adquirir alguma coisa pela qual sempre poderão pagar mais tarde; o ato de comprar compulsivamente também é um fator de influência proeminente. Algumas pessoas têm um limiar mais baixo de débito tolerável, de modo que não estouram seus limites de crédito e conseguem parar de gastar antes que seja tarde. Outras só param quando as empresas de cobrança vão atrás delas.

No entanto, de modo geral, certos comportamentos são típicos de seu Peril Financeiro:

- Você manipula as contas, pagando uma empresa em um mês e outra no seguinte.
- Você freqüentemente recebe avisos de contas vencidas dos credores.
- Você efetua apenas o pagamento mínimo de suas dívidas, e nunca paga o principal que deve.
- Você atingiu o limite na maioria ou em todos os seus cartões de crédito e linhas de crédito.
- Você paga as faturas dos cartões de crédito com outras fontes de crédito, pedindo emprestado a Peter para pagar a Paul.

Os pontos fortes do Endividado

Muitos Endividados precisam estourar todo o seu crédito ou chegar ao fundo do poço antes de poderem começar a se recuperar financeiramente. Se você tem alguma qualidade positiva, certamente é a capacidade de se revigorar depois da humilhante experiência de lidar com o que se tornou um doloroso relacionamento com o dinheiro. Estar endividado não é uma boa sensação, mas aprender finalmente a praticar maneiras mais responsáveis de lidar com o dinheiro é algo maravilhoso. Use sua capacidade de recuperação para adquirir um sentimento renovado de segurança financeira.

Os pontos fracos do Endividado

Chris Viale, CEO e presidente da Cambridge Consumer Credit Counseling, uma fonte supereficaz para ajudar as pessoas a sair do vermelho e permanecer em um terreno financeiro estável, afirma que uma das principais razões pelas quais as pessoas se metem em apuros é o fato de *"negar"* a maneira como estão lidando com o dinheiro". Isso simplesmente significa que a realidade diz que você está com falta de dinheiro ou o está perdendo, mas ela é dolorosa demais para você aceitar. Em vez disso, você deixa as contas se acumularem e, com demasiada freqüência, alimenta a necessidade de se sentir bem endividando-se ainda mais.

As pessoas às vezes gastam demais como um modo de sentir-se melhor com relação a si mesmas. Fazer compras, por exemplo, torna-se uma forma de automedicação temporária, e, em alguns casos, um vício dispendioso. Com freqüência, os compradores compulsivos iludem a si mesmos sobre o motivo pelo qual adquiriram mais um objeto. Os psicólogos afirmam que essas pessoas sentem que não têm o que precisam para ser felizes e mais uma compra dará conta do recado. Infelizmente, nada as torna felizes, e elas acabam se sentindo pior com relação a si mesmas e ainda mais endividadas.

Gastar excessivamente não é a única razão para o endividamento. Muitas pessoas sofrem por ter perdido o emprego e por não ter uma proteção que possa mantê-las à tona até conseguirem outro; uma remuneração abaixo dos padrões normais que não cobre os custos de moradia, comida ou cuidados com família; ou contas enormes de assistência médica referentes a procedimentos que não estavam cobertos pelo seguro. O que ocorre quando as circunstâncias mudam drasticamente? Muitos contraem dívidas pessoais com a família e os amigos, e tipicamente recorrem aos cartões de crédito para pagar contas ou utilizam-nos para manter o estilo de vida ao qual estão acostumados. Chris Viale acrescentou: "Um grande número de clientes com problemas financeiros me diz o seguinte: 'Mas daqui a seis meses estarei trabalhando de novo ou ganhando mais dinheiro, e tudo ficará maravilhoso, de modo que pretendo ir levando até lá.' E então eles se vêem em apuros."

Esse também é o motivo pelo qual muitos Endividados chegam à aposentadoria sem dinheiro ou com pouco dinheiro separado para ter uma velhice confortável e segura. Sua fraqueza é endividar-se ainda mais, enquanto os juros crescem e capitalizam contra você.

Sou analista financeiro do Cambridge Consumer Credit Index (www.cambridgeconsumerindex.com), que informa mensalmente o comportamento de débito dos americanos. Como estamos interessados nos motivos pelos quais as pessoas ficam endividadas, pedimos àquelas que nos telefonam que nos digam por que precisam de ajuda com suas finanças. O Cambridge Credit Counseling Index Client Survey constata que as principais razões que as pessoas citam para justificar seus telefonemas são as seguintes:

- Frustração com as elevadas taxas e tarifas bancárias.
- Diminuição da renda resultante de perda do emprego ou redução das horas trabalhadas.
- Falta de instrução financeira que resulta no endividamento.
- Incapacidade de sair do buraco e avançar em direção a uma meta financeira, como poupar para o pagamento da entrada da casa, para a faculdade dos filhos ou a aposentadoria.
- Divórcio, viuvez e grandes contas de assistência médica relacionadas com serviços não-segurados.

Embora eu possa encorajá-lo a aceitar *qualquer* emprego a curto prazo para não sofrer ainda mais por não ter uma renda, não posso ajudá-lo a conseguir um. Posso, no entanto, fazer diferença quanto às questões que causam o efeito Endividado: a falta de conhecimento a respeito de como administrar seu dinheiro. *O conhecimento financeiro raramente é ensinado nas escolas como parte do programa obrigatório,* e muitas pessoas como você sentem-se intimidadas com a idéia de balanços patrimoniais e adição de números. Estou aqui para dizer que tudo isso é mais fácil do que você pensa. Você pode dar esperanças a si mesmo reconstruindo seus ativos: comece com algum tipo de plano de investimento, um incentivador psicológico infalível. Em vez de se sentir deprimido por estar com dívidas, comece a fazer seu dinheiro crescer, mesmo que você invista apenas 50 dólares por mês. Você ficará motivado a sair mais rápido do vermelho.

Conversei com uma série de pessoas a respeito de como e por que elas se endividaram. Cada narrativa poderá lhe proporcionar vislumbres de como você se meteu em apuros financeiros e de como pode começar a resolver seus problemas com dinheiro. Vamos começar contando a história de um homem que sempre acreditou que teria um emprego e uma vida estáveis, e de como o débito o pegou de surpresa.

"Continuo a ser alguém quando não tenho um emprego?"

Ao contrário de outros Endividados que podem sofrer as conseqüências do uso indevido do cartão de crédito e hábitos de gastos irresponsáveis, Bob e Jane, sua mulher, afundaram no débito quando Bob perdeu o emprego. A vida parece brutal quando estamos desempregados e não conseguimos tomar fôlego; Bob e Jane seriam, sem dúvida, as primeiras pessoas a concordar com isso. É difícil manter um espírito de luta e manter as dívidas em um nível mínimo quando nosso meio de vida nos é arrancado. Mas existem maneiras de atravessar esses tempos difíceis.

Eis o que aconteceu. A empresa para a qual Bob trabalhava associou-se a uma empresa maior, e seu cargo tornou-se supérfluo. Aos 40 anos, começou a sentir-se derrotado quando percebeu que não estava recebendo ofertas de emprego. A indenização por seus nove anos de serviço e o seguro-desemprego não representaram alívio suficiente. Bob queria um emprego no qual trabalhasse todos os dias, um emprego no qual pudesse se sentir novamente seguro. O período de desemprego de quase seis meses deu início a um ciclo em que ele começou a se sentir inadequado para sustentar a família e frustrado ao tentar permanecer financeiramente à tona.

No entanto, os problemas de Bob e Jane, na verdade, começaram nove anos antes, quando nasceu a primeira filha do casal. Naquela ocasião, a família tinha duas rendas, e Jane ganhava mais do que o marido. Jane trabalhara no departamento de contabilidade da administração central de uma rede varejista de âmbito nacional durante dez anos, mas a empresa não tinha a política de pagar licença-maternidade, e ela perdeu 12 semanas de rendimentos. Na época, Bob era estagiário e não ganhava muito bem. Sem renda disponível, eles fizeram resgates das apólices de seguro de vida para comprar gêneros alimentícios. Quando Jane voltou a trabalhar, a empresa adotou uma linha dura, reduzindo suas horas de trabalho para tempo parcial e diminuindo seu salário.

Jane ainda trabalhava na mesma empresa quando o segundo filho do casal nasceu, três anos depois. O emprego de Bob estava firme na ocasião, e ele estava ganhando quase um terço a mais do que ganhava como estagiário. No entanto, para Jane, o ciclo da perda de renda devido ao não-pagamento da licença-maternidade se repetiu, bem como as horas reduzidas que ela foi obrigada a manter.

Bob disse que, quando a segunda filha deles nasceu, eles ainda não haviam se recuperado da perda salarial que Jane sofreu por ter parado de trabalhar nos três meses que se seguiram ao nascimento da primeira filha e por ter trabalhado em regime de tempo parcial todos aqueles anos. "Ambos tínhamos um bom crédito, mas não conseguíamos avançar", declarou Bob, admitindo que a relação dívida-renda deles era elevada. "Cada centavo que ganhávamos saía na mesma hora. Estávamos obtendo uma renda razoável. Se não tivéssemos a dívida, poderíamos efetivamente *viver*. Nunca saímos de férias com as crianças, nunca."

INSTANTÂNEO FINANCEIRO DE BOB E JANE

Quando Bob ainda estava empregado, ele e Jane sempre conseguiram pagar as contas em dia e não usavam o crédito de modo imprudente. Entretanto, com uma renda anual combinada de 81 mil dólares e dois filhos, mal estavam conseguindo sobreviver, já que Jane estava trabalhando em regime de meio expediente. Eis o ponto no qual eles estavam financeiramente:

- Pagavam 920 dólares por mês da hipoteca de 120 mil dólares.
- Efetuavam o pagamento mínimo nos cinco cartões de crédito, cujo saldo devedor era de 65 mil dólares.
- Bob tinha um plano de aposentadoria do tipo 401(k), enquanto Jane tinha uma pensão e dois planos de aposentadoria do tipo IRAs Roth. No entanto, com exceção do pagamento inicial, nenhum dos dois conseguiu contribuir com mais dinheiro para as contas. Na verdade, Bob pegou um empréstimo em seu plano 401(k) para colocar um novo telhado na casa.
- A poupança é inexistente.

Quando a filha mais nova do casal estava com 3 anos e matriculada na escola maternal, Jane pediu demissão do emprego. Conseguiu um cargo no governo de horário integral, muito mais bem remunerado, no qual ela podia usar seu conhecimento comercial e de contabilidade. Decidiu também trabalhar como acompanhante de uma senhora idosa nos fins de semana para ganhar mais dinheiro.

Foi então que, depois de trabalhar durante nove anos na empresa em que imaginava que teria um futuro longo e seguro, Bob foi dispensado. Quando ele perdeu o emprego, o castelo desmoronou. Bob me disse: "Pela primeira vez na vida adulta, eu me senti um fracassado. Sei que não estou desempregado por minha culpa, mas sinto-me envergonhado."

Bob estava obcecado por sua incapacidade de resolver os problemas financeiros da família, pois vários meses se haviam passado e ele continuava desempregado. Ele me disse que tentava de todas as maneiras garantir a Jane que tudo iria se resolver, mas ele próprio não estava tão certo disso. Estava constrangido e envergonhado, achando que não estava cuidando da família como deveria. A situação estava criando dificuldades no casamento, a ponto de Jane não querer falar sobre dinheiro. Para Bob, a renda insuficiente e o débito que não parava de aumentar pareciam deploráveis, e ele tentou resolver o problema, apesar da resistência de Jane em discuti-lo.

Bob leu um pouco sobre consultoria de crédito e descobriu uma empresa cadastrada no Better Business Bureau[1] de sua área. A empresa atua em nome do devedor de uma dívida sem garantia, quitando-a em três anos. Com um programa de administração do débito (DPM – Debt Management Program) oferecido por uma empresa de consultoria de crédito de alto nível, o pagamento mensal de Bob e Jane seria de 700 dólares. O DMP reduziria os pagamentos dos cartões de crédito de 40 a 60 por cento. Bob chamou o processo de "atitude desesperada", e temia que ele fosse deixar uma mancha em sua classificação de crédito.

Bob desconfiava de *todos* os programas de redução do débito, temendo, erroneamente, que sua participação em um deles fosse exercer um eterno impacto negativo em seu conceito de crédito. Tampouco estava empolgado com a idéia de passar uma procuração para a empresa de consultoria, o que representaria mais um golpe em seu frágil ego. Além disso, o representante não poderia garantir que as empresas dos cartões de crédito não telefonariam para o local de trabalho de Jane, o que era outro sinal de perigo. (Em geral, a pressão dos credores cessa

---

[1] Organização que fornece relatórios sobre empresas e grupos de caridade e também auxilia os consumidores na solução de seus problemas. (*N. do R.T.*)

quando eles tomam conhecimento de que a pessoa se inscreveu em um programa DMP.) Na opinião da empresa de consultoria, o pedido de falência não era uma opção porque Bob e Jane pagavam as contas em dia. Bob decidiu não assinar o contrato com a agência e continuou a procurar emprego.

Após seis meses de busca constante, Bob conseguiu um emprego para ganhar um salário anual alguns milhares de dólares menor do que o que ele ganhava anteriormente. "A remuneração mais baixa faz com que eu me sinta mal", disse ele, "mas, ao mesmo tempo, estou trabalhando e levando dinheiro para casa, o que pelo menos alivia um pouco a carga de Jane. Estamos agora em uma situação em que podemos retomar a vida se conseguirmos sair do vermelho. Tem de haver alguma coisa para pessoas como nós, que não são negligentes nem fizeram uma farra com os cartões de crédito. Estamos emperrados."

Mantendo a fé até conseguir um emprego

Sentir vergonha de ter sido dispensado porque sua empresa promoveu um *downsizing* não corrige a situação nem faz com que você seja readmitido. Você só está se recriminando sem motivo. Apesar de não encontrar o emprego ideal, Bob foi esperto: aceitou o que apareceu, enquanto continuou a procurar o cargo ideal. Qualquer renda equivale a uma redução do débito.

NEM TODO DÉBITO É RUIM: ALGUMAS PALAVRAS SOBRE O "BOM" DÉBITO

Você sabia que ter algumas dívidas administráveis é, na verdade, aceitável? Isso geralmente é chamado de "bom" débito, que poderia até ser seu objetivo final. Vou explicar:

Muitos consultores financeiros, alguns com um grande número de seguidores, acham que o débito é mau, mas eu não acho, e isso em um grau real e prático. Há uma diferença entre o "bom" e o "mau" débito, mesmo que você esteja em um estágio no qual tenha ultrapassado seu limite habitual.

Os consultores financeiros que colocam o "mau" débito em um tipo de inferno, transformando os devedores em "pecadores", estão fazendo um julgamento moral a seu respeito por causa do que você deve. Essa é uma opinião extrema, e não estou de acordo com ela. Estabeleço uma distinção entre o pecado e o pecador, e entre o débito e o devedor. Se o "pecado" é gastar demais, não acho que você seja uma má pessoa (um "pecador"), e sim alguém mal orientado, descuidado ou desprovido de conhecimento adequado acerca das finanças. Ou então, caso você tenha contraído, de repente, uma dívida colossal para pagar, digamos, a cirurgia de um filho, considero-o desafortunado e despreparado.

Viver completamente livre de dívidas não é nem prático nem desejável. Você precisa ter algum débito *temporário* e, ao mesmo tempo, administrável. Tente alugar um carro, fazer o *check in* em um hotel ou comprar uma passagem de avião com dinheiro vivo. Você precisa de um cartão de crédito! Quando acumulado com sabedoria, um débito razoável é um bom débito que você pode manejar.

Além disso, quando você paga as contas em dia, não apenas evita as elevadas taxas de juros, como também forma um bom histórico de crédito que é útil quando você precisa pedir um empréstimo elevado. O bom débito pode ser uma ferramenta para acumular riqueza depois que você sair do vermelho e estiver com as finanças sob controle. Não apenas você poderá usar o débito como uma alavancagem para comprar um ativo que tem a possibilidade de se valorizar, como uma casa ou a instrução universitária de seus filhos, como também um histórico excelente de liquidação de dívidas possibilitará que você contraia empréstimos em ótimas condições, caso isso seja necessário. Essa é uma meta que você promete a si mesmo alcançar!

O fato de Bob estar envergonhado por ter sido demitido devido ao *downsizing* da empresa na qual trabalhava não é raro entre os homens (e, mais recentemente, em um número cada vez maior de mulheres) que perdem o emprego. Os homens em nossa cultura são socializados para equiparar a auto-estima, ainda que não seja ao sucesso ou ao poder, certamente a um trabalho lucrativo. Mas Bob conseguiu um emprego – e já estive em contato com muitos Endividados que não conseguem ou não têm como conseguir um –, o que demonstra que ele é capaz de cumprir suas obrigações. Ele precisa superar o choque da perda e dar uma chance a si mesmo; afinal, não foi por sua culpa que perdeu o emprego. Ele é muito duro em relação a si mesmo, desprezando-se por achar que não está conseguindo cuidar adequadamente da família, em vez de se ver como alguém capaz de continuar lutando.

Se você é como Bob, o exercício do Caminho Emocional, ao qual você será apresentado daqui a pouco, poderá ajudá-lo a entender como aceitar uma tendência declinante temporária. Ter uma dívida não significa que você seja uma pessoa indigna ou imprestável! Não deixe que esse pensamento negativo esmague seu espírito.

A "cura das compras": e as contas repugnantes não-pagas!

Bob talvez esteja operando a partir de um padrão arraigado de equiparar seu trabalho à sua auto-estima, mas o caso de Margie é diferente. Ela tem 28 anos e é supervisora de conta em uma empresa de tecnologia. Margie enfrentou uma infância de privações e dificuldades. Bob talvez tenha aprendido a suportar a necessidade ou até a insegurança financeira aos 40 anos, mas, para Margie, esses desastres formaram o padrão de sua vida e a tornaram uma compradora compulsiva. Para Margie, fazer compras funcionava como um narcótico.

Ao falar com ela, você não detectaria em seu tom positivo que Margie sofrera abuso psicológico da mãe e sexual do padrasto. Sua jovialidade esconde uma triste seqüência de eventos sobre os quais ela fala com franqueza. "Minha mãe era fria, econômica com a comida, detestava comprar um par de sapatos para mim quando eu precisava e fazia com que eu me sentisse um terrível fardo. Tudo que fazíamos era gritar uma com a outra", disse Margie. Em decorrência da rebeldia de Margie, a mãe renunciou à menina quando estava com 8 anos e entregou-a a um orfanato, onde ela permaneceu durante a maior parte da infância. Aos 13 anos, finalmente foi colocada na casa de pais adotivos com um bom coração, que se mostraram determinados a reparar parte do dano emocional que Margie sofrera. Deram a ela esperança para o futuro, mas não o suficiente para mantê-la afastada de um posterior risco financeiro.

Quando conheceu Ted, o homem com quem logo se casaria, Margie conseguira cursar três anos de faculdade, mas abandonara os estudos quando um emprego de verão se transformou em uma opção de carreira em uma empresa de publicidade. Ela adorou viver por conta própria, dividir o apartamento com outra moça e ganhar o próprio dinheiro. "Em comparação comigo", declarou Margie, "Ted teve uma vida maravilhosa. Ele quis tomar conta de mim como ninguém jamais fizera. Ele recebeu mais do que sempre pediu." Aos 24 anos, e pouco antes do casamento, Margie tinha um débito de 22 mil dólares, quase todo com empresas de cartões de crédito. O salário dela era de 30 mil dólares por ano.

Margie precisava ser gentil consigo mesma e comprava mais roupas do que era capaz de vestir, além de pagar 379 dólares por mês pelo leasing de um carro. Ela adorava coisas de qualidade e não via motivo algum para não ter o prazer de possuí-las. "Alguma coisa se apoderava de mim, ativava um mecanismo e eu saía para fazer compras", disse-me ela. O que "se apoderava" de Margie era a vontade de comprar roupas que a faziam sentir que ela era tudo que sempre quisera ser.

"De certa forma, Ted se endividou ao se casar", declarou Margie. "Jurei parar com a loucura das compras. Concordei em viver dentro de um orçamento. Consegui até cumprir o que prometera durante algum tempo. Eu me empenhei." Nesse ínterim, Ted abrira uma pequena oficina com um companheiro do Exército, e o negócio estava crescendo lentamente ao longo dos anos. Margie, que ainda trabalhava na agência de publicidade, e agora ganhava 32,5 mil dólares por ano, ficou arrasada quando não obteve a promoção que estava esperando. Começou a fazer compras novamente, mesmo sabendo que Ted ficaria furioso, mas não conseguiu se conter.

Margie estava certa: Ted *ficou* furioso. Ele acabara de calcular como poderiam pagar juntos as dívidas da mulher, e Margie agora estava devendo mais alguns milhares de dólares. "Comecei a chorar, sentindo-me culpada a respeito dos gastos", disse ela. "Ted queria ser compreensivo, mas estava ficando sem energia. Ele exigiu que eu devolvesse as compras, caso contrário ele mesmo o faria, de qualquer jeito." Margie acabou devolvendo às lojas cerca de metade das compras que fizera.

"Na verdade, o que precisamos realmente é fazer um orçamento e aprender a ser fiéis a ele", disse Margie. "Há alguns meses, gastei 600 dólares comendo fora, entretendo amigos e colegas de trabalho... em um único mês! Precisamos economizar, fazer um seguro de vida, colocar dinheiro em um fundo de aposentadoria. Quero ter filhos e não tenho vontade de trabalhar o dia inteiro. Mas precisamos de um fundo ao qual possamos recorrer."

Ted hoje administra o dinheiro do casal. Depois que Margie acumulou 120 dólares em tarifas sobre cheques devolvidos, ele assumiu o controle do talão de cheques da mulher. Margie agora tem uma conta separada com menos de 200 dólares para gasolina, comida e pequenas compras. "Se ele pudesse escolher, não me daria nem um centavo sequer para pequenas despesas", disse Margie. As restrições de Ted trouxeram de volta o medo de Margie na infância, de que comportar-se de determinada maneira era inaceitável, que ela seria abandonada pela pessoa que amava. Houve ocasiões em que Ted quis deixar Margie, mas acabava dando outra chance à mulher.

"Há alguns meses, eu teria dito, quero fazer compras, ameaças não vão me impedir, e Ted terá de lidar com as contas", declarou Margie. "Agora, pelo menos sou capaz de dizer a mim mesma que isso é realmente uma doença. Não quero destruir um casamento por causa de um punhado de suéteres e de quanto elas custam. Ted garante que está comigo para valer e acredita que sou capaz de mudar. Não posso decepcioná-lo. Não posso decepcionar a mim mesma. Preciso de alguém que me pegue pela mão e me mostre, passo a passo, como parar."

O débito exaure a vida. Ele não realça o amor.

A emoção de uma euforia de gastos

Os neurocientistas estão estudando a síndrome das compras e examinando as possibilidades de tratamento médico, da mesma maneira como tratam a ansiedade e a depressão com medicamentos. Eis a razão: na verdade, há uma euforia química que acompanha as compras, seguida de uma nítida depressão, ou efeito de retraimento. A cura? Mais compras. Trata-se de um hábito provavelmente mais fácil de quebrar do que o cigarro, a bebida ou as drogas, embora os Endividados que fazem compras possam discordar de mim.

Alguns especialistas encaram as compras compulsivas como os "prazeres comuns da vida que ficam fora de controle". Eu concordo. Os compradores compulsivos como Margie começam como consumidores ocasionais ou que vão às compras para se distrair. Passear no shopping é o que se tem para fazer com as amigas em um dia de chuva, por exemplo. O problema se torna grave quando o que era um simples prazer transforma-se em uma compulsão irracional. Os consumidores contumazes têm dificuldade de pensar em qualquer outra coisa e são famosos por acumular contas por meio de compras por catálogo, nos programas de vendas pela televisão ou na Internet.

À medida que o impulso de gastar aumenta, o mesmo acontece com a dívida. Gastar de forma descontrolada é um hábito perigoso, e você precisa procurar um orientador psicológico para colocar seu vício de comprar sob controle. Você também pode procurar uma sucursal dos Devedores Anônimos em sua área, onde pode encontrar um grupo de apoio que irá ajudá-lo a discutir e resolver seus problemas com o dinheiro.

Realizando mudanças: o caminho emocional

Onde começa realmente a verdadeira ajuda? Quando você está endividado, precisa de coragem para enfrentar seus demônios *e* seus credores. Entretanto, a mudança, na verdade, começa com você. Você precisa parar de viver muito acima do que seus recursos permitem, seja lá o que isso for para você, por superestimar sua renda e subestimar seus gastos. Para deixar de ser um Endividado, você tem de ser capaz de *separar seus desejos de suas necessidades, e pagar por suas necessidades mas não por seus desejos.* Essa é sua chance de fazer aquelas associações fundamentais com antigos comportamentos que não estão atuando a seu favor. Quando você os identificar, dê uma chance a si mesmo. Lembre-se de que existe uma diferença entre o débito e o devedor. O débito pode não ser uma coisa boa, *mas você é uma boa pessoa.* Acredite em si mesmo e tenha esperanças. Não deixe que o peso de suas dívidas o oprima.

 Conversei com Olivia Mellan, psicoterapeuta, *coach* e escritora, estabelecida em Washington, D.C., a respeito de um dos fatores críticos no entendimento de por que as pessoas se endividam: problemas de auto-estima. "A primeira coisa que você tem de dizer é: estou bem e mereço coisa melhor", disse ela. "Em seguida, pergunte a si mesmo o que precisa fazer para alimentar seu espírito. O que também o ajudará, em um nível prático, a cuidar de si mesmo." Como começar a acreditar no que você merece e romper esse padrão destrutivo? Uma das respostas é você se conscientizar de sua história. No entanto, afirmou Mellan, "a conscientização pode conduzir à mudança, mas isso nem sempre acontece. Assim, em parte, você tem de manter o foco em suas metas."

 Vamos examinar essa afirmação:

Aceite a realidade, depois entre em ação

Como consultor financeiro, vejo muitos homens que, como Bob, do primeiro exemplo, atravessam um profundo conflito emocional quando perdem o emprego. Quem não consegue entender o choque da perda e o medo do que acontecerá depois? Ficar aturdido ou sentir-se humilhado e deixar que esses sentimentos afetem sua recuperação com relação ao trabalho só poderá prejudicá-lo. O que é ainda mais destrutivo: negar que você está sendo afetado pela perda do emprego e continuar a gastar como se ainda estivesse recebendo seu salário, o que apenas contribui para sua condição de Endividado.

Experimente a seguinte mudança em seu modo de pensar:

Os psicólogos chamam o estado de negação de "incapacidade de aceitar e lidar com a realidade". É quase como um choque emocional que não pode ser assimilado, ou um choque que você *se recusa* a assimilar. O pensamento fantasioso freqüentemente acompanha a negação. Fazendo uma associação, ele não é tão diferente de pensar: "Se eu não for ao médico, não terei uma doença." Um homem como Bob, que está desempregado, pode pensar: "Se eu não falar a respeito de como me sinto inadequado como homem, continuarei a cuidar bem de minha família."

Se você for duro consigo mesmo nos momentos difíceis, não estará sendo tão produtivo quanto poderia ser. O fato de você precisar de ajuda para sair do vermelho, como Bob e Jane, não é vergonha alguma. É somente uma pena você ter acrescentado outro dia de débito à sua carga. Evitar ser ajudado por ter vergonha de pedir apenas o prejudica. Verifique na seção das Fontes algumas das pessoas com as quais sugiro que você poderia conversar a respeito de seus problemas financeiros.

Não lute contra o sentimento de privação emocional endividando-se ainda mais

Se existe alguém com um problema de amor e dinheiro, essa pessoa é Margie, a compradora compulsiva que descrevi no segundo caso. Sua infância foi repleta de perigos, e ela deu continuidade ao padrão de ameaça à sua sobrevivência colocando a si mesma, e ao marido, em risco financeiro. O que um Endividado pensa quando também afunda o cônjuge devido a seus gastos compulsivos?

Várias pessoas que crescem se sentindo desamparadas, vulneráveis, com dúvidas quanto ao amor, ou sem esperança de merecer qualquer bem material, tendem a gastar muito. Algumas pessoas compram continuamente pequenos objetos compensatórios que as fazem se sentir melhor. Até mesmo uma ida a uma loja popular para comprar um pente faz com que se sintam melhor.

Algo mais profundo está acontecendo com Margie. A psicóloga Olivia Mellan me disse o seguinte: "Falo sobre mensagens e promessas da infância. O problema surge quando o modelo que você viu de um ou de ambos os pais o perturba suficientemente de alguma maneira. Em seguida, você jura que jamais será como ele ou ela, e fica preso na atitude oposta. Em nenhum dos casos, você está expressando sua própria integridade ou seus próprios valores. Ao contrário, você está apenas *reagindo* ao passado." A mãe de Margie era fundamentalmente não-generosa, e é fácil perceber por que Margie sente que a mãe não a protegia, nem queria que ela tivesse muita coisa, nem mesmo os elementos básicos de sobrevivência.

A reação de Margie foi exceder-se na outra direção: passou a satisfazer seus desejos, enquanto causa problemas a si mesma contraindo dívidas e repassando-as ao marido, o qual, a seu jeito, jurou resgatar a esposa do passado. Talvez Margie ainda receie não merecer segurança financeira. Embora seu marido, Ted, a ame, ele possibilitou que ela os endividasse. Pelo menos Ted não deseja magoá-la. A mãe de Margie não foi capaz de funcionar como uma mãe para ela e, embora essa parte inicial de sua vida seja perniciosa e dolorosa, está encerrada. Infelizmente, as defesas de Margie da infância ainda estão ativas, embora ela finalmente possa se sentir protegida e conhecer a segurança com Ted. Mas seu subconsciente ainda não está convencido. Assim, ela se gratifica com bens materiais, dizendo a si mesma que os merece. Margie precisa, acima de tudo, de um planejador financeiro e, se não conseguir controlar seus gastos, de um terapeuta de casal.

O que se passa na cabeça de um comprador compulsivo? Recuamos à distinção entre desejos e necessidades, e à importância de não transformar um desejo em necessidade. Sempre que pergunto às pessoas que me procuram em busca de orientação por que se endividaram tanto, muitas respondem: "Gosto de coisas boas." Essa é uma resposta incrível! Nesse caso, consiste em ver um desejo como uma necessidade ou, na verdade, em confundir os dois.

Experimente a seguinte mudança em seu modo de pensar:

Como neutralizar o velho sentimento de carência depois que ele se transformou na compulsão de comprar? Olivia Mellan sugere que "você tem que trabalhar em si mesmo e se conhecer. Precisa aprender a alimentar sua essência e a não satisfazer seus desejos superficiais. Satisfazer os prazeres superficiais é mutuamente exclusivo com relação a alimentar sua essência, que não tem nada a ver com os bens materiais. Tem a ver com auto-estima, amor por si mesmo, criatividade, auto-respeito e as coisas que fazem você se sentir mais ligado a seu mundo de maneira positiva."

Por que fazer compras? Dizem os especialistas que comprar coisas é um modo de preencher um vazio emocional. A idéia é que as compras nos fazem sentir que pelo menos estamos sendo bons para nós mesmos. Isso pode acontecer muito com os consumidores, mas se torna perigoso quando as compras se transformam em um pesadelo de dívidas. Os mais diversos tipos de carência são dissimulados pelo esbanjamento, mas lembre-se de que o esbanjamento compulsivo é como uma dependência química. Há uma euforia. Também há algo que ativa o desejo de fazer compras. Quando Margie se sentia insegura em relação a si mesma ou a Ted, fazia sentido para ela gastar dinheiro consigo. A necessidade de comprar assume o controle como um maremoto, como um vício.

Se você é um comprador compulsivo que se graduou em Endividado, precisa tomar uma atitude drástica. *Destrua seus cartões de crédito, fique de luto por eles durante um ou mais dias e depois congratule-se por ter se livrado da febre do shopping e do cartão de crédito.* Ponha fogo nos catálogos de vendas pelo correio, troque o canal da televisão na hora dos anúncios e fique longe dos sites de venda da Internet. Peça a um amigo que o ajude a permanecer fora do centro comercial, a não ser que você realmente precise de mantimentos. Conceda a si mesmo três meses para abandonar o hábito de fazer compras, dando um pequeno passo todos os dias em direção a não comprar nada.

Se você é um Endividado, certamente precisa de ajuda para digerir os números e calcular como realmente pode reduzir suas dívidas. Espero conseguir levá-lo de "Quando essas contas vão parar de chegar?" para "Como posso usar melhor todo o meu dinheiro, ou pelo menos a maior parte dele?". O objetivo é expandir seu capital, e não aumentar suas despesas exaurindo o capital. Então, aqui vai.

Realizando mudanças: o caminho financeiro

Dave Ramsey, apresentador de um programa de debates no rádio e que ataca violentamente o endividamento, pede às pessoas que ligam que mudem seus hábitos de consumo primeiro gritando em voz alta: "Estou livre das dívidas, e isso não vai me acontecer de novo!" Boa idéia! Mesmo que você não tenha atingido a meta de se livrar das dívidas, acreditar que você *pode* atingi-la aumenta seu poder emocional. Eu sei que nada é tão bom quanto emergir de um remoinho de contas atrasadas e começar a controlar novamente seu dinheiro. Um pouco de evangelização financeira pode estimulá-lo, mas, para ser livre, você precisa fazer com que isso aconteça *sistematicamente*, ou seja, precisa montar um sistema que envolva trabalho, um pouco de sacrifício, um verdadeiro empenho em seguir um plano financeiro, e, mesmo quando doer, dizer não aos gastos desnecessários. É o seu dinheiro, e você merece que ele trabalhe para você.

Sei que é mais fácil contrair dívidas do que livrar-se delas, de modo que esta é sua chance de provar a si mesmo que pode finalmente administrar seu dinheiro. Quando você aprende a viver de acordo com suas possibilidades, seus valores mudam. Com o tempo, ficará mais fácil poupar e investir do que fazer compras e gastar. Quando você finalmente enxergar o fim de suas dívidas, espero que esteja disciplinado e emocionalmente pronto para dizer: "Nunca mais vou passar por isso!"

Já presenciei milhares de vezes pessoas endividadas darem uma reviravolta na vida e, embora as circunstâncias possam ser diferentes, o que confere um fio comum às histórias é o poderoso impulso de se sentirem em paz por estar financeiramente seguras. Denise e Rick foram os personagens de uma dessas histórias. Eles tinham uma vida confortável quando Rick recebeu uma promoção que exigiu que eles deixassem a casa onde moravam no subúrbio de Boston e se mudassem para um local situado a 800 quilômetros de distância. Nenhum dos dois estava preparado para o que aconteceria em breve: grandes perdas, bem além de suas expectativas ou experiência. "Nossa vida mudou tão de repente que não sabíamos quem éramos ou o que fazer", declarou Denise. "O débito foi extremamente traumático para nós." Eis o que aconteceu:

Quando o grande emprego não dá certo e se transforma em um grande débito

Tanto Denise quanto Rick foram criados em famílias de classe média, são pessoas instruídas e construíram juntos uma vida que os manteve livres de preocupações. Não havia surpresas desagradáveis nem reveses repentinos para os pais de ambos nem para eles mesmos. Jamais houve algum indício de problemas financeiros; eles achavam que essas coisas só aconteciam com as outras pessoas. Os salários somados do casal mais do que permitiam gastos adicionais, até mesmo férias luxuosas para a família e uma escola particular para os filhos. Rick era um executivo bem-sucedido de uma multinacional, e Denise era gerente de um escritório de contabilidade. "Achávamos que éramos realmente pessoas realizadas", confessou Denise. "Podíamos entrar em nosso bairro, parar o carro na porta de casa e sentir que estávamos em pé de igualdade com os vizinhos. Estávamos seguros. Tínhamos dinheiro."

Foi então que Rick foi promovido, o que os obrigou a arrancar os filhos de suas raízes e fez com que Denise tivesse de aceitar uma posição semelhante em uma sucursal menor da empresa em que trabalhava, mas sem redução salarial. Eles chegaram à conclusão de que os benefícios da mudança excediam as desvantagens. As coisas estavam favoráveis, como sempre estiveram.

Em vez de vender a casa – "nosso pé-de-meia" –, eles decidiram alugá-la. E, como os custos eram elevados na cidade para onde estavam se mudando, alugaram temporariamente um lugar para morar. A idéia era se instalarem, vender a antiga casa e comprar a casa de seus sonhos na nova cidade. Fazia sentido. Os meninos continuaram a cursar uma escola particular, e a vida prosseguiu boa e estável. Um ano depois, Denise deixou a empresa de contabilidade porque a mudança de emprego não deu certo para ela. Recebeu seus benefícios acumulados em 17 anos de empresa e depois foi trabalhar como assistente executiva de um vice-presidente executivo. A situação ainda era favorável.

Rick então perdeu o emprego devido ao *downsizing*, e pouco depois foi assaltado. "Ambas as experiências foram brutais para Rick", disse Denise. "Elas o deixaram abalado e também afetaram muito a mim e os meninos. Ele estava sofrendo, e somente um excelente emprego seria capaz de trazer alívio à sua angústia." Embora Rick continuasse a procurar trabalho, aos poucos se ajustou ao papel de dono de casa, fazendo as compras de supermercado, saindo para resolver as coisas do dia-a-dia da casa e preparando o jantar. Para sua surpresa, Rick se sentiu à vontade em casa, aceitando que Denise provesse o sustento da família. Só que ele não estava realmente procurando emprego. Em vez disso, estava ficando cada vez mais deprimido. Começou a beber um pouco, a gastar dinheiro e a ficar refletindo sobre as finanças, que, a cada dia, diminuíam mais.

Rick assumira a responsabilidade exclusiva de pagar as contas, dizendo a Denise que queria deixá-la livre de quaisquer responsabilidades adicionais com a casa, especialmente porque sua carga horária era pesada no emprego novo. Quando a financeira hipotecária telefonou para o trabalho de Denise para informar que estavam executando a hipoteca da casa que era o "pé-de-meia" deles, a notícia foi tão catastrófica quanto se ela tivesse recebido uma notícia horrível a respeito de um ente querido. Denise deu uma escapada do trabalho na hora do almoço, foi até em casa e interpelou Rick. "Ele parara de pagar as parcelas da hipoteca, embora estivéssemos recebendo o dinheiro do aluguel", relatou Denise. "Ele estava gastando e fazendo malabarismos com o dinheiro. Nossas finanças estavam tão fora de controle que Rick estava se esforçando diariamente para pagar as despesas da casa, bem como a escola dos dois meninos e o seguro do carro. Ele nunca me disse que estávamos encalacrados. Afundando. O fato de Rick não estar trabalhando me incomodava tremendamente. Eu sentia que toda a responsabilidade era minha, e eu estava lutando com o estresse de estar sustentando a casa e lidar com um marido que mais ou menos havia desmoronado.

Denise e Rick perderam a casa de Boston e depois, por não poder arcar com o aluguel daquela onde estavam morando, decidiram alugar uma mais barata. Um mês depois, mudaram-se para outro lugar nas imediações. "Ainda é um pouco mais do que podemos realmente pagar", disse Denise. "Mas queremos que o lugar seja seguro o bastante para nossos filhos, de modo que escolhemos um bairro de classe média." Finalmente, Rick arranjou um emprego, mas a dívida e a crise monetária abalaram o casamento. O divórcio ou a separação nunca foi uma opção para eles, e o estresse de Denise estava extrapolando o limite. Ela, que fora um dia magra e "malhada", engordou quase 15 quilos e estava muito infeliz. Quando o ciclo descendente começou de novo, Denise entrou em pânico. "Rick perdeu o emprego porque discutiu com o chefe. Mas ele adorava o trabalho", acrescentou, "e isso lhe deu o empurrão necessário para efetuar outra grande mudança. Em vez de procurar outro emprego, ele decidiu criar uma empresa concorrente."

Denise insistiu para que ela e Rick procurassem um planejador financeiro, já que nenhum dos dois sabia o que deveria fazer primeiro. Elaborar um orçamento era o calcanhar-de-aquiles do casal, e ela sabia que, se dominassem um plano, a vida financeira deles mudaria radicalmente. O planejador os ajudou a se acalmar e a calcular de onde viria o dinheiro com o qual pagariam as dívidas. Começaram por inutilizar os cartões de crédito, mantendo apenas um cartão importante com um limite baixo reservado para emergências. Denise tem um cartão de crédito em uma loja de departamentos, e o restante das compras do casal é feita exclusivamente em cartões de débito. "Se não temos dinheiro, não compramos", disse Denise. Ela tem um fundo de aposentadoria, no qual decidiram não tocar, mas havia um fundo mútuo para as crianças e uma pequena herança de família, os quais, combinados com a renda deles, possibilitaram que pagassem algumas dívidas "para conseguir respirar um pouco". A escola particular estava fora de questão. Na verdade, as próprias crianças optaram por cursar a escola pública, decisão que economizou 30 mil dólares por ano.

Eles não podiam mais tirar as férias em família que tiravam no passado, mas optaram por fazer longas viagens de carro nas quais podiam se dedicar a atividades ao ar livre e, acrescentou Denise, "hospedar-nos em motéis baratos e nos divertirmos a valer". Com o tempo, quitaram o empréstimo de um carro velho e conseguiram dinheiro para iniciar o negócio de Rick. A prioridade deles agora é recuperar a estabilidade financeira e finalmente comprar a casa de seus sonhos.

Com 50 anos, Denise sente que as mudanças catastróficas mostraram tanto a ela quanto a Rick que o verdadeiro valor da vida reside nos relacionamentos, na confiança e em viver com algum equilíbrio financeiro. "Eu me preocupo mais com nosso futuro como casal à medida que vamos envelhecendo. Não estamos tão seguros agora, depois que o telhado caiu em nossa cabeça várias vezes", acrescentou ela. Tanto Denise quanto Rick sentem que se conformaram com o que perderam e são gratos pelo que têm. "Conversamos com nossos filhos a respeito das realidades da vida e mencionamos que o dinheiro não cresce em árvores. Passados dois anos, estamos livres das dívidas, e vamos continuar assim."

Denise e Rick fizeram algo inteligente no meio do caos: procuraram ajuda e não se deixaram oprimir pelos credores. Eis meu primeiro conselho para que você dê o primeiro passo no sentido de se livrar das dívidas:

Não se deixe oprimir pelos credores: enfrente os fatos mas ponha a sobrevivência em primeiro lugar

Qualquer pessoa que esteja oprimida por dívidas é pressionada por cobradores. Você talvez pense que não tem nenhum controle sobre as exigências de dinheiro, mas tem. Respire fundo. Acalme-se. Mobilize-se. Fique mais forte! Eis o que você deve fazer.

Acima de tudo: *não se recuse a reconhecer suas dívidas.* Enfrente-as! Sente-se e crie um orçamento firme para o lar a fim de descobrir aonde está indo seu dinheiro. Torne-se íntimo da maneira como o está gastando e entenda por que está gastando – você *precisa* das coisas ou *deseja* as coisas? São duas razões distintas, e uma delas – desejar – o coloca em apuros. Se você iniciar um diário de suas despesas e lançar nele todos os seus gastos durante pelo menos dois meses, descobrirá quais são seus padrões e o que você está fazendo com seu dinheiro. Em seguida, você pode calcular maneiras de cortar pequenas quantias dos gastos rotineiros. Esse dinheiro extra representará uma grande ajuda no pagamento de sua dívida.

Eis a má notícia: quer o telefonema seja do setor de cobrança de um cartão de crédito ou de um dos gerentes de conta de uma empresa de cobrança terceirizada, o efeito sobre você é o mesmo: você se lembra de que está com problemas de dinheiro e não pode fazer muita coisa a respeito disso agora. Isso pode ser algo que aflige. Você só extrairá algum sentimento bom a respeito dessa experiência no dia em que finalmente puder dizer: "Vou pagar o valor integral hoje, à vista, desconte da minha conta corrente." Até lá, você receberá um grande número de telefonemas. Deixar de atender o telefone não ajuda, porque você estará apenas adiando o inevitável. Você terá de pagar o valor integral ou uma importância definida em um acordo.

Agora, a boa notícia: se sentir que os credores estão completamente no controle da situação, entenda que você ainda tem alguns direitos. O primeiro é *proteger-se e usar os ativos que você tem para cuidar de suas necessidades.*

Deborah McNaughton, especialista em débito que dirige uma empresa de consultoria na Califórnia, e autora de vários livros sobre como lidar com as dívidas, enfatiza a autoproteção. Ela me disse: "Ponha sua sobrevivência em primeiro lugar. Já trabalhei com clientes que foram pressionados a pagar primeiro aos credores. Eles não conseguem suportar que gritem com eles ou os intimidem, e acabam cedendo. Isso não é bom. Significa que eles atrasam o pagamento das contas das concessionárias ou a prestação da hipoteca, e acontece o pior. Os credores recebem seus pagamentos, mas os devedores estão vivendo no escuro porque a empresa de energia cortou o fornecimento, ou quando abrem a correspondência encontram uma notificação de despejo ou de execução da hipoteca. Não ceda. Você ainda tem seus direitos."

O setor de cobrança das lojas e das empresas de cartão de crédito querem receber o dinheiro deles. Eles são rudes, e não têm vergonha de ligar para você com a maior freqüência possível para fazer exigências. Os credores em geral recorrem ao setor de cobrança quando você não é receptivo aos telefonemas dos departamentos originais, e acham que não têm alternativa. Um número ainda menor contrata empresas de cobrança terceirizadas.

Quase todos os guerreiros do setor de cobrança sabem que você está se sentindo vulnerável e atacam seu ponto fraco. Eles não são treinados para ser solidários e, embora possam insinuar que entendem seu lado, na verdade querem o pagamento e, em geral, não conseguirão o que querem se forem seus amiguinhos. Não é nada pessoal, embora um telefonema desse tipo possa dar a impressão de ser um ataque. Em vez de evitar os telefonemas ou deixar que o perturbem, é vantajoso para você aprender a lidar com os representantes do setor de cobrança de seu credor ou das empresas de cobrança. Descobri que a maioria dos credores prefere calcular um cronograma para o pagamento do débito a tomar a propriedade ou colocar em risco a sobrevivência dos devedores. Se você chegar ao ponto de ter um escritório de cobrança o importunando, ainda tem as seguintes opções:

Descubra onde você se encontra financeiramente por meio de uma planilha do comprometimento da renda

Existem muitas maneiras de avaliar se você está com um débito excessivo. Fazer alguns simples exercícios de planejamento financeiro poderá ajudá-lo a controlar suas finanças desmembrando-as de três maneiras diferentes, ou seja, seu coeficiente dívida-renda, que pode ajudá-lo a calcular se a dívida é grande demais com relação ao que você ganha. Existe a relação corrente, que mostra seus ativos e seus passivos em termos absolutos, e a análise do fluxo de caixa, que o ajuda a avaliar como sua relação dívida-renda e a relação corrente ficaram, antes de mais nada, como estão hoje. A planilha que se segue o ajudará a calcular o seu coeficiente atual de dívida com relação à renda, ou seja, seu comprometimento de renda. Você também deverá utilizar a Planilha de Fluxo de Caixa na p. 83, no capítulo sobre os Batalhadores. Se você tem vontade de elaborar um plano financeiro mais detalhado para si mesmo, consulte o capítulo sobre os Esquilos, que o orientará ao longo do processo.

Vamos começar com sua relação dívida-renda e ver o que ela significa para você. Há muito tempo os credores utilizam essa relação para decidir se concedem ou não crédito. Você pode preencher essa planilha mensal ou anualmente, e recomendo que faça as duas coisas. A curto prazo, a relação mensal mostrará a solidez de sua situação financeira para que você possa começar a trabalhar nela de imediato.

Inicialmente, pegue uma folha de papel pautado e divida-a em três colunas. A primeira coluna leva o nome do credor, a segunda se chama Contas e Pagamentos Mensais e a terceira coluna é denominada Dívida Total. Depois de preencher a lista, trace uma linha horizontal no papel, logo abaixo da última coisa que escreveu, deixando espaço suficiente para relacionar sua renda, investimentos, pensão alimentícia, e assim por diante. Rotule isso de Renda Mensal, que se tornará a quarta coluna. Reunindo tudo, o resultado é o seguinte:

PLANILHA DO COMPROMETIMENTO DE RENDA

Credores	CONTAS MENSAIS Pagamento Mensal	Dívida Total:
Financiamento do carro	$ 345	$ 7.800
Cartão de crédito Visa	60	2.100
Cartão de crédito MasterCard	20	800
Empresa de jardinagem Mr. Green	20	175
Loja de departamentos ZCMI	15	225
Totais:	$ 460	$ 11.100

RENDA MENSAL	
Renda anual bruta	$ 45.000 ———
Pensão alimentícia para os filhos ou para o cônjuge	900 ———
Previdência Social	
Juros/renda de investimentos	
Horas extras regulares	
Renda anual total	$ 45.900 ———
Dividida por 12	$ 3.825 ———

Relação mensal de dívida-renda
$ 460 : $ 3.825 = 0,12 ou 12%
Pagamentos mensais da dívida: renda mensal = relação dívida-renda

Eis como calcular sua relação dívida-renda:

Primeira coluna: relacione seus credores, digamos, financiamento do carro, cartão de crédito Visa etc.

Segunda coluna: diz respeito às quantias mensais pagas a seus credores. Verifique as últimas atualizações do histórico de seu crédito. Telefone para os credores para saber o saldo devedor atual caso você não receba o saldo atualizado todos os meses. Alguns débitos referentes a créditos rotativos não têm uma quantia mensal fixa (a não ser que você esteja efetuando o pagamento mínimo). Você pode telefonar para o credor e perguntar como os pagamentos são calculados, ou pode estimar que eles estejam, nos Estados Unidos, em torno de 4 ou 5 por cento da quantia total que você deve em algum momento.[1] Se for um pagamento de 5 por cento, pegue o total que você deve e multiplique por 0,05 para obter a quantia a ser paga todo mês. Alternativamente, você pode examinar antigos extratos para descobrir como os pagamentos mensais eram calculados.

Terceira coluna: relacione o saldo devedor total de cada tipo de débito.

Quarta coluna – Renda: nesse caso, comece com sua renda bruta anual. É a renda antes das deduções – impostos federais, estaduais e municipais; Previ-

---

[1] No Brasil, seria aproximadamente 10% a 15% do total. (*N. do R.T.*)

dência Social; descontos para planos de aposentadoria; e pensão alimentícia para os filhos. Acrescente alguma renda como pensão alimentícia para o cônjuge, renda de investimentos e benefícios da Previdência Social. Só inclua bonificações de fim de ano se elas forem garantidas. Para calcular a renda bruta mensal, faça os seguintes cálculos:

Se seu salário é pago semanalmente, multiplique a renda semanal por 52 e divida por 12.

Se você recebe a cada duas semanas, multiplique a renda por 26 e divida por 12.

Se você recebe duas vezes por mês, multiplique a renda bruta por 2.

Se seu salário é pago de forma irregular, dividida a renda bruta anual por 12.

Em seguida, divida a segunda coluna, os pagamentos mensais de dívidas, pela coluna 4, sua renda mensal total. O resultado, em forma de fração, é sua relação mensal de dívida-renda. Converta o número para uma percentagem. Esse percentual representa seu comprometimento de renda.

Analise o resultado. Os especialistas dizem que o ideal é que os pagamentos mensais do débito, incluindo a prestação da hipoteca e os pagamentos do cartão de crédito, não excedam 36 por cento da renda bruta mensal. Esse é um dos fatores que as financeiras de hipotecas levam em conta quando avaliam se você merece o crédito. Mas você pode desmembrar mais ainda o resultado.

Se seu coeficiente for 15 por cento ou menos, você está em boa forma. Na verdade, você poderia se dar ao luxo de assumir alguma dívida "boa". Examine sua dívida para ter certeza de que suas taxas de juros são baixas ou razoáveis. Se não forem, procure cartões de crédito mais baratos usando as fontes indicadas no Apêndice.

Se sua dívida estiver entre 15 e 20 por cento da renda bruta, ainda é provável que você consiga os empréstimos que solicitar, desde que o histórico de seu crédito seja bom. Talvez seja interessante você examinar a rapidez com que contraiu novas dívidas: o fato de você ter passado, por exemplo, de um comprometimento de renda de 10 por cento para um de 20 por cento, pode ser uma indicação para os credores de que sua dívida poderia ultrapassar os 20 por cento com a mesma velocidade.

Um comprometimento de renda entre 20 e 35 por cento ainda é considerado aceitável para os padrões de muitos bancos e financeiras, embora a maioria o considere elevado. Tomando como base apenas sua dívida, é pouco provável que um pedido de empréstimo seu seja recusado. Por outro lado, uma emergência financeira inesperada poderá descontrolar completamente seu orçamento. Comece a reduzir sua dívida agora, para que ela não exceda a marca dos 36 por cento.

Como já mencionado, as instituições de crédito imobiliário e os planejadores financeiros consideram um comprometimento de renda igual ou superior a 36 por cento excessivamente elevado. Embora você ainda possa se qualificar para novos cartões de crédito, instituições de crédito imobiliário e outras empresas de crédito de grande porte provavelmente não lhe concederão empréstimos. Um nível de dívida tão elevada é muito mais dispendioso porque uma proporção maior de sua renda automaticamente será absorvida pelos juros que você estará pagando.

Elabore um orçamento e descubra como fazer cortes

A planilha do comprometimento de renda lhe terá proporcionado uma imagem bastante precisa de sua situação financeira. Você sabe qual é seu ativo e qual é seu passivo, e analisou como sua renda e sua dívida estão relacionadas. Agora que já sabe como seu dinheiro está desaparecendo a cada mês, você saberá com precisão se estava gastando além dos recursos de que dispõe. Partindo dessa informação, você agora precisa fazer uma projeção no futuro para criar um orçamento que funcione para você.

Encare o orçamento como um amigo

O orçamento é um documento que lhe confere controle sobre as finanças de um modo que lhe permite decidir o que é mais e o que é menos importante para você. O orçamento é um plano muito pessoal; provavelmente ninguém que você conhece tem exatamente as mesmas prioridades que você. Depois de elaborar o orçamento, você será capaz de responder às perguntas que fez a si mesmo no passado, mas que nunca conseguiu responder de forma conclusiva, como estas:

- Quanto estou gastando para cobrir as dívidas (juros e principal)?
- Tenho dinheiro suficiente para cobrir o pagamento de mais de uma dívida?
- Qual é minha maior dívida?

- Que dívida posso liquidar primeiro?
- Quanto tempo levarei para liquidar toda a minha dívida no ritmo que estou pagando agora?

Elaborar um orçamento por escrito executa várias tarefas para você. Comunica suas prioridades de forma clara. O processo de elaboração de um orçamento o motivará a assumir o comando de sua vida financeira. À medida que o ano for passando, você se sentirá no controle do dinheiro porque saberá se está gastando mais ou menos do que esperava. No final do mês, você poderá avaliar como se saiu, com base em informações precisas, o que tornará o orçamento do mês seguinte ainda melhor.

Embora eu esteja ciente de que sua situação gira em torno de um débito na casa de muitos milhares de dólares, e não de centenas, ainda assim, cada centavo conta até que você esteja livre de seus compromissos financeiros. As pessoas sempre me dizem que eliminaram tudo que podiam, e freqüentemente esquecem estratégias para economizar, pequenas porém importantes, que ajudam:

- Participar de uma cooperativa de alimentos ou clubes de alimentos por atacado.
- Deixar de comprar muitas peças novas para o guarda-roupa a cada estação. Complemente as roupas do ano anterior acrescentando pequenas peças (como uma nova blusa a um preço razoável), mas não compre casacos, ternos ou conjuntos novos.
- Se você vai e volta do trabalho de carro, compartilhe o trajeto com um colega e divida o custo. Você economizará na gasolina e no desgaste do carro.
- Economize nas refeições que faz no trabalho, levando quase todo o almoço de casa. Compre apenas uma bebida, mas fique longe das sobremesas, bolinhos e salgadinhos das máquinas automáticas ou das lanchonetes do prédio, bem como das bebidas à base de café, que custam mais do que uma xícara de chá. Com essas medidas, você deverá conseguir economizar mais de cinco dólares por dia, o que equivale a 25 dólares por semana que você poderá incluir no pagamento de uma conta.
- Elimine as despesas com o trabalho não-reembolsadas. Reduza a quantidade de livros ou assinaturas de revistas relacionados a seu trabalho, e não as renove. Só compre suprimentos, ferramentas, agendas de mesa, progra-

mas de software ou objetos para decorar a mesa de trabalho caso venha a ser reembolsado. Você pode economizar algumas centenas de dólares por ano eliminando essas despesas não-essenciais.

Ajude a si mesmo saltando por cima da maior armadilha das dívidas: pague sempre **mais** do que o pagamento mínimo dos seus cartões de crédito

Suponha que você tenha visto uma televisão de tela grande na oferta por 1.000 e fez a compra no cartão de crédito. Todos os meses você decide pagar o valor mínimo da fatura, mas quatro meses depois você percebe que o saldo devedor praticamente não se modificou com seus pagamentos. E se eu lhe disser que, se você continuar a pagar a quantia mínima, uma televisão de 1.000 irá no final custar 3.500? Isso equivale a três vezes e meia o que ela custaria a uma pessoa que tivesse pago a vista ou com um cartão como o American Express, no qual você é obrigado a pagar o valor integral no vencimento da fatura.

Os pagamentos mínimos são criadores de débito de enormes proporções e podem representar a ruína de muitas pessoas. As multas por atraso de pagamento podem variar, nos Estados Unidos, entre 29 e 49 dólares, e as taxas por exceder o limite do cartão, cujo valor é mais ou menos o mesmo que o das multas, podem neutralizar seu pagamento mínimo, além de manter o débito além do limite. Este é um ciclo de débito que as empresas de cartão de crédito ajudam a criar. Cabe a você romper o ciclo por si mesmo.

Para ter uma idéia melhor de como os valores se comportam para outros encargos, examine a próxima tabela. Ela mostra quanto lhe custará efetuar apenas o pagamento mínimo. Nos Estados Unidos, isso representa geralmente, a cada mês, 3 por cento do saldo devedor para diferentes valores do principal, ao longo de períodos distintos, a taxas de juros de 12, 18 e 21 por cento ao ano. Algumas empresas que concedem empréstimos chegam a cobrar, nos Estados Unidos, taxas de juros entre 24 e 30 por cento ao ano, o que aumenta muito o saldo devedor.[1]

Tenha em mente que não há taxas ou encargos adicionais incluídos nos valores da tabela.

---

[1] No Brasil, os valores crescem muito mais rapidamente devido aos juros muito elevados; principalmente nos cartões de crédito, cujas taxas são de aproximadamente 7% a 10% ao mês. (*N. do R. T.*)

O valor mínimo que o emitente do cartão de crédito exige que você pague a cada mês baseia-se em um percentual de seu saldo devedor. Alguns emitentes de cartões de crédito reduziram os pagamentos mínimos nos últimos anos para estimular os portadores dos cartões a pagar em dia, bem como para prolongar o período no qual o emitente pode cobrar juros. No entanto, muitos portadores de cartões não têm idéia das efetivas conseqüências financeiras de efetuar apenas o pagamento mínimo exigido.

Pelo menos um político americano, o senador de Connecticut Christopher Dodd, pensa no consumidor. Está tentando modificar a maneira como os encargos aparecem nas faturas, transformando em lei a obrigação de as empresas de cartão de crédito divulgarem *quanto tempo a pessoa levaria para quitar o saldo devedor* se pagasse apenas o valor mínimo da fatura. Lembre-se de que, quanto maior o saldo devedor, mais tempo você levará para quitá-lo. Alguns saldos devedores de valor muito elevado poderiam levar de vinte a trinta anos para serem pagos a taxas de juros cada vez mais altas e não controladas pelo governo. Até agora, o projeto de lei do senador Dodd não avançou muito no Senado e é pouco provável que um dia venha a ser aprovado graças à forte oposição das empresas de cartões de crédito.

Você precisa entender os efeitos negativos da capitalização dos juros. Se efetuar o pagamento mínimo em um cartão de crédito, você estará apenas se mantendo na superfície, em vez de estar saldando parte da dívida. Com a capitalização dos juros, e o pagamento mínimo exigido, se a taxa de juros for muito elevada, o pagamento mínimo mal chega a tocar no principal. Lembre-se de que o fato de você efetuar apenas o pagamento mínimo pode mais do que triplicar o custo original por causa dos juros pagos ao longo do tempo. No entanto, a cada 100 dólares que você abate do saldo devedor no cartão de crédito, você está economizando 150 dólares no custo dos juros. É o melhor investimento que existe: um retorno garantido de 18 por cento, sem riscos e livre de impostos se você estiver pagando 18 por cento ao ano de juros ao cartão de crédito. Pagar o máximo que você puder acima do mínimo o ajudará a liquidar a dívida muito mais rápido do que você possa imaginar.

CUSTO DE EFETUAR APENAS O PAGAMENTO MÍNIMO

Principal	12%	18%	21%
$ 1.000,00	$1.357,48 (6 anos e 3 meses)	$1.683,52 (7 anos e 8 meses)	$1.928,26 (8 anos e 8 meses)
2.000,00	$2.850,13 (9 anos e 1 mês)	$3.654,47 (11 anos e 4 meses)	$4.271,89 (13 anos e 1 mês)
3.000,00	$4.342,70 (10 anos e 9 meses)	$5.625,32 (13 anos e 6 meses)	$6.615,46 (15 anos e 8 meses)
4.000,00	$5.835,30 (11 anos e 11 meses)	$7.596,17 (15 anos e 1 mês)	$8.959,10 (17 anos e 6 meses)
5.000,00	$7.327,95 (12 anos e 10 meses)	$9.567,05 (16 anos e 3 meses)	$11.302,64 (18 anos e 11 meses)
6.000,00	$8.820.53 (13 anos e 6 meses)	$11.537,95 (17 anos e 3 meses)	$13.646,05 (20 anos e 0 meses)
7.000,00	$10.313,18 (14 anos e 3 meses)	$13.508,75 (18 anos e 1 mês)	$15.989,73 (21 anos e 0 meses)
8.000,00	$11.805,75 (14 anos e 8 meses)	$15.479,68 (18 anos e 9 meses)	$18.333,35 (21 anos e 10 meses)
9.000,00	$13.298,38 (15 anos e 2 meses)	$17.450,53 (19 anos e 5 meses)	$20.676,85 (22 anos e 7 meses)
10.000,00	$14.790,95 (15 anos e 7 meses)	$19.421,51 (19 anos e 11 meses)	$23.020,47 (23 anos e 3 meses)
11.000,00	$16.283,56 (16 anos e 0 meses)	$21.392,29 (20 anos e 6 meses)	$25.363,94 (23 anos e 11 meses)
12.000,00	$17.776,22 (16 anos e 4 meses)	$23.363,20 (20 anos e 11 meses)	$27.707,62 (24 anos e 5 meses)
13.000,00	$19.268,82 (16 anos e 8 meses)	$25.334,04 (21 anos e 4 meses)	$30.051,18 (24 anos e 11 meses)
14.000,00	$20.761,43 (17 anos e 0 meses)	$27.304,94 (21 anos e 9 meses)	$32.394,68 (25 anos e 5 meses)
15.000,00	$22.254,05 (17 anos e 3 meses)	$29.275,75 (22 anos e 1 mês)	$34.734,36 (25 anos e 10 meses)
16.000,00	$23.746,66 (17 anos e 6 meses)	$31.246,70 (22 anos e 6 meses)	$37.081,89 (26 anos e 3 meses)
17.000,00	$25.23 9,22 (17 anos e 9 meses)	$33.217,46 (22 anos e 9 meses)	$39,425,56 (26 anos e 8 meses)
18.000,00	$26.731,87 (18 anos e 0 meses)	$35.188,47 (23 anos e 1 mês)	$41.768,85 (27 anos e 0 meses)
19.000,00	$28.224,44 (18 anos e 3 meses)	$37.159,24 (23 anos e 5 meses)	$44.112,53 (27 anos e 4 meses)

Dica de sobrevivência: caso você tenha de enfrentar os cobradores

Conheci um homem em um seminário que me contou que havia perdido o emprego e estava vivendo com uma pensão de 900 dólares por mês. Ele se mudara para um trailer e tivera de consertar o teto devido a um incêndio que se seguiu a danos causados por uma tempestade. Ele fez compras no valor de 1.500 dólares em um estabelecimento, pagou com o cartão de crédito da loja e executou pessoalmente o conserto. Ele atrasara alguns meses o pagamentos das faturas do cartão e estava procurando um emprego em tempo parcial para poder pagar a dívida. A crise chegou quando ele celebrava o Dia de Ação de Graças no trailer com a família do filho: o jantar foi interrompido pela equipe do setor de cobrança da empresa, que telefonou para ele dez vezes. "Eu me senti humilhado", confessou-me o homem. "O que eu poderia dizer à minha família, que não sabia que as coisas estavam tão ruins para o meu lado? O que eu poderia dizer ao cara que estava me ligando? Que eu simplesmente não tinha o dinheiro?"

Se os credores designarem setores da empresa ou escritórios de cobrança para o seu caso, mesmo assim, nos Estados Unidos, você tem certos direitos de acordo com o Fair Debt Collection Practices Act Federal, administrado pela Federal Trade Commission (FTC).[1] Eis alguns dos pontos que você deve saber:

- As pessoas do setor de cobrança não podem ser agressivas, fraudulentas ou injustas, não podem ameaçá-lo com violência, dizer palavrões, obrigá-lo a aceitar ligações a cobrar ou anunciar publicamente sua dívida para tentar humilhá-lo e fazer com que você pague a dívida.
- As pessoas do setor de cobrança não podem recolher nenhuma quantia superior a sua dívida, a não ser quando amparados pela lei; não podem depositar antecipadamente um cheque pré-datado, nem obrigá-lo a pagar telegramas.
- O setor ou o escritório de cobrança precisa enviar para você um aviso por escrito informando-lhe quanto deve, a quem deve e o que deve fazer caso não concorde com o valor da dívida.

---

[1] No Brasil, o Código do Consumidor e leis financeiras específicas dão informações importantes sobre seus direitos. A ajuda de advogados especializados no Código do Consumidor também seria útil. (*N. do R.T.*)

- As pessoas do setor de cobrança não podem falsamente dar a entender que são advogados ou representantes do governo, insinuar que você cometeu um crime ou deturpar a quantia que você deve.
- As pessoas do setor de cobrança não podem fornecer a ninguém informações falsas a seu respeito, não podem enviar para você nada que se pareça com um documento oficial de um tribunal ou departamento do governo quando isso não for verdade, nem usar um nome falso.
- Se você enviar em trinta dias uma carta para o setor ou para a empresa de cobrança declarando que não é responsável pela dívida em questão, eles só poderão entrar novamente em contato com você se lhe enviarem pelo correio uma prova da dívida, como, por exemplo, uma cópia da fatura que permanece em aberto.

Embora essa lei teoricamente o proteja dos cobradores insistentes, ela não perdoa suas dívidas. Meu conselho é que você procure a ajuda de especialistas. Ser intimidado por credores não o ajuda, mas evitar a questão também não. Procure uma organização bem conceituada voltada à redução do débito se você não conseguir descobrir sozinho como pagar seus credores. Depois que você conseguir sair do vermelho, com ou sem a ajuda de um consultor de crédito, finalmente poderá se sentir em paz e viver alegremente. E quando isso acontecer, seja ainda mais bondoso consigo mesmo: tome medidas para modificar seus hábitos de gastos e de crédito, de maneira a viver dentro de suas possibilidades.

Procure ajuda! Entre em contato com um consultor de redução do débito

Com mais de 3 milhões de consumidores em planos de administração de dívida, e especialistas prevendo que esse número crescerá e será de 8 a 10 milhões, você não está sozinho. No entanto, algumas pessoas se preocupam tanto com a consultoria de redução de dívida quanto com a própria dívida.

Anteriormente, narrei a história de Bob e Jane, que tinham medo de procurar um consultor de crédito para organizar suas dívidas. A principal preocupação de Bob era que esse passo fosse representar uma marca negativa no histórico de seu crédito. Nem sempre isso acontece. A Fair Isaac Corporation, empresa que compila a pontuação do FICO, afirma oficialmente que inscrever-se em um programa de administração de dívida (DMP) em uma empresa de consultoria de crédito é um evento neutro, ou seja, não ajuda nem prejudica o crédito da pessoa propriamente dito. (A pontuação "Fico"[1], um acrônimo para a Fair Isaac Corporation, que a criou, define os critérios do que entra na avaliação do crédito da pessoa.) Nos Estados Unidos, alguns credores poderão considerar o fato de você usar o DMP como um passo positivo para sair do vermelho, enquanto outros poderão encará-lo como seu último recurso antes de pedir falência, o que prejudicaria então suas chances de conseguir um empréstimo.

Nos Estados Unidos, o Consumer Credit Counseling Services (CCCS) é um grupo de âmbito nacional com cerca de duzentas sucursais regionais, em que alguns devedores podem procurar ajuda inicialmente. Eles lhe pedem para preencher um formulário descrevendo sua situação financeira, que você pode enviar pelo correio ou por e-mail. Depois que o encaminham a uma das sucursais, você telefona para marcar uma entrevista. Nela, o consultor de dívida avalia sua situação financeira para determinar se o melhor para você seria inscrever-se em um programa de administração de dívidas que possa ajudá-lo a pagá-las.

Se você chegar à conclusão de que esse é o melhor caminho a seguir, a agência do CCCS encaminhará uma proposta a seus credores perguntando-lhes se concordam em reduzir as taxas de juros caso você se inscreva no DMP. Na maioria dos casos, o pedido é aceito. Você passará então a fazer os pagamentos à agência de consultoria de crédito, e não aos credores, já que a agência efetuará os pagamentos para você. A consulta é confidencial, e o fato de você ter procurado a agência só aparecerá em sua ficha de crédito se você se inscrever no programa de administração do débito.

Outra opção é a Debt Relief Solutions, que recebe entre dez e vinte mil telefonemas por mês de pessoas que estão enfrentando algum tipo de crise financeira. Depois de uma avaliação completa do orçamento e da renda, verifica-se que cerca de 10 a 15 por cento das pessoas precisam de um plano de administração de dívidas. Esse plano possibilita que elas quitem suas dívidas ao longo de um período mais razoável. A agência de consultoria de crédito encerra contas, consegue taxas de juros mais baixas do que o devedor obteria se agisse por conta própria (conseguindo reduzi-las para um percentual entre

---

[1]No Brasil, as instituições financeiras de crédito utilizam alguns modelos de avaliação de crédito como os modelos de escores, conhecidos como Credit Scores com inclusão do perfil dos clientes. O Banco Central do Brasil utiliza seu Sistema de Informações de Crédito. (*N. do R.T.*)

3 e 10 por cento), e o devedor efetua um único pagamento mensal para a agência. Eles cobram a taxa inicial autorizada pelo estado em que atuam, que varia normalmente entre 50 e 75 dólares, e cobram um pequeno percentual dos pagamentos mensais subseqüentes para administrar sua conta. Ao contrário da maioria das agências do CCCS, as do Debt Relief Solutions oferecem uma garantia de noventa dias para o caso de você ter problemas com relação à maneira como sua conta estiver sendo tratada.

A maior parte dos outros 85 por cento de americanos que entram em contato com a Debt Relief Solutions são capazes de administrar sozinhos um plano depois que calculam as despesas que têm de ser cortadas. Em geral, de 3 a 5 por cento das pessoas que entram em contato com a organização se encontram em uma situação crítica demais para que possam receber ajuda ou ajudar a si mesmas. Para elas, a falência é a única opção. Mas essa opção também é aceitável. É a ferramenta adequada para permitir que as pessoas recomecem, caso necessário.

Depois de fazer um trabalho bem-sucedido com milhões de clientes que conseguiram sair do vermelho, fiz perguntas a Chris Viale sobre os benefícios de procurar ajuda por intermédio de um programa de redução de dívida. Eis o que ele respondeu: "Muitas das pessoas que ajudamos a sair do vermelho conseguem posteriormente manter-se no rumo certo e não se endividar de novo. Além disso, o mito é que a consultoria de crédito representa um golpe contra as pessoas, semelhante à falência, de modo que elas temem ser rotuladas de caloteiras pelo resto da vida. Este não é o caso. Se você efetuar seus pagamentos em dia durante um ano, é considerado reabilitado aos olhos do mundo financeiro, que certamente estará pronto a conceder-lhe empréstimos novamente. Creio que o mais importante é o sonho da casa própria. Sessenta por cento das pessoas que nos procuram têm o veemente desejo de um dia ser donos de sua casa. Nós as tiramos do vermelho e as fazemos entender como podem começar a economizar e fazer um plano para serem os felizes proprietários de uma casa."

Esta é uma boa notícia: nos Estados Unidos, se você conseguir manter os pagamentos em dia durante um ano, poderá recuperar o crédito na praça.[1] Os dois maiores órgãos do governo norte-americano que supervisionam os financiamentos das hipotecas residenciais afirmam que se você permanecer em um

---

[1] No Brasil, o crédito, de modo geral, também poderá retornar após as dívidas terem sido quitadas e o devedor tiver seu nome removido dos cadastros de inadimplentes. (*N. do R.T.*)

plano de administração do débito durante pelo menos 12 meses, os credores não podem usar esse fato contra você.

Chegando ao extremo: quando sua próxima opção é pedir falência

Nos Estados Unidos quando você acumula muitas dívidas, tem um número excessivo de credores o perseguindo para receber dinheiro e você não vê saída alguma, talvez seja melhor pensar em pedir falência[1]; decisão que não deve ser tomada levianamente. Esse fato constará de seu histórico de crédito de sete a dez anos, e prejudicará sua capacidade de conseguir financiamentos no futuro. Possíveis empregadores ou proprietários de imóveis também poderão saber que você pediu falência ao examinar seu histórico de crédito e recusar-se a lhe dar o emprego ou alugar um apartamento para você. *A falência freqüentemente não é o recomeço feliz que muitas pessoas acham que é.* A lei federal de falência aprovada em 2005, nos Estados Unidos, tornou muito mais difícil e mais dispendioso dar entrada no pedido de falência para livrar-se dos credores e obter o recomeço que você poderia desejar.

No entanto, *existem* vantagens, mas também existem mitos e conceitos equivocados a respeito do significado da falência. Conversei com Lewis Siegel, um advogado especializado em falências com escritório em Nova York, a respeito dessas questões. "Correm boatos de que as pessoas pedem falência para passar a perna nos credores", ele me disse. "Não vou dizer que isso não aconteça, mas representa um pequeno percentual das pessoas que praticamente não têm mais nada e por isso estão tentando dar entrada no pedido de falência. Quando as pessoas procuram um advogado especializado em falências, elas já dilapidaram suas poupanças, pensões e fundos de aposentadoria; estão endividadas e completamente desorientadas. Estão em geral usando o cartão de um banco para pagar outro."

Existem também conceitos equivocados a respeito da desgraça futura. O estigma relacionado com o pedido de falência mudou nos últimos vinte ou trinta anos. Durante um longo tempo, a falência significava que os credores não se mostrariam dispostos a emprestar-lhe dinheiro. Essa atitude passou por certa modificação. A falência permanece registrada em seu histórico de crédito de sete a dez anos, e durante esse período os bancos de primeira linha não lhe

---
[1] No Brasil, existe a insolvência civil. (*N. do R.T.*)

concederão crédito. No entanto, financeiras menores freqüentemente disponibilizam o crédito dois anos após a falência, se você estiver ganhando um bom salário e fortalecendo seu crédito de outras maneiras. Você também pode restabelecer seu crédito usando cartões de crédito pré-pagos, nos quais você deposita certa quantia, como 500 dólares, para obter uma linha de crédito de 500. Depois de pagar sistematicamente suas faturas durante 12 ou 18 meses, em geral pode obter um cartão de crédito regular com o mesmo emitente.

Qual a vantagem de pedir falência? Basicamente, as pessoas estão em busca da quitação das dívidas, o que significa que a dívida deixa de ser executável, ou elas reestruturam a dívida e a pagam em condições diferenciadas ou ao longo de um período distinto do que havia sido originalmente contratado. No U.S. Bankruptcy Code [Código de Falência dos Estados Unidos], o Capítulo 7 e o Capítulo 13 são os modelos básicos para os consumidores. As diferenças são as seguintes:

O Capítulo 7 é um procedimento de liquidação. Nele, você renuncia a seus ativos não-intocáveis em prol de um síndico de massa falida; existem diferenças, de estado para estado, com relação ao que é intocável ou não, de modo que você deve verificar essa parte com um advogado da área. Na maioria dos estados, mas não em todos, as pessoas podem ficar com a roupa, a mobília e alguns outros artigos. Os dados estatísticos são aproximados, mas, segundo Lewis Siegel me disse, "eu diria que provavelmente de 85 a 90 por cento dos casos enquadram-se no Capítulo 7. Entre 85 a 90 por cento *desses últimos* são casos em que não há ativos, ou seja, a pessoa não desiste de nada porque não possui nada que valha a pena o síndico administrar". Desse modo, em troca de você ter aberto mão de seus ativos não-intocáveis, o síndico pode vendê-los e dividir o dinheiro entre seus credores. No final, basicamente todas as suas dívidas são perdoadas.

Algumas dívidas não são perdoáveis, como os impostos devidos à Receita Federal. No caso do Capítulo 13, você não precisa desistir de seus ativos não-intocáveis. Em vez disso, você efetua pagamentos a um síndico durante um período de pelo menos três anos e um máximo de cinco anos. O Capítulo 13 funciona se você precisar reestruturar o financiamento de sua casa ou do carro, ou se possuir alguns ativos não-intocáveis que realmente deseja conservar, como o piano da família. No caso do Capítulo 13, você pode pagar o valor do ativo ao longo de um período.

O que acontece depois da falência, se você tiver perdido tudo? Eis o que Siegel diz a respeito dos aspectos positivos: "Em geral, você não precisará mais se preocupar com as pessoas que lhe telefonam e poderá se concentrar em seu trabalho em vez de se preocupar em como pagará os credores. Você será capaz de trabalhar melhor sem cartões de crédito e aprender a viver com seus recursos. Você poderá recomeçar sua vida." E os aspectos negativos? Será difícil conseguir cartões de crédito durante algum tempo, e se conseguir, pagará taxas ou tarifas mais elevadas, ou terá de dar uma entrada maior se estiver pedindo um financiamento para um carro ou uma casa.

Se você conseguir evitar a falência reestruturando o próprio orçamento, ótimo. Mas, se você reduziu as despesas de todas as maneiras possíveis e imagináveis e, mesmo assim, ainda deve uma quantia monumental, a falência talvez seja uma das maneiras pelas quais você conseguirá se reerguer. Converse com seu advogado, que é quem melhor pode julgar a situação.

Quero terminar com o que todos os especialistas financeiros mais gostam de ver em seus clientes: o bom crédito. Você pode sair do vermelho e se restabelecer. Acontece todos os dias. Tenha fé. Como ocorre com qualquer objetivo, você tem de desmembrá-lo em pequenos componentes para que seja administrável. Obtenha ajuda confiável. Tenha respeito por si mesmo e pelo dinheiro que você ganhou arduamente!

Finalmente: pontos que devem ser lembrados aos Endividados

Enfrente seus demônios: se seu problema é gastar para se sentir melhor ou para se esquecer temporariamente de um problema que ainda estará presente amanhã, lide com ele. Saiba por que está se endividando.

Aprenda a controlar seus gastos. Antes de comprar alguma coisa, pergunte-se: "Como posso usar melhor esse dinheiro ou parte dele?" O objetivo é mudar seu modo de pensar para aumentar o capital, e não para ampliar suas despesas e exaurir seus recursos!

Obtenha ajuda e elabore um plano para pagar suas dívidas. Perca o medo de procurar uma consultoria de crédito para organizá-las.

Interrompa os efeitos negativos da capitalização de juros sobre sua vida e seu dinheiro. Pague sempre mais do que o mínimo do cartão de crédito, caso contrário você estará apenas se mantendo à tona, em vez de estar reduzindo a dívida.

Quando você finalmente enxergar o fim de suas dívidas e aprender a viver dentro de suas possibilidades, sua vida mudará para melhor! Com o tempo, ficará mais fácil economizar e investir, em vez de fazer compras e gastar.

Capítulo 6

Os Comodistas

Você sente orgulho da maneira como vem gerenciando seu dinheiro até agora?

Você é capaz de se recuperar de um erro que cometeu com o dinheiro no passado, como um mau investimento, perceber o que saiu errado e não permitir que ele o impeça de investir no futuro?

Você acha que o futuro cuidará de si mesmo?

Um homem se aproximou de mim em um seminário que apresentei sobre como se sentir em segurança enquanto administra seu dinheiro e disse: "Eis a minha idéia de segurança. Tudo fica bem se eu não fizer bobagem!" Esse homem de Cleveland, de 45 anos, prosseguiu explicando que, como tinha dinheiro suficiente, seu negócio estava indo bem, ele não tinha dívidas, não estava sendo processado, tinha um bom seguro de vida e se sentia seguro. Mas, em seguida, acrescentou: "Não havia pensado muito sobre aposentadoria até ouvir você mencioná-la. Talvez aí se despeça minha idéia de 'segurança'!" Pensei com meus botões que acabara de ter um clássico encontro com um Perfil Financeiro Comodista!

Você é capaz de economizar demais ou ser cauteloso demais com relação aos investimentos? Os Avestruzes podem deixar a administração financeira para os outros e se sentir inseguros a respeito de como responder, e os Endividados poderão dizer não e desejar finalmente que estivessem na posição de economizar demais. Mas, se você é um Comodista, é provável que se identifique com esse homem e entenda o que ele estava querendo dizer: você é uma pessoa ao mesmo tempo atenta e acomodada. Por um lado, você está no controle de sua renda e de suas despesas, e acredita que tem todos os aspectos dos assuntos financeiro analisados. Você tem sido atento e se sente seguro. Por outro lado, você pode ouvir ou ler a respeito de um aspecto da imagem financeira de outra pessoa e se dar conta de que não estava tão atento quanto julgava estar. Você foi acomodado demais!

Existe também um subgrupo dos Comodistas chamado Otimistas que levam essa sensação de segurança para um plano diferente. Se você é mais um Otimista, pode ser acomodado às vezes, mas é movido pela filosofia de que a segurança é uma realidade admissível, e uma situação financeira que você merece. No todo, seu perfil é interessante e repleto de potencial.

O Comodista revelado

Seu Perfil Financeiro equivale à pessoa financeiramente mais estável; na condição de Comodista, você é ao mesmo tempo conservador e bem-sucedido. Os Comodistas estão em uma posição melhor do que muitos outros perfis e não têm grandes problemas, mas algumas mudanças financeiras podem fazer uma enorme diferença em seu futuro. Quando não há nenhuma crise financeira, sei que a condição vigente torna-se mais atraente para você do que a mudança, mas *ficar quieto e ter uma perspectiva limitada a respeito do dinheiro é, na verdade, mais arriscado* do que você possa acreditar. Em breve, explicarei por quê.

Embora você tenha o próprio dinamismo, por ser um Comodista, pode se valer de um pequeno empurrão e muita inspiração para se envolver mais ativamente na administração de seu dinheiro e no aumento de seu patrimônio líquido. Vamos então examinar essa coisa chamada situação vigente: eu sei que os Comodistas a adoram e que trabalham de modo vigilante para mantê-la, mas a vida não é tão previsível e estática quanto você gostaria que fosse, e o que você não preparou para hoje pode ser prejudicial para suas finanças no futuro próximo. Pense em como o dinheiro o afeta quando surgem emergências financeiras.

Ou quando casamentos se despedaçam. Ou o fundo de pensão de sua empresa quebra. A situação vigente que você achava que era o caminho para a satisfação pode estourar em uma estrada rochosa cheia de buracos. Hoje você pode se descrever como estando em uma situação "confortável", mas amanhã poderá estar vivendo perigosamente *por não ter feito um planejamento financeiro suficiente e por não ter colocado em prática os seus planos.*

Sempre que converso com um Otimista, o desdobramento do Comodista, fico impressionado com sua convicção dominante de que nada pode dar errado porque, no final, ele obterá o que é seu por direito, o que ele merece. A maioria dos Otimistas faz parte da geração dos chamados "baby boomers", nascidos durante o período de alta natalidade que teve lugar depois da Segunda Guerra Mundial, entre o meado da década de 1940 e o início da de 1950. Outra geração de Otimistas que compartilham esse estilo foi a que nasceu nas décadas de 1960 e 1970. Você pode ser mais velho ou mais novo do que o típico Comodista/Otimista, mas compartilha a filosofia que o dinheiro virá e que tudo terminará bem.

Os Otimistas mais velhos cresceram em um período de surpreendente mudança e crescimento nos Estados Unidos. Sua geração foi a primeira a atingir a maioridade em uma prosperidade econômica predominante. Os Otimistas mais jovens cresceram na era da tecnologia, e muitos de vocês, como Bill Gates, as dot.com e as feras da Internet mais bem-sucedidas, literalmente mudaram o mundo. Independentemente da idade, os Otimistas têm muito em comum entre si por meio das linhas das gerações: os dois tipos foram criados em períodos de crescimento econômico nos quais raramente havia, quando havia, dificuldades financeiras em casa. Mais tarde, quando você ingressou no mundo do trabalho, esperava que a sensação de "ter sem questionar" continuasse. É compreensível que os Otimistas tendam a se sentir à vontade assumindo riscos maiores do que os Comodistas.

Os Comodistas, mais do que os Otimistas, concentram-se em se sentir protegidos e seguros, ou seja, em chegar a um lugar e fazer o possível para permanecer lá. De modo geral, é isso que você quer dizer com esses termos. Para você, *protegido* indica segurança no emprego e a capacidade de manter funcionando uma estrutura financeira estável, mas não necessariamente uma renda muito elevada. Suas dívidas estão sob controle, e sua hipoteca está provavelmente quitada ou é suficientemente baixa para ser manejável. O dinheiro que você tem no banco poderá cobrir grande parte de suas despesas pelo menos durante um ano. Geralmente, você está à frente das suas responsabilidades. Você está preparado para algumas eventualidades, ou seja, tem seguro-saúde e seguro de vida, um fundo de pensão ou plano de aposentadoria que está crescendo e alguns investimentos. A única preocupação financeira que às vezes aflige os Comodistas provavelmente é elaborar um orçamento para pagar a faculdade dos filhos.

Desse modo, você se sente protegido, vivendo tranqüilo e acomodado, certo de que, se quiser investir mais ou verificar os melhores planos de aposentadoria ou de financiamento da faculdade, dará um jeito.

Se você se descreve como *seguro*, você se esforça para permanecer em um *continuum* que sustente a segurança. Cada escolha que faz tem a finalidade de mantê-lo em segurança. Assim, por exemplo, você terá um ativo maior em dinheiro do que teria um Otimista que se sentisse protegido. Você provavelmente tem mais propriedade e títulos que requerem sua atenção, e uma calculadora. Quando está se sentindo seguro, você tem um dinheiro guardado que poderá ampará-lo durante um período ruim ou em uma crise de saúde que dure de 12 a 24 meses. Se você possui uma casa, ela está toda, ou quase toda, paga, e você está bem adiantado no caminho de construir um confortável pé-de-meia para o futuro. Você tem algum espaço para se divertir, por assim dizer, sem ter de se preocupar com o preço dos ingressos. Pode viajar, comprar entradas para o futebol ou para a ópera, realizar pequenos projetos de conserto na casa e recuperar-se rapidamente dos gastos. Quando soma seus ativos, o total que encontra o faz sentir-se seguro, tanto econômica quanto psicologicamente.

Quase todos os Comodistas param por aqui ou esperam chegar aqui. Entretanto, quero estimulá-lo a fazer com que seu dinheiro continue a gerar lucro para você! Os resultados lhe proporcionarão uma sensação maior de conforto.

Se você é um Otimista, talvez faça *algum* planejamento financeiro, mas de modo geral vive como se a vida vá ser sempre boa, protegida *e* segura, e não questiona esse fato. Se uma adversidade tem lugar, você tem a convicção de que, se esperar com calma, as coisas voltarão a ser como eram. No entanto, seu otimismo pode se basear mais em um pensamento fantasioso do que na realidade.

Os pontos fortes do Comodista

Em sua melhor forma, você é organizado, responsável e concentrado na estabilidade. Como você é vigilante em relação às suas finanças, tende a estar bem informado a respeito do dinheiro em geral e das tendências do mercado. Seu perfil é bastante propenso a ler sobre dinheiro e o que está acontecendo no mundo; você certamente costuma examinar as colunas financeiras das revistas ou dos jornais, e se interessa por livros que abordam assuntos financeiros. Os Comodistas gostam de estar bem informados. Na verdade, alguns de vocês sentem-se inspirados a aventurar-se em negócios próprios e mostram-se mais dispostos a correr riscos do que a maioria das pessoas de seu Perfil Financeiro. Mas, mesmo quando faz isso, você ainda tem um comportamento conservador, sempre agarrando-se à inclinação de preferir a estabilidade à ousadia.

Você está mais propenso a ter uma cobertura de seguro adequada e a ter feito algum planejamento para a aposentadoria. Os Comodistas são trabalhadores esforçados e não esperam que sua renda cresça por mágica. São sagazes e perspicazes. Por ser bastante moderado, você desenvolve um sentimento inteligente de proporção, estabelece bons relacionamentos profissionais e faz o que for preciso para continuar a se sentir em segurança. Quase todos os seus assuntos financeiros estão organizados, o que o deixa orgulhoso.

Em sua melhor forma, os Otimistas têm uma boa auto-estima e realizam muitas coisas com a perspectiva confiante de que a prosperidade e a sorte estarão em seu caminho. Você está disposto a correr riscos financeiros e a buscar novas oportunidades tanto para criar quanto para investir, particularmente em empresas que sua geração praticamente inventou, ou seja, os negócios na Internet e as dot.coms. Você pode ser um inovador bem-sucedido, sempre procurando um futuro melhor e novas maneiras de ganhar dinheiro.

Os pontos fracos do Comodista

Os Comodistas gostam de me dizer que não existe um lado negativo quando vivemos com cautela e não tomamos medidas drásticas que possam ameaçar esse modo de viver. Gosto de replicar: "Não é bem assim!" Estou acostumado a ver um grande número de Comodistas que não fazem o bastante por si mesmos. Concordo com o fato de que você está se saindo bem, mas adotar uma atitude de acomodação – sua principal fraqueza – poderá se revelar um golpe contra si mesmo.

Os Comodistas ficam muito satisfeitos em apenas seguir a corrente. Os Comodistas excessivamente conservadores podem não ter consciência desse fato, mas alguns podem ficar congelados no tempo, certos de que seus investimentos continuarão a pagar os mesmos juros e dividendos, deixando de dar atenção ao efeito da inflação sobre o dinheiro e não aproveitando oportunidades para melhorar ou aumentar seus investimentos. Enquanto continua a trabalhar e tomar conta de seus negócios como sempre, você está desenvolvendo um efeito colateral: a falta de visão. Nesse caso, você não consegue enxergar além dos limites financeiros que tão cuidadosamente construiu, e se concentra, sem pestanejar, no que está diretamente à sua frente.

Os Comodistas têm receio das mudanças, especialmente quando a situação vigente parece muito boa. Conheci Comodistas que recusaram empregos mais bem remunerados, por temerem que uma mudança na carreira prejudicasse o que eles têm. Se seu lema financeiro é "Devagar e sempre", ele pode se transformar em "A estagnação bloqueia seu caminho" – cujo efeito é contrário ao desejado. Embora você pense que está fazendo o que é certo e melhor, pode, na verdade, estar criando reveses financeiros.

Os Otimistas são menos conservadores. Você raramente acredita que o mundo lhe passará a perna e tomará seu dinheiro; mais exatamente, você está convicto de que o mundo *inevitavelmente* proverá sua subsistência. Embora tenha freqüentemente alcançado a prosperidade por meio do próprio esforço, há o risco de que você sinta que tem direito a ela de modo exagerado, considerando que "merece tudo". Infelizmente, essa atitude de merecimento não o prepara suficientemente para os reveses financeiros e você não tem uma rede de segurança forte o bastante no caso de uma tendência financeira decrescente. Quando você parte do princípio de que o dinheiro sempre existirá, acaba despreparado para as pequenas mudanças ou crises. Você pode não se mostrar disposto a ajustar seu estilo de vida ou hábitos de dispêndio quando se vê diante de adversidades financeiras, o que o faz correr um risco ainda maior. Alguns Otimistas ficam aprisionados na dinâmica do pensamento positivo. É quase como se eles tivessem medo de que não pensar de modo positivo equivalesse a um deslize moral e a uma traição de seus valores.

Embora eu respeite os dois tipos de Comodistas pela capacidade de permanecer estáveis e seguros, quero que você seja bem mais próspero. Você pode conseguir isso com uma visão um pouco mais ampla e se arriscando um pouco mais. Logo você verá como.

Vou apresentá-lo a alguns Comodistas cujo estilo de gerenciamento do dinheiro e objetivos na vida podem ser semelhantes aos seus.

"Socorro! Estou empacada e não consigo ir nem para frente nem para trás!"

Aos 44 anos, Nancy, divorciada, mãe de dois filhos e residente em Houston, parece estar com a vida ganha. Trabalha na Small Business Administration[1] há 26 anos, tendo galgado os níveis hierárquicos. Daqui a seis anos, terá direito a uma aposentadoria bastante prematura e será jovem o bastante, aos 50 anos, para realizar seu sonho: abrir um restaurante. Nancy sempre conheceu a segurança financeira, e está preocupada em abalá-la caso venha a abrir um negócio próprio.

Nancy e os três irmãos mais novos foram criados em um lar tradicional de classe média na Virgínia, no qual a estabilidade e a submissão eram os valores dominantes. Essa ideologia sempre pareceu correta para Nancy, e ela nunca teve a inclinação de se rebelar enquanto crescia. Seus pais nunca tiveram problemas financeiros, e ela não conseguia se imaginar vivendo de outra maneira. Sua família tendia a viver com parcimônia, contando centavos e depositando no banco o que era possível. Eles, em geral, eram próximos, protegiam-se mutuamente e preocupavam-se uns com os outros.

Nancy considera que o pai, oficial de carreira do exército, influenciou sua escolha profissional: o funcionalismo público. Foi uma carreira que Nancy começou a seguir, feliz, aos 18 anos, logo que concluiu o ensino médio, enquanto

---

[1] A SBA é um órgão independente do governo dos Estados Unidos que opera na vigência do Small Business Act [Lei das Pequenas Empresas], de 1953, e cuja missão é "manter e fortalecer a economia do país, aconselhando, auxiliando e protegendo os interesses das pequenas empresas, e ajudando as empresas e as famílias a se recuperarem de reveses econômicos e de outros problemas." (*N. da T.*)

freqüentava a faculdade de administração à noite. A carreira no serviço público fazia sentido para Nancy, que raciocinou que não teria de se preocupar com as ondas das mudanças empresariais ou com as más gestões, nem com a possibilidade de sua função ser terceirizada no exterior e ela perder o emprego. "Sou grata a meu pai por ter empurrado a mim e meus irmãos para seguir esse caminho", ela me disse. "Pode ser conservador, mas, como resultado, nós quatro não temos problemas de dinheiro."

Nesse ínterim, Nancy se casou com um oficial do Exército de carreira e teve duas filhas. O casamento terminou em divórcio, e Nancy empenhou-se em sustentar as filhas e a si mesma da melhor maneira possível. Inteligente e determinada a ter sucesso, rapidamente ascendeu nos níveis hierárquicos do órgão do governo em que trabalhava, indo parar em uma posição de supervisão importante.

Enquanto suas filhas se tornavam adolescentes, Nancy permaneceu no emprego, que ela apreciava por causa da segurança que lhe proporcionava. No entanto, não gostava da previsibilidade do que fazia. Mesmo assim, continuou lá, reconhecendo que teve preguiça de fazer o que achava que realmente queria fazer: ser dona de uma lanchonete, ou melhor, de um restaurante. Ela gostava de culinária, da criatividade de compor um cardápio e da atmosfera cordial desses lugares – bem diferente de trabalhar o dia inteiro em uma repartição burocrática. Nancy também era uma pessoa decidida, e gostava da disciplina necessária para administrar lucrativamente um restaurante. Ela até tivera um segundo emprego, durante cinco anos, trabalhando em regime de tempo parcial nos dois tipos de estabelecimentos. Na verdade, Nancy deixou os empregos convencida de que seria capaz de administrar com mais sucesso um restaurante do que os proprietários dos estabelecimentos para quem trabalhou. No entanto, como declarou Nancy, ela morre de medo de "se colocar nessa categoria de risco". Apesar de sua procrastinação e dos receios, Nancy ainda se sente fascinada pela idéia de ter o próprio negócio.

Quando conversei com Nancy, ela disse que se considera responsável, mas acrescentou, hesitando por um momento antes de prosseguir: "Sinto-me constrangida por dizer isso, mas talvez eu não tenha feito o suficiente para o caso de uma emergência." Em vez disso, explicou, ela "segue a corrente" com os investimentos existentes, e não aproveita as oportunidades de investimento de que ouve falar. Se ocorresse uma crise, comentou Nancy, ela teria de recorrer a seus investimentos ou pedir ajuda ao pai. E existe ainda a tentação que lhe parece muito fora de alcance: o fascínio de uma segunda carreira na qual ela tenha um negócio próprio.

Ela dispõe de recursos para fazer a mudança? Como sua pensão pagará suas contas sem que ela precise se preocupar com isso, Nancy acha que, aos 50 anos, estará jovem o bastante para começar outra carreira. Nancy afirma, contudo, que a indecisão a está deixando morta de preocupação. O que ela está realmente sentindo é uma crise de confiança a respeito de sair de um órgão burocrático e ingressar no setor privado. Parte dela deseja ter um pequeno negócio. "Sou capaz de preparar um plano de negócios fabuloso durante o sono", declara. "Sou extremamente talentosa e habilidosa. Se você me der uma bagunça, consigo arrumá-la sem dificuldade. Não estou preocupada com minha competência no que faço. Mas não estou certa se não deveria continuar a fazer o que meus pais fazem, ou seja, evitar os riscos e nunca olhar para trás. Sinto que estou me saindo bem com o que tenho neste momento, mas quero mais. Eu me aflijo por achar que estou perto demais da aposentadoria para efetuar quaisquer mudanças, mesmo aquelas que poderiam melhorar significativamente minha situação financeira."

INSTANTÂNEO FINANCEIRO DE NANCY

Nancy se destaca no emprego, tem uma vida estável e faz escolhas cuidadosas para viver dentro de suas possibilidades. Eis como é sua imagem monetária:

- Ela ganha 95 mil dólares por ano, inclusive bonificações, em uma função gerencial.
- Tem uma hipoteca fixa de trinta anos em sua nova casa, menor, no valor de 178 mil dólares, adquirida depois que suas filhas foram para a faculdade.
- Um de seus dois carros está totalmente pago, e ela tem seguro da casa, dos carros e de vida, bem como uma conta com corretagem em um fundo mútuo. "Gosto de analisar superficialmente os investimentos", diz ela.
- Sua conta de poupança é modesta, e seu débito no cartão de crédito, gerado por grandes compras que ela fez relacionadas com a mudança para a nova casa, é de cerca de 12 mil dólares. Seguindo meu conselho (em uma correspondência anterior que trocamos), Nancy transferiu o saldo do cartão para cartões que cobram juros menores, reduzindo assim seu débito.
- Por ser funcionária pública, seu plano de pensão na aposentadoria está garantido. Ela também tem um plano do tipo 401(k).

Quando lhe perguntei quais eram suas metas nos seis meses seguintes, Nancy me disse que sua prioridade é que as filhas terminem a faculdade. Com a formatura das meninas e a aposentadoria bem próxima, ela pode estar seguindo a corrente, mas acrescenta: "Tenho de enfrentar meu futuro, e logo! Vou ou não ter meu próprio negócio?" Finalmente, prometeu a si mesma que faria mais pesquisas relacionadas com a propriedade de um restaurante. Abrir um negócio é algo relativamente arriscado, mas também significa correr certos riscos pessoais e realmente pôr à prova suas habilidades comerciais.

Nancy está claramente mais interessada em manter a situação vigente do que em seguir adiante com sua vida, que sempre transcorreu de um modo tranqüilo ao longo de um *continuum* financeiramente seguro. Esse histórico pessoal tende a criar um conflito compreensível para a personalidade Comodista quando é introduzida a idéia da mudança, mesmo que seja ela própria que a esteja aventando. Seu sonho de ter o próprio negócio é sincero, ou ela está adulando a si mesma ao afirmar que poderia "se sair melhor" do que os donos dos estabelecimentos nos quais trabalhou? Ela labutou a vida inteira para manter fixa sua idéia de segurança, mas o novo e o desconhecido ainda são um pouco ameaçadores. Mas pelo menos ela ainda está sonhando.

Martin pertence a uma classe diferente de Comodista, que também está emperrado e precisa de um verdadeiro estímulo — além de autoconfiança. Eis o motivo:

"Minha obstinação ganhou a corrida!"

Nancy teria se beneficiado se tivesse conhecido Martin, pois seria encorajada a ser uma empresária. Martin é um homem interessante. Ele me lembra um pouco o Batalhador, mas está convencido de que a realização é uma coisa boa, em vez de alardear o que o sucesso compra. Você deve se lembrar de que os Batalhadores gostam de se certificar de que os outros sabem o quanto são bem-sucedidos; isso faz parte do impulso da realização. Martin é uma versão moderada da mentalidade do Batalhador, que não é uma classe rara, em trajes de Otimista. Ele é exatamente igual às outras pessoas de seu Perfil Financeiro, no sentido de que trabalha ativamente para manter, acima de tudo, sua segurança. No entanto, ele é diferente de seus congêneres Otimistas no sentido de que persegue mais agressivamente a realização, acreditando, de modo positivo, que tem o futuro sob controle.

Quando conheci Martin em uma convenção de negócios, ele me disse que estava vivendo seu sonho. Eu sempre gosto de ouvir esse tipo de declaração, mas também detectei algo mais em seu tom de voz: um vestígio de dúvida. Eu me perguntei o que seria e fiz a pergunta a ele em um telefonema posterior. Martin me disse que um antigo problema estava novamente o incomodando: a rivalidade com os irmãos. Eis o que aconteceu a esse Otimista:

Martin, um empresário do Sul da Califórnia, é hoje um homem de 39 anos que venceu pelo próprio esforço sendo bem-sucedido no ramo de importação. Ele acredita que seu aguçado know-how financeiro lhe permitirá conservar o confortável estilo de vida ao qual está acostumado. De certo modo, ele também acredita que ser o próprio patrão o inspira a continuar a ser bem-sucedido.

INSTANTÂNEO FINANCEIRO DE MARTIN

"Neste momento, estou vivendo aquém de minhas possibilidades", admitiu Martin, ao mesmo tempo em que rapidamente reconheceu: "Mas é claro que também vivo muito bem." Ele me disse que seus rendimentos são mais elevados do que suas despesas e que poderia "facilmente arcar com responsabilidades maiores e melhores". Martin é casado e tem três filhos, e forneceu, sem constrangimento algum, a seguinte visão global de suas finanças:

- Seu patrimônio líquido é de 750 mil dólares.
- Ele está construindo a casa dos seus sonhos em um lago.
- Está prestes a comprar um terreno de 26 hectares.
- Quando eu trouxe à baila o assunto dos investimentos, ele me disse que era conservador, porém não adverso a correr alguns riscos.

Martin atribui seu impulso empreendedor aos pais, que foram voluntários do Peace Corps no espírito idealista dos anos 1960. Quando os dois anos de serviço acabaram, eles se mudaram para o Arizona, onde o pai de Martin começou um negócio comercializando embarcações em escala global. O negócio proporcionava à família um estilo de vida confortável em uma casa espaçosa de três quartos. Martin, o mais novo, era considerado o atleta da família, o aluno que tirava notas baixas e que tinha personalidade e energia. Seus irmãos eram excelentes alunos, que continuaram a estudar e se formaram em administração de empresas.

Martin cresceu sentindo que nunca estaria à altura do potencial de sucesso dos irmãos e que sempre ficaria atrás deles. Ainda assim, apesar, ou por causa do sentimento de que não era tão competente quanto os irmãos, Martin se esforçou para ser melhor. Ele tinha uma chama interior para ser bem-sucedido, e não se permitia pensar que não poderia conseguir o que queria. Ele estava, disse, "pensando de modo positivo". E esse pensamento deu certo. Quando Martin formou-se na faculdade, para surpresa de todos, decidiu seguir os passos do pai. Estava determinado a ser um empresário de sucesso e posteriormente administrar o próprio negócio.

Nos cinco anos seguintes, Martin trabalhou em duas empresas de importação-exportação, viajando muito e aprendendo o necessário antes de começar a atuar por conta própria. Nesse ínterim, observou seus irmãos aceitarem empregos nas empresas e começarem a subir na carreira, passo a passo. Martin nunca teve vontade de trabalhar em uma empresa e ficar à mercê da cultura empresarial ou viver com medo de tornar-se profissionalmente desnecessário. Em vez disso, sentiu-se motivado por um impulso que ele chama de "a essência de ser um empreendedor". Ele quis dizer que, ao trabalhar para si mesmo, cabia a ele ganhar ou perder prosperidade. Depois de uma breve sociedade com o pai, Martin começou o próprio negócio, voltando-se para o mercado de sua geração, a Ásia, que estava prosperando. Aos 30 anos, Martin estava certo que fizera a escolha profissional correta. Não apenas se saíra bem, como acabara ganhando mais do que os irmãos.

Hoje, ele afirma que está livre de preocupações no que diz respeito ao planejamento financeiro e quanto a se prevenir para os anos em que a maioria das pessoas se aposenta. "Não pretendo me aposentar", confessou. "Gosto de ser produtivo, quero continuar ativo, criando coisas." Suas aspirações permanecem elevadas, diz Martin, mas ele é impulsionado pelo sucesso, e não pela acumulação da riqueza ou, acrescenta, pelo status que o dinheiro pode dar.

Eu me perguntei se sua falta de preocupação com um possível problema econômico seria um sinal do excesso de confiança da maneira de agir do Otimista, ou sucesso juvenil. Ou se ele se remetia ao medo de perder a corrida e chegar depois dos irmãos à reta de chegada. Martin se expressa com um orgulho empreendedor que não disfarça certa sensação de superioridade com relação aos irmãos, os quais, no fim das contas, estão perfeitamente felizes trabalhando no mundo empresarial americano. "Não invejo o sucesso de meus irmãos", disse Martin, "mas, na condição de filho que ninguém esperava que alcançasse o sucesso que alcancei, sinto que enganei todo mundo. Neste momento, espero não estar mais competindo com meus irmãos. O que faço com minha vida e a maneira como administro meu dinheiro é assunto meu, e não tem nada a ver com eles".

Martin era decididamente um Otimista muito *seguro*, tinha um negócio próprio, dependia totalmente do próprio julgamento e de um mercado interessado. Suas idéias de investir em si mesmo e no terreno anteriormente mencionado no instantâneo financeiro eram realistas, levando-se em conta a vulnerabilidade da economia a mudanças repentinas? Perguntei a Martin se não gostaria de investir uma parte de seu dinheiro em ações de primeira linha, que são produtos essencialmente conservadores, embora rendam bons ganhos a longo prazo. Martin repeliu essas sugestões, apoiando-se, em vez disso, em sua função de empreendedor como o seu elemento básico. Em sua visão de Otimista, ele pode continuar a ganhar dinheiro, lançar novos produtos, sejam eles quais forem, e manter a situação vigente. Considerando suas preferências pessoais, o céu é o limite.

Nancy e Martin podem estar em diferentes faixas tributárias, mas ambos estão emperrados em um dilema emocional a respeito do dinheiro. Nancy mantém seus sonhos a distância, receosa de abalar sua segurança caso venha a se tornar empresária. Martin é alimentado pela necessidade de ser bem-sucedido e receia perder o que tem se investir em qualquer coisa ou pessoa que não seja ele mesmo. Ele também está relativamente preso à convicção de que pensar de modo positivo a respeito de um empreendimento financeiro pode ajudar a torná-lo realidade. Entretanto, tanto Nancy quanto Martin evitam mais as mudanças do que estão dispostos a admitir.

> **COMO NÃO FICAR SEM RECURSOS NA APOSENTADORIA**
>
> Eis alguns pontos sobre os quais você deve refletir para não ficar sem dinheiro na aposentadoria:
> - De acordo com Andrew Huddart, CEO da mPower.com, que oferece consultoria on-line sobre aposentadoria, a maioria das pessoas precisa ter uma renda equivalente a 70 por cento de seus vencimentos no final do período de atividade para poder se aposentar e manter o estilo de vida atual.
> - Se você depositar apenas 10 por cento de seu salário em um plano como o 401 (k), poderá ficar sem dinheiro aos 70 anos.
> - De acordo com o Employee Benefit Research Institute, a pessoa típica na casa dos 60 anos tem um saldo no plano 401 (k) de 105.822 mil dólares.
> - Você talvez tenha de guardar mais dinheiro ou trabalhar por mais tempo antes de se aposentar.

Nem tudo está perdido para esses dois Comodistas – tampouco para você, caso sinta que se relaciona intimamente com os principais problemas deles. Eis algumas medidas que o colocarão no caminho de libertar-se do lugar no qual está preso agora.

Realizando mudanças: o caminho emocional

Quando penso em Nancy e Martin, vejo pessoas trabalhadoras procurando ter uma vida de qualidade. No entanto, vejo também pessoas que estão um pouco oprimidas por ter de fazer grandes escolhas. Nunca é fácil afastar-se de uma situação confortável – com a tendência em direção à *segurança* sendo tanto o princípio norteador, quanto a paixão da personalidade Comodista-Otimista –, mas nessas ocasiões é necessário correr alguns riscos.

Como poderiam Nancy, Martin, ou você, caso você seja um Comodista clássico, sacudir seu mundo apenas o suficiente para aumentar seus ativos e favorecer o futuro financeiro? Primeiro, os Comodistas ajudam melhor a si mesmos abandonando qualquer comportamento financeiro que transmita acomodação. Você está se agarrando demais ao que sabe a respeito de poupar e investir, sem ousar ultrapassar seus limites habituais? Ou, como Martin, você acha que é um lobo solitário e busca apenas o próprio conselho financeiro limitante – e, como muitos Otimistas, acha que o dinheiro sempre estará presente ou chegará no momento certo?

Por que mudar a maneira como você pensa a respeito do dinheiro se tudo parece certo?

Não gosto de dizer isso de um modo tão direto, mas exigências repentinas com relação a seu dinheiro poderão desencadear o *medo*, o medo de deixar de pagar uma conta importante. Pense no seguinte: se um dos pagamentos do primeiro ano de faculdade de seu filho adolescente está para vencer e você não tem o dinheiro para pagar, ou se não teve o suficiente para dar o sinal na casa dos seus sonhos, bem, você não pode estar mais se sentindo bem ou acomodado. Nesse caso, o medo, ou certamente a preocupação efetiva, pode ser um motivador melhor para estimulá-lo a pensar em ficar em melhor forma financeira.

Existem muitas maneiras de reduzir a acomodação *e* transformar seu "fator de medo" por meio de uma ousadia financeira.

Você faria um enorme favor a si mesmo caso se mostrasse disposto a dar alguns passos para fora da zona de segurança e realizasse um pouco mais! Como? Vou começar com a difícil questão de Nancy: uma identificação excessiva com os valores dos pais, sentindo-se ao mesmo tempo em conflito porque deseja para si mesma algo diferente do que eles têm. Talvez essa seja em parte também sua história. É preciso mudar a maneira de pensar, mas é realmente possível abrir caminho através desse tipo de dilema emocional. A situação se desenvolve da seguinte maneira:

Seu futuro não tem de reproduzir o passado de ninguém!

Nancy é uma mulher que compartilha com facilidade e tranqüilidade uma característica dominante de seus pais ultraconservadores: o impulso em direção à submissão e à segurança. Na verdade, quando seu pai se aposentou do Exército e sua mãe, da profissão de professora, ambos foram trabalhar no serviço público, ainda inseguros com relação a exercer alguma atividade no setor privado.

Embora, no fundo, Nancy possa estar dizendo: "Eu sou quem eles são, e eles são quem eu sou", sua mente racional insiste em transmitir uma mensagem mais ousada a respeito de usar o dinheiro de modo mais criativo do que a história de sua família afirma ser possível. Ela ouve a si mesma dizendo: "Eu sou quem eles são, mas *também sou eu mesma*. É aceitável que eu tome uma decisão conveniente para mim, com cujas conseqüências sou capaz de lidar de modo competente. Não estou traindo meus pais se tentar algo novo." Essa idéia está criando um conflito para Nancy. E se você quiser ousar ser diferente e ter mais, ao mesmo tempo em que se agarra à segurança? Você pode estar dizendo algo semelhante a si mesmo, como: "Minha família sempre administrou o dinheiro *dessa* maneira e não *daquela*. Somos conservadores. Será que tenho coragem de correr o risco?"

Você compartilha a forte inclinação de Nancy de se ater à situação vigente? Se esse for o caso, isso provavelmente é um reflexo de como seus pais criaram os filhos sem qualquer problema financeiro, e ao mesmo tempo cuidaram de si mesmos na velhice. É possível que seus pais tenham sido muito cautelosos e nunca tenham corrido risco algum. E agora, como Nancy, você provavelmente se identifica de tal maneira com os valores de seus pais que se sente impelido a seguir o exemplo deles. Mas a situação toda é mais profunda.

Os Comodistas como Nancy estão compreensivelmente preocupados a respeito de criar uma vida mais satisfatória para si mesmos do que aquela que seus pais tiveram. Correr riscos e assumir uma posição, o que significa que você precisa desafiar as tradições da família, é difícil para você. No entanto, a verdade é que nem você nem Nancy conseguirão o que querem se derem seguimento à atitude hesitante da família com relação a dinheiro. Os psicólogos dizem que, quando somos criados em uma família extremamente fixada no excesso de disciplina e que não corre riscos em nenhuma área, nosso comportamento poderá refletir o medo deles de não ter nada. Você pode não ter sido criado em um lar com problemas de dinheiro, pode não estar passando por dificuldades financeiras agora, mas não consegue descobrir como poderá viver melhor e progredir porque está acostumado a avançar por meio de passos cuidadosos e minúsculos. A mudança está a caminho.

Experimente a seguinte mudança em seu modo de pensar:

A boa notícia é que você pode mudar sua história familiar *seguindo a própria orientação, sem comprometer sua segurança* para realizar melhoras. Em vez de seguir cegamente o código de comportamento de seu pai, de sua mãe ou de algum outro parente, entenda que você não precisa reproduzir a idéia de ninguém a respeito do que deve fazer com seu dinheiro. Em vez disso, você pode realizar algumas pequenas mudanças que podem aproximá-lo do que *você* quer, e não do que outras pessoas desejam para você, ou do que você acredita que deve fazer para agradar os outros, e ainda assim se sentir seguro.

Uma das maneiras de começar a assumir seu perfil financeiro é examinar seus talentos e paixões, e decidir se os está usando da maneira mais vantajosa. Tomemos Nancy como exemplo. Qual o futuro proprietário de um pequeno negócio que não precisa dos conselhos e do know-how de um escritor qualificado que lhe diga que pode elaborar planos de negócios "durante o sono"? Eu poderia facilmente ver Nancy aplicando sua habilidade em negócios do setor privado e ganhando uma renda adicional. No entanto, pessoas como Nancy, compreensivelmente, têm medo do desconhecido.

A não ser que você tente alguma coisa, não saberá o que pode ou não pode fazer. Mas, se tem o desejo de criar uma vida mais satisfatória para si mesmo do que a de seus pais, você precisa tornar o desconhecido *conhecido*. Somente você pode efetuar essa mudança. Mantenha suas redes de segurança financeira, e dê um passo em direção à mudança. Você não vai querer pular de zero para 60 quilômetros, por assim dizer, mas acelerar devagar. Em vez de dar um salto para realizar um grande sonho, desenvolva sua confiança começando aos poucos. Você nem mesmo precisa contar a ninguém de sua família qual é seu plano. Fale somente com pessoas que sejam solidárias a você, e não acredite que vá converter aquelas que são "do contra".

Desse modo, voltemos a Nancy como um exemplo para você. Nancy é incapaz de dar o salto em direção a ser dona de um restaurante, o seu sonho, com os fatores complicados envolvidos em ser um sucesso. Ela está emperrada porque consegue ouvir a voz do pai em sua cabeça lembrando-a de que *certamente* perderá dinheiro, e ninguém na família deles perde dinheiro! Em vez disso, ela poderia trabalhar em uma empresa de consultoria. Essa decisão não compromete a renda de sua pensão e possibilita que ela mantenha o salário potencial. Durante os cinco anos seguintes, mais ou menos, ela deverá ser capaz de estruturar vários planos que possam garanti-la contra crises financeiras. (No Caminho Financeiro que se segue, você aprenderá exatamente como fazer isso.)

Acima de tudo, quando você mudar a maneira de pensar, precisará se sentir o mais à vontade possível, ao mesmo tempo em que efetua pequenas mudanças que *não* seguem os passos de seus pais. Não dê atenção ao silêncio perene de sua família: "É melhor fazer as coisas com segurança e não ousar tentar fazer mais." Se você tiver sonhos, dedique-se a eles! Você é uma pessoa única. Se você realmente fosse como seus pais, já teria parado de sonhar há muito tempo.

Não querer superar um pai ou uma mãe muito amado

Psicólogos sugerem que Nancy receia magoar o pai, que ela tanto admira, ao se esforçar em ultrapassar o potencial *dele*. Este não é um conflito emocional fora do comum e provoca culpa em muitos Comodistas (bem como em outros Perfil Financeiro), os quais podem não gostar de conversar a respeito do assunto. Aqui está a mamãe ou o papai que trabalhou tanto e cujos valores você tem como verdadeiros. Aqui está você, em posição de exceder as aspirações e a renda dessa mãe ou desse pai. Algumas Comodistas, por exemplo, uma mulher como Nancy, sempre foram "boas" filhas e "boas" meninas. E, ao mesmo tempo que está indecisa com relação a se aventurar no setor privado, também se sente culpada diante da possibilidade de se destacar mais do que a família. Há uma solução para esse problema no caso de Nancy ou do seu?

A verdade é que existem pais que repreendem os filhos por desejar mais e perseguir uma vida diferente da deles. Eles dizem que se sentem traídos, abandonados ou menosprezados pelos filhos mais bem-sucedidos. Tendem a desestimular seus interesses e defender a idéia de que você deve "seguir a tradição", seja lá o que isso for. Temos então os pais (como os de Nancy) que estão a seu lado a vida inteira e sempre atentos para que você nunca corra riscos financeiros. A devoção que eles têm à segurança parece tão rígida que você receia ameaçar o relacionamento se desejar algo diferente.

Você precisa colocar suas aspirações financeiras de lado para permanecer não apenas uma criança aos olhos de seus pais, mas também uma "boa" criança?

Experimente a seguinte mudança em seu modo de pensar:

Se você ganha ou talvez possa vir a ganhar mais do que seu pai ou sua mãe, que você admira e ama profundamente, não se castigue sentindo-se como se os tivesse traído! Em vez disso, dê tapinhas em suas costas. Seus pais fizeram um bom trabalho enquanto o criaram, passaram-lhe valores e o ensinaram a administrar o dinheiro e a cuidar de si mesmo. Eles o criaram com competência, de modo que você deve agradecer a eles e seguir sozinho seu caminho. Quando você se separa de seus pais, só se torna diferente no aspecto de ser uma pessoa única, porque continua a ser filho deles.

VOCÊ ESTÁ NO CAMINHO CERTO?

Um levantamento realizado pela Roper Public Affairs com 1.500 americanos revelou que poupar para a aposentadoria é de longe a principal meta financeira, porém, ironicamente, a maioria de nós *não sabe o que fazer para alcançar satisfatoriamente essa meta!*

Quando lhes foi perguntado se sabem quanto precisam poupar ou investir para alcançar seus objetivos, pouco menos da metade dos entrevistados que estão economizando para a aposentadoria sabe quanto deveria estar poupando. O mesmo se diz em relação às pessoas que estão economizando para comprar uma casa, e o número fica ainda pior no que diz respeito a outras metas financeiras, como "poupar para um momento de dificuldade", ter o suficiente para fazer uma grande reforma na casa, pagar os estudos dos filhos ou comprar uma segunda casa.

Meu palpite é que o pai de Nancy, por exemplo, se preocupa com o que sempre se preocupou, ou seja, com a segurança inalterada e a insegurança dos negócios arriscados. Meu conselho para Nancy e para você é o seguinte: não desista de suas chances de um maior sucesso financeiro por acreditar que seu dinheiro diminuirá seus pais. Se você tiver êxito, eles devem ficar orgulhosos. Se sentirem um pouco de inveja, seja bondoso e eles acabarão aceitando a situação. Não consigo imaginar pais que não sejam fortes o suficiente para admitir o sucesso financeiro de um filho e lhe desejar sorte!

Espero apenas que você siga o melhor caminho para o sucesso e fique de olho em seu destino.

O dilema do filho predileto: quando o filho considerado o menos provável de vencer na vida se revela um sucesso

Pensei nessa coisa chamada acomodação, tão típica dos Comodistas, e percebi que Martin a estava expressando mais como um Otimista, quando a acomodação se torna mais parecida com convencimento. Martin sentiu que tinha a obrigação de pensar de modo positivo, não apenas a respeito de si mesmo, mas também sobre dinheiro. Para ele, a paz de espírito residia quase inteiramente em saber que estava dirigindo sozinho um negócio de quase 1 milhão de dólares. Ele estava deixando seu dinheiro ser conduzido por suas decisões na empresa e descartando a idéia de investir em outros negócios lucrativos. No entanto, reconhecer que outras pessoas podem saber tanto (ou mais) a respeito de dinheiro quanto ele o fez lembrar o passado. Para ele, ceder ao sentimento de insegurança era equivalente a desistir de si mesmo e aceitar o fracasso.

Seu convencimento tinha seu nome escrito nele. Mas, debaixo de "Martin, o empreendedor", havia as palavras não-escritas que somente ele era capaz de ler: "Eu consegui, mas meus irmãos ainda são mais inteligentes. Sou capaz de continuar a ter sucesso?"

Se você era o filho ou a filha considerado o "que tinha mais probabilidade de *não* vencer na vida", mas acabou se revelando um sucesso, provavelmente cresceu se perguntando se seus pais sabiam alguma coisa a seu respeito que você não sabia. Por que eles o viam na base da montanha? Em uma crise de confiança, você ainda consegue escutar os comentários deles a respeito de você não estar à altura de um de seus irmãos. Mas seu histórico de adulto nos negócios diz que você não é apenas tão competente quanto eles; você é melhor! O que você deve fazer? Você não quer fracassar e, portanto, provar que eles estão certos, mas parte de você (a criança que há em você) poderá desejar fracassar para não continuar a provar que eles estão errados. Pare aqui e dê uma chance a si mesmo.

Vamos voltar a Martin por um minuto. Ele fala com orgulho de suas realizações, mas é nesse ponto que reside a negra ansiedade interior. Seus irmãos ocupam cargos importantes em grandes empresas e, superficialmente, Martin os encara com desprezo, chamando-os de "escravos assalariados".

Ao mesmo tempo em que o sucesso de Martin aumentava, ele ia se tornando um pouco arrogante, transformando-se no especialista versátil em administração financeira, um homem que cuidava sozinho de seu negócio. De certa maneira, observar o que aconteceu com outras pessoas que perderam dinheiro na bolsa era para ele uma espécie de incentivo para o ego. Martin admite que se sentiu superior quando os irmãos perderam muito dinheiro no mercado e pensou: "Como fui esperto por ter ficado fora de todos esses investimentos!" Essa argumentação lhe permite falar a respeito de sua grande realização, ou seja, ter criado um negócio e ser o Sr. Empreendedor da família.

Martin é basicamente adequado, mas precisa parar de competir com os irmãos e, acima de tudo, aceitar a si mesmo. Eu pediria que você levasse em conta esse conselho para si mesmo, caso essa questão ameace debilitar sua estabilidade financeira. De que maneira?

Experimente a seguinte mudança em seu modo de pensar:

Se você é alguém que precisa mostrar a seus irmãos o quanto você é capaz, e com isso está se colocando em uma posição de risco, não está atuando de maneira que vise ao que é melhor para você. Chega um ponto no qual a rivalidade entre irmãos não faz sentido, e a única recompensa que manobrar para conseguir uma posição dentro da família lhe traz é a frustração. Reconheça o que você fez e a distância que percorreu. É aqui que você realmente pode aplicar a inclinação de Otimista para pensar de modo positivo. Pergunte a si mesmo se rejeitou ou atenuou uma recomendação financeira porque iguala a "expertise" aos especialistas que a possuem, ou seja, seus irmãos pós-graduados. Todas as pessoas que querem ajudá-lo não são seus irmãos disfarçados. Se você se saiu bem sozinho até agora, não precisa mais deixar que seus irmãos façam com que você se sinta inseguro.

Se você compreender essa situação, dê um passo atrás e avalie quem você é. Você basicamente moldou suas realizações, apesar de os outros pouco esperarem de você? Sua família tinha a tendência de implicar com você dizendo que não estava à altura do potencial de um irmão? No entanto, você sempre soube que conta com o necessário para ter sucesso? E você conseguiu, apesar da opinião de seus pais ou do suposto potencial de seu irmão (ou irmã)? Bom para você.

Examine, por exemplo, o que Martin está fazendo. Ele está tão determinado a provar que é capaz de ter êxito sem um diploma de administração ou uma consultoria financeira – ambos representam o que seus irmãos têm e fazem – que pode estar avançando em direção a problemas financeiros. Ele coloca praticamente todos os seus ovos em uma única cesta, a dele, e além disso, tem medo de examinar o que, eventualmente, poderia acontecer. Ele se deixa levar, acreditando que as coisas cuidarão de si mesmas e que ele permanecerá em boa forma. Na verdade, ele sabe que seus irmãos, com suas pensões, têm a probabilidade de ser financeiramente seguros. Martin tem medo de olhar para frente, como se, ao fazer isso, ele fosse interromper o movimento que está seguindo.

Às vezes, enquanto age com astúcia e cautela, você evita enxergar a visão mais ampla do que pode acontecer a seu dinheiro por estar emperrado emocionalmente. De um modo ainda mais pertinente à situação, alguns Otimistas transformam na suprema virtude a atitude de pensar de modo positivo a respeito do que têm o poder de fazer. Por essa razão, você se julga fraco, hesitante ou queixoso caso tenha um pensamento negativo a respeito de si mesmo. Na verdade, o que acontece é que você pode desenvolver uma espécie de perspectiva limitada na qual pára de crescer tanto financeira quanto emocionalmente. Em vez disso, procure compreender suas metas, aspirações e qual ênfase você deseja que tenha o seu futuro financeiro. E procure entender também, é claro, o que é menos importante, ou seja, preocupar-se em ser melhor do que seus irmãos.

O interessante a respeito do apego de Martin a pensar de modo positivo é que ele sempre enfrenta a realidade financeira. Aposto como você também age assim. Ao contrário do Avestruz, que prefere se esconder das questões monetárias, o Otimista as enfrenta. Desse modo, pensar de maneira positiva não o transforma em alguém que perambula em um mundo de sonho no qual a bondade e a beleza prevalecem, e onde o dinheiro não é considerado algo importante. Mais exatamente, você considera o pensamento positivo algo excessivamente pessoal, ao mesmo tempo em que ele domina a maneira como você toma decisões. Admita que você pode cometer erros, mas se conscientize deles e do que aconteceu. Deixar de fazer alguma coisa quando é necessário pode conduzi-lo a um verdadeiro desastre.

Fazendo mudanças: o caminho financeiro

Quando observo qual Perfil Financeiro apresenta a maior probabilidade de me procurar para obter consultoria e informações financeiras, sempre fico surpreso ao constatar que os Comodistas-Otimistas, os mais equilibrados do grupo, saem ganhando. Esse fato é significativo. Recebo uma grande quantidade de correspondência repleta de informações detalhadas a respeito de onde o dinheiro dessas pessoas está indo, e praticamente quase todos os comentários refletem um orgulho genuíno por sentir, em geral, que elas tomaram as decisões corretas. Isso é excelente. No entanto, como quase todos os comentários também contêm pedidos de conselhos sobre como melhorar as finanças, quero sacudir um pouco as coisas para você.

Minha meta para você é *mais* segurança e prosperidade, o que só poderá acontecer quando você se arriscar um pouco com os investimentos e/ou, ironicamente, investir em si mesmo. Adiante, vou lhe dizer de que maneira você fará isso. Como seu perfil essencialmente administra bem o dinheiro, você pode efetuar o tipo de mudança que no final compensa. Mas, para fazer qualquer mudança em sua vida, você precisa de uma meta, um plano, e, para realmente seguir em frente, *motivação*. Um objetivo como acumular mais dinheiro para poder desfrutar uma aposentadoria agradável tem um motivador intrínseco: chegar aos 65 anos sabendo que não vai precisar se preocupar com a possibilidade se sentir-se inseguro à medida que for envelhecendo.

Para uma mulher de Detroit que entrou em contato comigo, uma aposentadoria melhor era importante, mas seu coração estava voltado para ganhar dinheiro de modo criativo fora do trabalho assalariado. Ela escreveu o seguinte: "Não quero chegar aos 65 anos sem fazer alguma coisa com o dinheiro além de poupá-lo." Quando essa Comodista finalmente teve a oportunidade de testar sua capacidade de se arriscar pela primeira vez – e finalmente entrar em contato com seu "empreendedor interior" –, a vida mudou de maneira com a qual ela apenas sonhara. Você talvez se veja na história dela e entenda como pode realizar um sonho financeiro que julgava que sempre estaria fora do seu alcance.

Escapando do molde ao mesmo tempo que permanece em boa forma financeira

Quando Amy, uma mulher de 44 anos, divorciada e que cria o filho sozinha, enviou-me um e-mail pela primeira vez, escreveu que, depois do seu divórcio, tornara-se "a rainha da poupança" e que gostaria de expandir seus interesses financeiros.

Como acontece com muitos Comodistas, Amy acreditava que suas poupanças programadas cuidariam de tudo, mas ela sabe que está enganando a si mesma. À primeira vista, o padrão de gerenciamento mensal do dinheiro que Amy seguia parecia sensato.

No entanto, se Amy tem um defeito financeiro, este é o ato de poupar em excesso. Ela não tem dívida alguma, mas sua renda disponível é escassa, especialmente porque é mãe de um filho adolescente.

Ela se parecia demais com muitos Comodistas que trabalham para sustentar certo nível de segurança e depois não avançam mais. Em seguida, surgiu o sentimento de que precisava mudar, mas como? Amy lê avidamente a respeito de dinheiro, finanças pessoais e investimentos. "Adoraria dar palestras para pessoas que têm uma renda pequena ou média", escreveu, "mas não basta falar a respeito de comprar títulos municipais. O dinheiro é a coisa mais estimulante do mundo. As pessoas morrem de medo dele. É claro que ele também me intimida, não há dúvida a esse respeito. Meu sonho é ter um negócio, mas receio perder o que me esforcei tanto para economizar."

INSTANTÂNEO FINANCEIRO DE AMY

- Ganha cerca de 43 mil dólares por ano como supervisora de uma organização sem fins lucrativos.
- Quinze por cento de seu salário semanal vai para um plano 403(b).
- Trezentos dólares por mês são depositados automaticamente em um fundo educativo para o filho.
- Cerca de 150 dólares de cada contracheque destina-se ao pagamento do imposto predial e territorial de sua casa.
- Liquidou em dez anos uma hipoteca de 15, usando os recursos da pensão alimentícia que recebe, para ter a casa totalmente livre de ônus em dois terços do prazo contratado.
- Tem três cartões de crédito que raramente usa.

O destino então distribuiu boas cartas para Amy, e tudo que ela precisou fazer foi pegá-las. Primeiro, seu ex-marido vendeu um terreno no qual seis membros da família haviam investido dez anos antes. A parte de Amy foi de 8 mil dólares. Ela aplicou imediatamente o dinheiro na poupança até poder decidir o que iria fazer com ele a longo prazo. Depois, uma amiga chegada que tivera um bom lucro reformando uma casa em mau estado convidou Amy para fazer uma parceria com ela em outra casa que ela também estava pensando em reformar em uma área promissora. A amiga de Amy contratou um excelente marceneiro e faz-tudo para a primeira casa que também está interessado em participar do negócio da segunda casa.

Amy escreveu que sua reação inicial foi dizer a seus botões que aquilo não era para ela. "Não posso me dar ao luxo de contrair dívidas porque poupo demais", explicou. No entanto, só por curiosidade, deu um pulo na casa com a amiga. Amy pôde ver o potencial do imóvel. Em seguida, leu tudo que pôde a respeito do setor imobiliário e de sociedades. A amiga de Amy lhe dera mais uma semana para decidir se queria participar do negócio entrando com 15 mil dólares. Isso significaria retirar 7 mil dólares da poupança e juntá-los com o dinheiro que recebera inesperadamente do marido por conta da venda do terreno. Ela encerrou o e-mail que me enviou dizendo: "Estou em pânico e sem saber o que fazer. É melhor que eu invista em ações de primeira linha, não é mesmo? Você tem algum conselho para me dar?

Impondo limitações injustas em si mesmo

O que é extremamente interessante a respeito de Amy é que ela tem uma tendência dinâmica que esmagou e que se manifesta somente em sonhos. Embora ela afirme ler *avidamente* a respeito de dinheiro e do que as pessoas fazem para ganhá-lo, captei algo mais na maneira como ela fala sobre si mesma, ou seja, notei que ela também lê sobre o dinheiro de maneira *indireta*. O que quero dizer é que Amy lê a respeito de como fazer o dinheiro crescer e de como os *outros* investem e realizam seus sonhos financeiros. Em seguida, em suas fantasias, ela se coloca no lugar deles e se sente motivada pelas histórias. No entanto, Amy não deu o salto realmente importante, que é parar de pensar em si mesma como alguém que sempre terá limitações de dinheiro e expandir suas expectativas. Precisa acreditar que *pode* avançar para o nível econômico seguinte e ser bem-sucedida.

Existe algo mais em ação nesse caso. Muitas pessoas, entre elas Amy, tendem a equiparar o sucesso financeiro a grandes transações monetárias, ao acesso a uma "rede" secreta cujos membros alcançam uma posição privilegiada nos empreendimentos lucrativos – ou ao sistema simples e seguro que acrescenta e deduz as quantias de suas contas-correntes. A verdade é que todos nós, inclusive Amy, estamos cercados por oportunidades lucrativas por intermédio de pessoas cujo know-how pode ser um manancial valioso desse acesso tão procurado. Se elas estiverem dispostas a compartilhar seu conhecimento e o convidarem a participar de um empreendimento, examine com atenção a proposta. A vizinha de Amy é um acesso a esse tipo de oportunidade.

Está claro para mim que a tarefa de Amy é expandir a visão para si mesma. Em seguida, ela pode aceitar a idéia de que tem direito a mais coisas. Mas, para efetuar qualquer mudança na vida, ela precisa esclarecer e entender onde estava. Como Amy só tinha uma semana para tomar a decisão, não pude tomá-la por ela, mas sugeri que ela respondesse a quatro perguntas. (Hoje, eu sugeriria que ela lesse o Capítulo 2 deste livro e respondesse às perguntas contidas nele. Recomendo que você também responda às perguntas que se seguem.)

1. Sua família lhe disse o que achava que você seria capaz de ganhar ou ter? Você viveu a imagem que *eles* tinham de você, a despeito de si mesmo?
2. Você consegue se imaginar ganhando muito dinheiro sem sentir que está traindo seus princípios ou fazendo alguma coisa errada?
3. O que você quer fazer com sua vida sob o aspecto da capacidade de ganho?
4. Que desculpas você daria a si mesmo para não efetuar mudanças? Escreva-as e depois pense em soluções para superar essas desculpas. (Entender as desculpas que o refreiam lhe confere o poder de combatê-las.)

Amy disparou as respostas para mim, e vou resumi-las para você: o fato de Amy considerar que dinheiro *poupado* equivale a segurança provém de sua criação. Seu pai, dono de uma loja, passou seu medo de perder tudo para as quatro filhas, todas Comodistas ou Esquilos. No entanto, no caso de Amy, a mais velha, o temperamento tentou superar o aprendizado, e ela gostava de ganhar dinheiro tanto quanto temia não conseguir economizar. Esse fato influenciou sua escolha profissional: foi trabalhar no setor de empresas sem fins lucrativos, no qual a luta para financiar uma causa é um modo de vida. Seus colegas de escritório acreditam que trabalhar visando ao lucro ou gostar de dinheiro significam que a pessoa está traindo os seus princípios e perdendo de vista seus valores. (Esta é uma convicção lastimável e incorreta.)

Temos aqui então Amy, uma empreendedora enrustida, cercada de antagonistas. Exceto por sua amiga que sabe que, no fundo, Amy é a parceira no momento certo para reformar e revender casas. E as desculpas de Amy para não ir além do culto da poupança? Amy me disse que, quando examinou suas desculpas, ficou surpresa ao descobrir que tinha uma opinião tão negativa acerca da vida. Comentou o seguinte: "Eu pensava que poupar tinha um significado positivo. Tenho dinheiro. Tenho contas em meu nome, logo existo! Percebo que falo a respeito do dinheiro e da vida em função do *que está faltando* e do *que eu não tenho*. Isso não é maneira de viver. Pensei então: é agora ou nunca. Não foi fácil. Eu estava tremendo de medo, como se estivesse saltando de um avião sem ter certeza se meu pára-quedas iria abrir. Quando faltavam poucas horas para o prazo-limite que minha amiga me dera, liguei para ela e disse: 'Topo entrar no negócio; só não me deixe mudar de idéia.'"

Mais ou menos sete meses depois, Amy enviou-me um e-mail para informar que a casa reformada fora vendida, e que seus 15 mil dólares iniciais haviam se transformado em 20 mil. Foi um aumento significativo com relação aos juros de 2 ou 3 por cento anuais de suas contas de poupança. Esse sucesso a inspirou e estimulou a continuar a sua jornada em direção a ser uma empreendedora por meio de passos positivos e gradativos. Minha sensação é que Amy abrirá caminho através de suas idéias antiquadas a respeito do dinheiro e de suas limitações pessoais, e desfrutará de seu trabalho e os lucros como merece.

Vamos atacar agora os três princípios básicos para você:

Estruturando um futuro livre de preocupações

Se você quiser olhar para o futuro e ver-se livre de preocupações financeiras, terá de se sentar e fazer um planejamento substancial para a aposentadoria. Reserve alguns fins de semana para refletir sobre o assunto. Converse com sua família. Pegue a calculadora ou instale um programa de software, como o Quicken, que o ajudará durante o processo. Pode ser cansativo, mas, quando terminar a planilha, você sentirá uma grande satisfação.

Você terá de fazer algumas projeções realistas do que precisa para o futuro. Quanto mais jovem você for quando começar a planejar a aposentadoria, melhor será sua situação. Na verdade, um levantamento realizado pela Vanguard, a gigante dos fundos mútuos, registrou que *somente um terço* das pessoas está no caminho certo para ter na aposentadoria uma renda equivalente a 70 por cento ou mais do que ganham, *um terço* tem a probabilidade de ter 50 por cento de sua renda atual, e o restante está muito atrás, declarando que não poupa o suficiente para a aposentadoria.

Vou decompor um pouco mais a situação para você.

Planejando com antecedência: quanto você precisa poupar para ter uma aposentadoria livre de preocupações

Os planejadores financeiros habitualmente estimam que as pessoas precisarão na aposentadoria de 60 a 100 por cento do que gastam agora. O quanto você vai precisar depende da exuberância de seus sonhos. Se você for como a maioria dos Comodistas, ou se for um Otimista como Martin, tem uma idéia aproximada de aonde vai seu dinheiro. No entanto, você precisa ser específico. Se você não tem idéia alguma, pegue um caderno e comece a anotar diariamente todas as suas despesas durante algumas semanas. Mantenha um registro das contas mensais, das compras de supermercado, do cinema, de transporte, das idas à pizzaria para buscar comida. Colete informações em seu talão de cheques e nas faturas dos cartões de crédito. Passadas algumas semanas, você será capaz de produzir um valor mensal habitual das despesas.

Para começar, copie e use a Planilha de Orçamento Mensal da página 100 para compreender bem suas necessidades atuais. Você também verá o que tem mais probabilidade de mudar quando se aposentar: seus filhos terão saído de casa e estarão morando sozinhos, e sua hipoteca estará quase ou totalmente paga, embora haja os impostos; por outro lado, você não terá de enfrentar as despesas associadas ao trabalho. Enquanto estiver cortando itens da lista, lembre-se de que haverá novas despesas no horizonte. Você terá tempo para viajar, voltar a estudar, jogar golfe e até mesmo começar um pequeno negócio em casa. Quanto lhe custará sua lista de coisas a fazer?

Agora, para ter uma idéia aproximada de suas despesas na aposentadoria, use a Planilha de Despesas da Aposentadoria que se segue. Essa planilha simples foi formulada para ajustar o nível de despesas de seus anos de trabalho ao nível de despesas dos anos de sua aposentadoria, e incluir uma taxa de inflação a longo prazo de 4,5 por cento ao ano. A poupança recomendada no item 2 inclui todas as poupanças regulares mais as contribuições para as contas de aposentadoria do tipo 401(k) e as contas individuais de aposentadoria (IRAs). Os valores da planilha que servem como exemplo pressupõem uma renda anual de 50 mil dólares, uma poupança anual de 5 mil dólares, um nível de 70 por cento de gastos na aposentadoria e vinte anos antes dela. Incluí também duas outras planilhas, a Planilha de Acumulação do Capital e a Planilha Anual da Poupança para a Aposentadoria, que, juntas, lhe fornecerão uma idéia bem completa de como planejar uma aposentadoria confortável.

PLANILHA DE DESPESAS NA APOSENTADORIA

	Exemplo	Sua situação
1. Renda bruta anual atual	$50.000	————
2. Poupança anual atual	$5.000	————
3. Gastos atuais (subtraia o item 2 do item 1)	$45.000	————
4. Nível de gastos na aposentadoria (entre 60 e 80 por cento, dependendo de suas suposições sobre o estilo de vida)	70%	————
5. Custo de vida anual (em moeda corrente atual) se você se aposentasse agora (multiplique o item 4 pelo item 3)	$31.500	————
6. Fator de inflação 4,55% ao ano (tabela a seguir)	2,4	————
7. Custo de vida anual estimado (em moeda corrente futura) na aposentadoria (multiplique o item 6 pelo item 5)	$75.600	————

Anos que faltam para a aposentadoria	Fator de inflação
40	5,8
35	4,7
30	3,7
25	3
20	2,4
15	1,9
10	1,6
5	1,2

Algumas palavras sobre o fator de inflação: embora, nos Estados Unidos, a inflação tenha estado relativamente sob controle na última década, ela poderá voltar a se manifestar. Você terá de considerar o impacto da inflação nas estimativas do custo de vida e o retorno em seus investimentos durante a aposentadoria. Sua reserva de dinheiro para a aposentadoria poderá cobrir confortavelmente seu estilo de vida se a inflação permanecer moderada, mas tenha consciência do que um aumento repentino da inflação poderia significar. O impacto da inflação aumenta com o tempo, e você precisa levar em consideração não apenas a taxa esperada da inflação, como também outras variáveis, como o número de anos que ainda faltam para você se aposentar e quanto tempo você acha que vai viver depois de se aposentar.

PLANILHA DE ACUMULAÇÃO DO CAPITAL

	Exemplo	Sua situação
1. Custo de vida anual estimado (em moeda corrente futura) na aposentadoria (item 7 da planilha de despesas na aposentadoria)	$75.600	_____
2. Renda anual da pensão	$10.000	_____
3. Renda da pensão ajustada pela inflação (multiplique o item 2 pelo fator de inflação apropriado na Planilha de Despesas da Aposentadoria)	$24.000	_____
4. Benefícios anuais da previdência social	$15.000	_____
5. Previdência social ajustada pela inflação (multiplique o item 4 pelo fator de inflação apropriado)	$36.000	_____
6. Renda da pensão e da previdência social ajustada pela inflação (some os itens 3 e 5)	$60.000	_____
7. Valor pelo qual as despesas excedem a renda da pensão e da Previdência Social (subtraia o item 6 do item 1)	$15.600	_____
8. Capital necessário (multiplique o item 7 por 20)	$312.000	_____

PLANILHA ANUAL DA POUPANÇA PARA A APOSENTADORIA

	Exemplo	Sua situação
1. Capital necessário para financiar a aposentadoria (item 8 da Planilha de Acumulação de Capital)	$312.000	_____
2. Ativos de investimentos atuais (valor de ações, títulos, fundos mútuos etc.)	$30.000	_____
3. Fator de valorização 7,5% (tabela a seguir)	4,2	_____
4. Valorização dos ativos de investimento até a aposentadoria (multiplique o item 2 pelo item 3)	$126.000	_____
5. Outros ativos necessários na idade da aposentadoria (subtraia o item 4 do item 1)	$186.000	_____
6. Fator de poupança para os anos que faltam para a aposentadoria (tabela a seguir)	0,0231	_____
7. Poupança necessária no próximo ano (multiplique o item 5 pelo item 6)	$4.296	_____

Anos que faltam para a aposentadoria	Fator de valorização 7,5%
40	18
35	12,6
30	8,8
25	6,1
20	4,2
15	3
10	2,1
5	1,4

Anos que faltam para a aposentadoria	
40	0,0044
35	0,0065
30	0,0097
25	0,0147
20	0,0231
15	0,0383
10	0,0707
5	0,1722

QUANDO UTILIZAR OS BENEFÍCIOS DA PREVIDÊNCIA SOCIAL

Assim como definir o momento da aposentadoria é uma decisão importante, determinar quando utilizar os benefícios da Previdência Social também o é. As pessoas me perguntam se é inteligente começar a usar os benefícios logo aos 62 anos. Você pode fazer isso, mas é preciso estar ciente das conseqüências financeiras. Se você mexer no dinheiro antes dos 65 anos, seus benefícios são reduzidos em cinco nonos de um por cento para cada mês até você completar a idade plena para a aposentadoria. Assim, se sua idade plena for 65 anos e você pedir para começar a receber os benefícios aos 64, receberá 93 por cento dos benefícios totais. Aos 62 anos, você receberia 80 por cento. Repare, contudo, que a redução será maior no futuro quando a idade plena para a aposentadoria aumentar.

Receber os benefícios antes da idade plena da aposentadoria encerra vantagens e desvantagens:

- O aspecto negativo é que seus benefícios ficam permanentemente reduzidos. Por exemplo, as pessoas que começaram a receber os benefícios aos 62 anos em 2003 terão seus contracheques permanentemente reduzidos em 20,8 por cento.
- O aspecto positivo é que você receberá os benefícios durante um período mais longo. E, se você estiver com problemas de dinheiro, talvez uma de suas únicas opções seja recorrer à Previdência Social.

É uma decisão importante. Entre em contato com a Previdência Social para obter mais informações.

A idade na qual os benefícios integrais são devidos está aumentando em passos graduais de 65 para 67 anos. A tabela seguinte relaciona esses passos:

Idade para receber os benefícios integrais da Previdência Social nos Estados Unidos[1]

Ano de nascimento	Idade plena para a aposentadoria
Até 1937	65 anos
1938	65 anos e 2 meses
1939	65 anos e 4 meses
1940	65 anos e 6 meses

[1] No Brasil, a Tabela do IBGE, Diretório de Pesquisas (DPE), Coordenação de População e Indicadores Sociais (COPIS) apresenta as Expectativas de Sobrevida usadas para a aposentadoria, e a Previdência Social oferece várias informações referentes às condições para aposentadoria, que pode ser obtidas no site www.previdenciasocial.com.br. (*N. do R.T.*)

1941	65 anos e 8 meses
1942	65 anos e 10 meses
1943-54	66 anos
1955	66 anos e 2 meses
1956	66 anos e 4 meses
1957	66 anos e 6 meses
1958	66 anos e 8 meses
1959	66 anos e 10 meses
1960 em diante	67 anos

Fonte: Social Security Administration

Esta é a segunda grande questão monetária que os Comodistas precisam administrar:

Planejando à frente: quanto você precisa economizar para pagar a faculdade de seus filhos

Se está se sentindo oprimido ao pensar no quanto os quatro anos de faculdade para um único filho poderá custar, você não está sozinho. Embora alguns Comodistas comecem a poupar e planejar para essa despesa quando os filhos nascem, a maioria não age assim. Em vez de ficar pensando incessantemente em quanto dinheiro você poderia ter economizado, comece a planejar hoje e não olhe para trás. Tenho algumas idéias que decididamente lhe indicarão como fazer frente, com segurança, às despesas da universidade.

O primeiro passo envolve obter uma idéia aproximada de quanto dinheiro terá de gastar anual, trimestral ou mensalmente. Com essa quantia em mente, você poderá criar um plano de poupança realista com o qual poderá viver. O preço da faculdade não apenas abrange os custos do ensino em horário integral ou parcial, mas pode conter taxas especiais (dependendo da faculdade), livros e suprimentos, e, se a faculdade for distante, alojamento e alimentação.

BENEFÍCIOS ANUAIS APROXIMADOS DA PREVIDÊNCIA SOCIAL, DEPENDENDO DOS RENDIMENTOS DO TRABALHO E DE QUANDO OS BENEFÍCIOS COMEÇAM A SER USUFRUÍDOS NOS ESTADOS UNIDOS

Idade em 2004	Idade em que o benefício tem início	Rendimentos estimados do trabalho em 2003 e benefício na concessão do direito (NRA)							
25	67	Rendimentos em 2003	$5.898	$11.796	$17.693	$23.591	$29.489	$35.387	$87.000
		Valor do benefício anual	7.541	10.740	13.943	17.141	19.513	21.013	25.063
35	67	Rendimentos em 2003	9.778	19.557	29.335	39.113	48.891	58.670	87.000
		Valor do benefício anual	7.541	10.740	13.943	17.141	19.513	21.013	24.890
45	66 e 10 meses	Rendimentos em 2003	11.060	22.120	33.180	44.240	55.299	66.359	87.000
		Valor do benefício anual	7.541	10.740	13.943	17.141	19.513	21.013	24.890
55	66	Rendimentos em 2003	10.443	20.886	31.328	41.771	52.214	62.657	87.000
		Valor do benefício anual	7.541	10.740	13.943	17.141	19.513	21.013	24.512
65	65 e 4 meses	Rendimentos em 2003	6.898	13.796	20.695	27.593	34.491	41.389	87.000
		Valor do benefício anual	7.204	10.268	13.331	16.394	18.587	19.732	21.905

Fonte: Social Security Administration.

Notas:
1. As suposições que servem de base às estimativas dos benefícios contidos na tabela são semelhantes às usadas para o Social Security Statement. Essas estimativas não refletem aumento no custo de vida ou no salário médio e nos níveis de rendimentos do trabalho depois de dezembro de 2003. Entretanto, os rendimentos do trabalho depois de 2003 seguem padrões de rendimentos escalonados à medida que a idade aumenta.
2. São pressupostos padrões de rendimentos do trabalho escalonados a partir da idade de 21 anos para todos os níveis, exceto para a contribuição máxima do trabalhador.* Esses padrões escalonados refletem o nível dos rendimentos relativos por idade experimentados durante o período 1991-2000. Para a contribuição máxima do trabalhador, os rendimentos começam aos 22 anos e supõe-se que sejam iguais à base do benefício e contribuição OASDI* até 2003. (Para 2003, essa quantia era $87.000.)

*Representa os custos de remuneração do trabalhador quando os benefícios máximos mudam. (*N. do R.T.*)
**OASDI é o nome oficial para Previdência Social (Social Security) e significa Old Age Survivors and Disability Insurance. (*N. do R.T.*)

Para ter uma idéia aproximada de quanto a faculdade poderá custar e de quanto você precisa poupar, existem algumas opções. Pode pedir a um planejador financeiro para calcular os valores. Ou então pode usar um dos programas de software disponíveis no mercado ou uma das inúmeras calculadoras de financiamento universitário encontradas em sites afins e fazer o cálculo sozinho. Você também encontrará exercícios semelhantes disponíveis em softwares como o Quicken e o Microsoft Money.

Montei uma planilha como exemplo que irá ajudá-lo a estimar tanto os custos da faculdade quanto a quantia que você precisa poupar (ver página 135). Os lançamentos pressupõem que seu filho tenha 2 anos quando você começar a poupar, que ele ingressará na faculdade aos 18, e que você continuará a poupar durante os anos em que seu filho estiver na universidade. Além disso, a planilha inclui a estimativa de que os custos da faculdade aumentarão 5 por cento ao ano. Também está implícito que seus investimentos rendem 8 por cento por ano após os impostos e que você está na faixa de 31 por cento do Imposto de Renda. Para completar a planilha, você precisa saber o custo anual hoje de uma faculdade que seu filho tenha a possibilidade de vir a freqüentar. A melhor maneira de descobrir isso é telefonando para a escola ou verificando os valores no site correspondente.

Acima de tudo, você verá, ao experimentar várias combinações de fatores na planilha, que, quanto mais cedo começar a poupar, menos você precisará depositar mensal ou anualmente. E o inverso, é claro, também é verdadeiro, ou seja, quanto mais você esperar, mais terá de economizar a cada mês. *Uma regra prática é reservar, com essa finalidade, entre 2 mil e 4 mil dólares por ano se você começar a poupar quando seu filho nascer.* Se você começar a poupar quando ele estiver na segunda ou na terceira série do ensino fundamental, precisará de uma reserva entre 4 mil e 8 mil dólares por ano.

Definindo um plano de poupança para os custos da faculdade

Quando as pessoas me fazem perguntas a respeito da poupança para a faculdade, a primeira coisa que digo a elas é que *poupem sistematicamente*. Examine a próxima tabela, Dinheiro Acumulado com Investimento Mensal, para entender o que estou querendo dizer.

Procure na coluna da esquerda o número de anos que faltam para seu filho ingressar na faculdade. Na linha de cima, você poderá ver como seu dinheiro irá capitalizar com diferentes taxas de retorno depois dos impostos. Se você poupar mais de 100 dólares por mês, multiplique o valor pelo múltiplo apropriado de 100. Por exemplo, se você economizar 400 dólares por mês, multiplique os valores da tabela por quatro. Se você poupar menos de 100 dólares, faça os cálculos que se encaixem em seu perfil de poupança.

Uma opção que pode ajudá-lo a pagar os empréstimos universitários: a hipoteca reversa[1]

Os Comodistas-Otimistas talvez queiram investigar essa opção, caso o pagamento da faculdade ainda seja um problema financeiro crônico. A hipoteca reversa permite que você converta a casa própria em dinheiro sem precisar vendê-la ou abrir mão do direito de propriedade. O fato de seu crédito ser bom ou mau não afeta em nada o empréstimo. A hipoteca reversa é basicamente um empréstimo, e ela pode lhe fornecer os recursos sob a forma de um pagamento único, de uma linha de crédito (o método mais popular) ou de pagamentos fixos pelo resto da vida. Para se candidatar a uma hipoteca reversa, você precisa ter 62 anos ou mais e estar com a casa totalmente paga. O dinheiro que você receber poderá ser usado em qualquer coisa, como liquidar os empréstimos educacionais em vigor de seus filhos adultos, financiar melhoramentos na casa ou pagar despesas médicas. Você pode começar a se ressarcir sem precisar vender seu precioso patrimônio porque, na verdade, o financiador faz os pagamentos a você.[2]

---

[1] Existem vários estudos que analisam a possibilidade da implantação da hipoteca reversa no Brasil, hoje muito popular nos Estados Unidos e na Austrália. (*N. da T.*)

[2] No Brasil, pode-se usar um veículo automotivo para levantar um empréstimo com taxas de juros mais baixas, desde que o veículo já esteja pago. Com relação a imóveis, algumas instituições financeiras aceitam refinanciar um imóvel cujo financiamento ainda está em vigor, isto possibilitaria estender o prazo de financiamento, reduzindo o valor da prestação paga. (*N. do R.T.*)

DINHEIRO ACUMULADO COM O INVESTIMENTO DE 100 DÓLARES POR MÊS
Taxas de Retorno

Número de anos que faltam para a faculdade	5,5%	7%	8%	9%	10%	12%
1	$ 1.236	$ 1.246	$ 1.253	$ 1.260	$ 1.267	$ 1.281
2	2.542	2.583	2.611	2.638	2667	2724
3	3.922	4.016	4.081	4.146	4213	4.351
4	5.380	5.553	5.673	5.795	5921	6.183
5	6.920	7.201	7.397	7.599	7808	8.349
6	8.546	8.968	9.264	9.572	9893	10.576
7	10.265	10.863	11.286	11.730	12.196	13.198
8	12.080	12.895	13.476	14.091	14.740	16.153
9	13.998	15.073	15.848	16.672	17.550	19.482
10	16.024	17.409	18.417	19.497	20.655	23.234
11	18.164	19,914	21.198	22.586	24.085	27.461
12	21.425	22.602	24.211	25.964	27.874	32.225
13	22.814	25.481	27.474	29.660	32.060	37.593
14	25.537	28.569	31.008	33.703	36.684	43.642
15	28.002	31.881	34.835	28.124	41.792	50.458
16	30.818	35.432	38.979	42.961	47.436	58.138
17	33.793	39.240	43.468	48.251	53.670	66.792
18	36.936	48.323	48.329	54.037	60.557	76.544

Quanto mais velho você for, mais dinheiro pode receber com uma hipoteca reversa, mas também existem outras condições que afetam a quantia do empréstimo, como sua participação na propriedade, o valor e a localização do imóvel e as taxas de juros atuais. Muitos Comodistas-Otimistas encontram certo grau de segurança financeira nesse plano, especialmente porque disponibiliza recursos durante os anos da aposentadoria.

Os empréstimos feitos a você só precisam ser pagos quando o último mutuário falecer. Mesmo então, seus herdeiros não são obrigados a vender a casa, podendo optar por pagar o empréstimo utilizando outras fontes e reter o direito de propriedade do imóvel. Entretanto, nenhum pagamento sobre uma hipoteca reversa tem seu vencimento enquanto a casa for a principal residência do tomador do empréstimo.

Três tipos de hipoteca reversa são oferecidos por muitos bancos e instituições financeiras nos Estados Unidos: *de uso específico [single purpose], com garantia do governo federal [federally insured]* e *aquela operada com recursos privados [proprietary].* Em resumo, a hipoteca reversa de uso específico, como diz o nome, destina-se a uma coisa específica, como consertos na casa ou o pagamento de impostos prediais e territoriais, e é a menos dispendiosa das três. O dinheiro recebido por meio de uma hipoteca reversa garantida pelo governo federal, conhecida como HECM (Home Equity Conversion Mortgage – Hipoteca de Conversão de Patrimônio Imobiliário), pode ser usado com qualquer finalidade. Disponíveis em todo o território americano para qualquer proprietário de casa com 62 anos de idade ou mais, esses empréstimos financiados pela FHA (Federal Housing Administration – Administração Habitacional Federal) são mais caros do que os programas de uso específico. As hipotecas reversas operadas com recursos privados são as mais caras e oferecem um grande adiantamento no empréstimo se sua casa valer bem mais do que o valor médio das casas em sua área. Esse tipo de hipoteca reversa é financiado por empresas privadas, e não por órgãos do governo.

Protegendo a si mesmo e seus entes queridos, primeira parte: faça um seguro pessoal!

Talvez tenhamos de puxar os Avestruzes para fora do buraco para torná-los conscientes do que precisam fazer com o dinheiro, mas vocês, Comodistas-Otimistas, *são* um Perfil Financeiro consciente; não obstante, com freqüência, vocês *não* estão suficientemente motivados para fazer a coisa certa. Podem não estar adequadamente preparados para emergências, e pensar: "Minha saúde é boa, nada vai dar errado."

Os Comodistas-Otimistas são vulneráveis a não ter um seguro de vida suficiente. Qual o valor do seguro que você deve fazer? Há uma regra prática bastante útil, porém imprecisa: você deve fazer um seguro cujo valor oscile entre seis e dez vezes sua renda familiar bruta anual. Se você sustenta uma família grande e paga uma hipoteca elevada, opte pelo valor mais elevado. Se seu cônjuge trabalhar e suas despesas com a família forem menores, escolha um valor menor.

Existem seis tipos diferentes de seguro: de vida, de saúde, de invalidez, residencial, de carro e de assistência a longo prazo. Um caso clássico da falta de um seguro de vida insuficiente ocorre quando alguém vai levando a vida, está se saindo bem, e então o chefe da família morre. O comodismo chega ao fim, e os herdeiros talvez recebam algumas centenas de dólares, mas precisam de alguns milhões. Organize-se de maneira a ter um seguro suficiente para que, no caso de vir a falecer, as pessoas que dependem de sua renda fiquem protegidas e não precisem mudar radicalmente o estilo de vida.

O mundo dos seguros pode ser um pouco confuso e, em decorrência desse fato, muitas pessoas pagam uma cobertura de seguro maior do que efetivamente precisam. O setor de seguros é famoso por usar jargões e apresentações complexas que deixam a maior parte das pessoas desconcertadas. O que você não souber a respeito dos seguros poderá prejudicá-lo de duas maneiras:

1. Você paga demais por uma apólice que poderia ter comprado por um preço muito menor se soubesse comparar as seguradoras e as apólices, e
2. Você pode contratar uma cobertura excessiva ou limitada demais para suas necessidades, ou ela pode duplicar uma cobertura existente em alguma área e deixá-lo desprotegido em outras.

O resultado é que você corre um risco desnecessário e poderá se arruinar financeiramente caso venha a sofrer um sinistro que não esteja coberto em sua apólice. Vou ajudá-lo a percorrer o labirinto do seguro, o suficiente para que você tenha certeza de que entende o significado de todas essas apólices.

O que você deve saber antes de fazer um seguro: conhecimento é segurança!

Como é preciso pensar em várias questões antes de contratar um seguro, como o tipo de seguradora, os sistemas de avaliação e o tipo específico, darei informações genéricas e fornecerei aqui algumas diretrizes úteis para que você se familiarize com o assunto ou retome o caminho certo caso já tenha uma apólice e tenha de realizar algumas mudanças. Alguns sistemas de avaliação de seguro fornecem informações importantes a respeito da empresa que lhe vende a apólice. Você precisa ter uma idéia da situação financeira da seguradora. Certifique-se de que ela é estável e bastante sólida para ter certeza de que estará presente em caso de indenização, se você vier a precisar dela.[1]

Duas importantes apólices de seguro com as quais você deve começar

Embora você deva ter seis tipos diferentes de seguro, vou enfatizar os três principais: vida, saúde e invalidez. Quero enfatizar especificamente o seguro de vida e o de invalidez, cuja contratação muitas pessoas protelam. Suponho (e espero!) que você tenha algum tipo de cobertura de saúde.

SEIS PONTOS QUE VOCÊ PRECISA CONHECER ANTES DE ADQUIRIR UMA APÓLICE DE SEGUROS

Quando alguém me pergunta como deve escolher uma apólice de seguro de vida ou de saúde, minha resposta é a seguinte: depende de sua situação pessoal, como, por exemplo, quanto você pode pagar, suas preferências com relação às opções de assistência a longo prazo e o nível de risco que você está disposto a correr. Tenha em mente os seguintes fatores importantes:

- Esteja certo de que entende o que a apólice cobre ou não.
- Quais as condições necessárias para que se qualifique para a cobertura?
- No caso de seguro-saúde, qual a quantia máxima diária paga pela seguradora?
- Quais são as condições de renovação do seguro? (A melhor apólice é aquela cuja prorrogação é garantida, o que significa que a seguradora só pode cancelar a apólice se você deixar de pagar o prêmio.)
- Sua apólice acompanha os custos ascendentes para que você esteja protegido contra a inflação?
(Nos EUA, a United Seniors Health Cooperative recomenda apólices de assistência a longo prazo que elevem automaticamente os benefícios a uma taxa anual de 5 por cento. A proteção contra a inflação acumulada é recomendada para as pessoas que ingressam no plano até os 70 anos de idade, e contra a inflação simples para aqueles que ingressam depois dos 70. Embora essa cobertura seja mais cara, provavelmente valerá a pena com o tempo. Para poder pagar a cobertura adicional, você pode escolher uma apólice cujo benefício tenha uma duração menor ou seja menos abrangente.)

Ninguém afirmou que escolher apólices de seguro seria algo divertido, mas, se você precisar de uma e ela lhe der a cobertura adequada, você ficará feliz por ter escolhido a apólice certa.

---

[1] No Brasil, o site da Susep, Superintência de Seguros Privados, oferece amplas informações sobre o setor de seguros. (*N. do R.T.*)

Seguro de vida: O seguro de vida tem a finalidade de proteger os herdeiros do segurado, o que não significa que uma apólice desse tipo não lhe ofereça vantagem enquanto estiver vivo. Não obstante, o principal motivo que o leva a comprar a apólice é o benefício no caso de sua morte, que você espera que seus dependentes recebam em um futuro distante. Existem quatro tipos básicos de seguro de vida: o de prazo limitado, o integral, o universal e o variável. Os debates a respeito de qual deles é o melhor são permanentes, de modo que você tem de decidir o que é melhor para você com base na cobertura que você precisa, no prêmio que pode pagar e no fato de você querer fazer o seguro apenas pelo benefício, no caso de sua morte, ou também pelo potencial de poupança que ele encerra. O seguro de vida de prazo limitado só paga quando você morre; já o seguro de vida integral, o universal e o variável são variações do seguro com valor de resgate, que combina um benefício no caso de morte e um fundo de investimento.[1]

Se sua família ou outras pessoas dependem de sua renda, você precisa de um seguro de vida que as ajude a viver sem ela caso você venha a falecer. O contrato de seguro exige que a seguradora pague a seus beneficiários uma quantia determinada, chamada indenização por morte, caso você venha a falecer praticamente por qualquer motivo (o suicídio em geral está excluído durante os primeiros anos da apólice). Seus beneficiários podem receber o dinheiro sob a forma de uma quantia paga de uma só vez, livre do Imposto de Renda. Os recursos devem ser suficientes para substituir seu contracheque, cobrir as despesas cotidianas dos beneficiários e pagar suas últimas despesas médicas e as do enterro. Além disso, a indenização do seguro deverá ser investida para proporcionar aos beneficiários uma renda que cubra necessidades a longo prazo, como aposentadoria, impostos prediais e territoriais, ou o custo da faculdade.

Desse modo, qual deve ser o valor do seguro? Minha sugestão é que você o descubra bem antes de ouvir a abordagem de venda de qualquer corretor de seguros, muitas vezes confusa, a respeito dos detalhes de várias apólices. Avaliar o quanto é suficiente não é um processo simples porque cada família é diferente e não há uma fórmula fácil a partir da qual você possa trabalhar. Você talvez precise procurar um consultor de seguros independente, um con-

---

[1] Este tipo de seguro de vida combinado com fundo de previdência privada também existe no Brasil, e é chamado VGBL. (*N. do R.T.*)

sultor financeiro ou fazer alguns dos exercícios disponíveis em softwares como o Microsoft Money ou o Quicken.

Eis as diferenças entre os diversos tipos de seguro: no caso do seguro de prazo limitado, no qual você pode pagar um prêmio relativamente baixo, a apólice só paga se você morrer. Não há valor de resgate ou fundo de investimento, e o valor que você pode contratar para o benefício em caso de morte é bem maior. As apólices com valor de resgate são mais caras, porém uma boa parte do prêmio vai para um fundo de investimento, que faz o valor de resgate aumentar com o tempo, ao qual você pode recorrer para empréstimos. Você ainda pode usar o valor de resgate para complementar a renda de sua aposentadoria. No caso do seguro de vida integral, a seguradora faz todos os investimentos para você, tipicamente em títulos, bens imóveis e algumas ações. No caso do seguro variável, você pode escolher onde seu dinheiro será investido, entre várias opções de fundos de títulos de dívida e ações. No caso do seguro universal, seu dinheiro é tipicamente investido em uma conta no mercado financeiro, que cresce com base nas taxas de juros vigentes.

Seguro invalidez: Embora você possa achar que é pouco provável que venha a ficar inválido, seja no trabalho ou fora dele, você está enganado. De acordo com o American Council of Life Insurers [Conselho Americano de Seguradoras de Vida], é seis vezes mais provável que uma pessoa de 35 anos fique inválida do que morra antes de chegar aos 65!

Se você faltar ao trabalho durante um breve período, seu empregador provavelmente lhe dará uma licença médica de curto prazo. Você talvez também possa receber um benefício por acidente em serviço, se tiver sido esse o caso. Outros programas do governo, como os benefícios para os veteranos de guerra, invalidez no serviço público ou seguro para os mineiros também poderiam ser pertinentes. Se você se feriu em um acidente de automóvel, o seguro do carro lhe pagará certa quantia durante um período limitado. E se você for membro de um sindicato, talvez se qualifique para uma cobertura de invalidez em grupo. Você tem direito aos benefícios da Previdência Social se ficar gravemente incapacitado.

Mas, mesmo que você seja beneficiado por vários programas do governo, provavelmente não receberá dinheiro suficiente para ter uma vida confortável. Você poderia acabar tendo de gastar sua poupança para a aposentadoria pela qual tanto suou apenas para conseguir sobreviver. Como você não quer que seus sonhos se evaporem por causa de uma doença ou acidente inesperado que o obrigue a parar de trabalhar ou limite sua capacidade de ganhar dinheiro, é crucial que contrate um seguro individual de invalidez a longo prazo. Se você se qualificar, poderá receber entre 50 e 80 por cento de seu salário, dependendo da apólice, além de ajustes do custo de vida em algumas delas. As seguradoras não pagam 100 por cento do salário porque querem que a pessoa tenha um incentivo para voltar a trabalhar.

Segundo a American Health Care Association [Associação Americana de Cuidados com a Saúde], o serviço mais importante que uma apólice deve cobrir é o que se refere a cuidados pessoais. Uma boa apólice de seguro a longo prazo cobre todos os níveis de assistência, especialmente o dos cuidados pessoais, bem como todos os ambientes, inclusive *facility care, community adult day care, assisted living* e *nursing facilities*.[1]

À semelhança do que ocorre com outros tipos de seguro, você deve verificar a saúde financeira da seguradora. Faça algumas investigações para descobrir a reputação da empresa, pesquise o preço e a qualidade, e é bem provável que você precise de orientação profissional para tomar essa importante decisão, talvez de seu corretor de seguros atual, de seu planejador financeiro ou de outros consultores financeiros.

Protegendo a si mesmo e seus entes queridos, segunda parte: o planejamento do espólio: o que você deve saber a respeito da transmissão de sua herança

Os Otimistas não são os únicos que se sentem pouco à vontade quando pensam em deixar para sempre este planeta. Ninguém gosta de pensar na morte, mas você precisa pensar no que vai deixar para trás e com quem vão ficar suas coisas. Você deve pelo menos decidir agora se quer controlar a

---

[1] *Facility care* [Centros de Saúde e Recuperação]. Voltado a pessoas que necessitam de tratamento prolongado e assistência, geralmente após acidentes; *Community adult day care* [Assistência comunitária diária para adultos]. É um nível mais brando de casa geriátrica, muito comum na Flórida, onde as pessoas não são dependentes de enfermeiras, congregando-se em um condomínio que se assemelha a um hotel duas estrelas no qual têm lugar procedimentos médicos e também atividades de lazer; *Assisted living* [Assistência em vida]. Voltado para pessoas que dependem de assistência permanente, que sofrem de vários tipos de doenças, inclusive câncer; *Nursing facilities*. É o mesmo que *nursing home*, ou casa geriátrica. (*N. da T.*)

maneira como seu espólio será organizado ou deixar essa incumbência para o tribunal de sucessões, que poderá distribuir suas propriedades de uma maneira que não lhe conviria.

Se você acha que planejar o espólio é algo intimidante, pense então em como seria muito mais intimidante se seus bens materiais fossem distribuídos, mas o seu espólio tivesse de pagar milhares de dólares em impostos onerosos que facilmente poderiam ter sido evitados. Por outro lado, se você fizer o esforço de maximizar os procedimentos básicos de planejamento do espólio, seus parentes e/ou amigos com quem você se preocupa profundamente receberão uma herança muito maior. Embora você não vá se beneficiar pessoalmente de nada depois que morrer, enquanto isso não acontecer, você viverá satisfeito por saber que fez o possível para passar os frutos de sua vida de trabalho para seus entes queridos.

Quero retirar o fator intimidação do planejamento do espólio, especialmente se você pensa que não tem nada para deixar, ou se está preocupado com o preço que um advogado poderá cobrar para redigir um testamento e outros documentos relacionados com o planejamento do espólio. No caso dos dois terços dos americanos que não têm um testamento (ou, como os advogados o chamam, os "intestados"), o tribunal de sucessões assume o controle e pode dominar a vida dos herdeiros durante anos. Em vez de permitir que isso aconteça, faça um favor a si mesmo e a seus entes queridos, e conclua esse aspecto de sua vida financeira de maneira que lhe seja satisfatória.

Por que fazer isso? O planejamento do espólio não apenas decide a distribuição dos bens e do dinheiro, como também toma outras decisões importantes na vida das pessoas, inclusive a respeito da custódia de menores. Como o planejamento do espólio pode ser um mistério para você, vou fazer um resumo das principais áreas cobertas pelo termo:

- Escolher as pessoas e a parte que cabe a cada uma delas do dinheiro e dos bens que restam depois que os custos de organizar o espólio são subtraídos.
- Preparar uma estratégia para doar em vida vários de seus ativos, livres de impostos, a fim de minimizar os ativos atingidos pelos impostos do espólio quando você morrer.
- Escolher um tutor para seus filhos se eles tiverem menos de 18 anos. Esse tutor, que pode ser uma única pessoa ou um casal que, caso você venha a

falecer, levará os seus filhos para sua casa e os criará, de modo que você precisa estar o mais certo possível de que essas pessoas o farão de maneira que você aprovaria.
- Escolher um curador para administrar quaisquer trustes que você venha a instituir.
- Designar um executor testamentário do seu espólio, que deverá ser uma pessoa independente de sua confiança, a qual cumprirá fielmente os dispositivos de seu testamento. Com freqüência, essa pessoa é um advogado que conhece bem a família.
- Decidir o que deverá ser feito com seu corpo quando você morrer, por exemplo, se você quer que ele seja doado para a pesquisa médica ou cremado. Além disso, você deverá especificar como e quando deseja ser enterrado. Algumas pessoas até limitam quanto querem gastar no próprio enterro.
- Indicar um custodiante sucessor dos ativos de um filho ou neto se você atualmente já atua como custodiante de um ativo para uma conta Uniform Gifts to Minors.[1] Se você não especificar o custodiante sucessor, um tribunal decidirá por você.
- Programar-se para fazer doações em dinheiro ou bens para as instituições universitárias, religiosas ou de caridade prediletas. Sem essas instruções específicas por escrito, as doações não podem ser autorizadas pelo executor testamentário do espólio.
- Preparar-se para a ocasião em que você virá a se tornar incapaz de cuidar de si mesmo. Você pode preparar o que é chamado de instruções antecipadas ou testamento em vida, determinando o tipo de assistência médica que quer ou não receber no caso de não ser capaz de comunicar sua vontade. Você pode especificar em um testamento em vida, por exemplo, se deseja um tratamento (ou procedimento) extraordinário para mantê-lo vivo caso entre em coma. Você também pode indicar uma pessoa de sua

---

[1] A Uniform Gifts to Minors Law [Lei Uniforme sobre Doações a Menores], adotada pela maioria dos estados americanos, estabelece regras sobre a distribuição e a administração de ativos em nome de menores de idade. A lei determina que se nomeie um custodiante dos bens, geralmente os pais, mas em alguns casos um curador independente. Ao atingir a maioridade, os menores tomam posse dos bens custodiados, a não ser que outros acertos tenham sido previamente especificados. (*N. da T.*)

confiança como um procurador para assuntos de saúde que tomará decisões difíceis a respeito de seu tratamento médico se você estiver incapacitado de tomar essas decisões por si mesmo.

Acima de tudo, ao tomar essas decisões sem pressa, de um modo tranqüilo, bem antes de morrer, você pode evitar a necessidade de um documento redigido às pressas ou, o que é ainda pior, um testamento feito no leito de morte, que apresenta uma enorme possibilidade de ser posteriormente contestado. As pessoas sempre trazem à baila o custo do planejamento do espólio. Em geral, o processo envolve advogados, planejadores financeiros, corretores de seguro e contadores, mas não precisa necessariamente envolver todos esses profissionais; você pode fazer o planejamento sozinho. Existem vários programas de computador, fáceis de usar, em inglês como o Living TrustMaker, o Quicken Family Lawyer ou o Quicken WillMaker, que lhe fazem perguntas, e depois formata suas respostas em documentos jurídicos que protegem você e seu espólio praticamente contra qualquer eventualidade.

Espero tê-lo estimulado a melhorar sua condição de Comodista fazendo mais por si mesmo.

Finalmente: pontos que devem ser lembrados pelos Comodistas

O fato de você não estar passando por uma crise monetária na vida não significa que deva se deixar levar pela situação vigente. Lembre-se de que, nesta economia, *ficar parado e deixar de investir com mais dinamismo é, na verdade, mais arriscado* do que você poderia imaginar.

Os Comodistas se saem melhor quando abrem caminho através da acomodação que caracteriza seu Perfil Financeiro. Se o *medo* da perda é mais estimulante do que uma dica sobre uma ação quente para que você fique em melhor forma financeira, faça aquilo que o leva a agir.

Para efetuar uma mudança em sua vida, você precisa de uma meta, de um plano e, para que você realmente entre em ação, necessita de motivação. Um objetivo como juntar mais dinheiro para ter uma aposentadoria confortável contém um motivador embutido, que é chegar ao 65 anos e saber que não terá de se preocupar com relação a se sentir seguro à medida que for envelhecendo.

Cuide das três grandes questões por intermédio do planejamento antecipado: determine quanto você precisa para ter uma aposentadoria livre de preocupações, descubra quanto precisa poupar para pagar a faculdade de seus filhos e saiba como proteger a si mesmo e seus entes queridos: contrate um seguro adequado!

Pense em planejar seu espólio. Isso o ajudará a assumir agora o controle de seu dinheiro e da maneira como sua herança será distribuída – exatamente como você quer que ela seja.

Capítulo 7

Os Grandes Apostadores

O risco faz com que você tenha uma euforia emocional que você considera estimulante ou que lhe causa dependência?
Você se sente dividido entre fazer aplicações que poderão lhe render uma enorme quantia ou ser cuidadoso com seu dinheiro?
Você acredita que a única maneira de conseguir o que deseja na vida é correndo riscos?

Se eu lhe perguntasse o que você faria para garantir uma vida livre de problemas de dinheiro, o que você escolheria? Quando faço essa pergunta, a primeira resposta que obtenho é quase sempre: "Ganhar na loteria", seguida por "Trabalhar arduamente". Por mais agradável que possa ser sonhar com uma vida desprovida de problemas financeiros, na verdade, nenhuma das duas escolhas é um palpite seguro. Sabemos que é comum os ganhadores da loteria esbanjarem seu dinheiro em vez de usá-lo com sabedoria. As pessoas que trabalham muito podem perder o emprego, o negócio e sua rede de segurança. Mas existem aqueles que respondem de uma terceira maneira: "Acredite em seus palpites e descubra como fazer com que sejam compensadores."

Quando você encontrar uma pessoa que é uma combinação de trabalhador esforçado, pensador inventivo, jogador intuitivo e sonhador infantil, você estará falando com um Grande Apostador. E se você respondeu afirmativamente a duas ou mais perguntas no início deste capítulo, é bastante provável que você faça parte desse perfil complexo.

Como você tende a ser imaginativo, intempestivo e se arriscar pelo que quer, não vou lhe pedir que minimize ou jogue fora as qualidades que o inspiram. Posso lhe mostrar que você não precisa ser um aventureiro financeiro o tempo todo. Mais exatamente, você pode correr riscos, com precaução, durante uma parte do tempo. Ao ser mais calculista com o dinheiro, você pode se permitir correr riscos elevados de maneira mais limitada, mas principalmente protegendo seus interesses e aumentando seus ativos. Examine como você pode fazer isso:

O Grande Apostador revelado

Seu Perfil Financeiro é primo-irmão do Batalhador – você faz parte de um grupo de pessoas que buscam o que é maior e melhor na vida. À semelhança do Batalhador, você tem inclinação para ser um empreendedor – gosta de estar no comando das decisões a respeito de aonde vai o seu dinheiro. Entretanto, sua tendência é aventurar-se em função de seus palpites e correr mais riscos do que os outros perfis para atingir suas metas. Você pode fazer isso por dois motivos. O primeiro é que confia em seu instinto de que o risco compensará e conduzirá a um empreendimento rentável e contínuo. O segundo motivo é que você considera o risco grande o suficiente para ser compensador e proporcionar-lhe um momento ao sol. Você secretamente acredita que o grande risco vencedor compensará o que você receia ser seu potencial limitado e perdedor.

Para muitos de vocês, a palavra-chave é *jogar*. O que realmente o caracteriza como um Grande Apostador é o fato de você ser, por natureza, um jogador em maior ou menor grau. Alguns Grandes Apostadores gostam de investir em ações de risco mais elevado, ao passo que outros evitam o mercado de ações e preferem os jogos de azar dos cassinos. Às vezes perdem, outras vezes ganham. Outros Grandes Apostadores investem apenas em si mesmos e arriscam construir o próprio negócio. Como você tem a tolerância ao risco mais elevada de todos os perfis, faz parte de seu sistema de crenças sentir-se seguro de que *irá* ganhar apesar dos prognósticos contrários. Você pode não parar de apostar em seu "ganho" mesmo quando sabe que o fracasso poderia significar sua ruína financeira.

O Grande Apostador encerra outra qualidade que o torna único. Se o jogo está em uma das extremidades deste perfil, o Grande Apostador inovador, com visões de realização mais imponentes do que ganhar em jogos de azar, está na outra. A história americana está repleta de histórias de Grandes Apostadores aventureiros, alguns dos quais sobreviveram às suas apostas e construíram impérios. À semelhança desses Grandes Apostadores mais dinâmicos e eficazes, você talvez tenha o que é necessário para convencer as pessoas de que será bem-sucedido e levá-las a participar do empreendimento. Outros Grandes Apostadores tornam-se trágicas vítimas da própria má administração, ignorância ou ganância. Podem ser pessoas que receiam não ter o talento para alcançar o sucesso, de modo que investem tudo no "grande negócio" ou no arremesso dos dados. Inseguros com relação às suas metas profissionais, ou à sua competência, eles podem permanecer sempre à espera da circunstância mágica que os tirará da dificuldade.

Na verdade, alguns Grandes Apostadores podem tornar-se líderes carismáticos. Geralmente, é um Grande Apostador com uma idéia extravagante, criativa ou com conseqüências por toda a vida que atrai parceiros, funcionários, seguidores – e outras pessoas que gostam de correr riscos e que estão dispostas a apoiá-lo financeiramente. Olhe para trás, e você será capaz de citar algumas pessoas que estavam dispostas a apostar em uma idéia e levar outras consigo ao fim do mundo para fazer com que um sonho se tornasse realidade. Pense em Cristóvão Colombo, em Lewis e Clark[1] ou em Henry Ford. Pense em Bill Gates ou Steve Jobs, por exemplo, e na idéia que tiveram de levar o computador pessoal a todas as pessoas. Correr o risco e esforçar-se para dar vida às suas idéias eram seu principal objetivo, uma característica clássica dos Grandes Apostadores mais idealistas. Ganhar uma quantia fenomenal era importante, porém secundária à meta.

---

[1] A Expedição de Lewis e Clark (1804-1806), chefiada por Meriwether Lewis e William Clark, foi a primeira a atravessar os Estados Unidos por terra, chegando à costa do Pacífico e, em seguida, retornando. Ela foi a primeira a cruzar os Estados Unidos, mas teve lugar uma década depois de a expedição de Alexander MacKenzie ter chegado ao Oceano Pacífico atravessando o norte do México. (*N. da T.*)

Não que os Grandes Apostadores não gostem de muito dinheiro, mas a maneira como você lida com ele pode ser sua grande vantagem ou sua derrocada. Isso dependerá do fato de você operar principalmente a partir de seus pontos fortes ou fracos.

Os pontos fortes do Grande Apostador

Suas principais qualidades positivas são uma elevada tolerância ao risco e fé em sua visão. Quando tem uma meta, você a persegue sem pensar duas vezes. Os Grandes Apostadores têm talento para examinar o mercado, calcular o que é necessário ou detectar qual será o próximo setor que irá crescer. Os novos conceitos e invenções estimulam sua curiosidade, e você está sempre pensando em novas maneiras de usá-los e lucrar com eles. Você é conhecido por criar novos produtos, mesmo que sejam variações de coisas já existentes. Quando sua visão é reforçada por um plano, sua energia aliada à persistência pode ser algo poderoso.

Você é ambicioso e competitivo, e aprecia o desafio de concorrer com outras pessoas e sair vitorioso.

Os pontos fracos do Grande Apostador

Certa vez, quando lhe fizeram perguntas sobre sua estratégia de investimentos, o bilionário Warren Buffett, o virtuose do investimento, respondeu o seguinte: "Não tento saltar por cima de barras de dois metros. Olho ao redor e procuro barras fáceis, de 30 centímetros, que consigo transpor com facilidade." Nessa declaração, Buffett, conhecido por viver modestamente apesar de sua enorme fortuna, provavelmente oferece aos Grandes Apostadores alguns dos melhores conselhos: para prosperar, seja perspicaz, porém mais conservador. De todos os perfis, o Grande Apostador é o que tem mais probabilidade de se meter em apuros devido ao hábito de saltar por cima de barras de dois metros e de correr riscos sem ter o apoio de uma rede de segurança.

Essa necessidade de saltar quando você pode caminhar sem pressa faz parte da dinâmica fundamental de seu perfil: os Grandes Apostadores buscam a euforia de desafiar o universo a derrubá-los. Você se encaixa no que se tornou, sob vários aspectos, uma sociedade dependente. O vício pode ser, por exemplo, de comida, de drogas ou de ganhar dinheiro. Você pode ser incentivado pela bravata, pela raiva ou pela necessidade de provar que é mais durão, esperto ou rápido do que os outros, mas, independentemente da sua motivação, na maioria das vezes você perde em vez de ganhar. É essa mesma atitude que o faz pensar o seguinte quando participa de um negócio de alto risco ou lança os dados no cassino: "Esta é minha noite de sorte." Só que as noites de azar são mais freqüentes.

Se você tem uma fraqueza dominante, é o fato de não gostar de enfrentar o aspecto negativo do risco, e negará que ele pode afetá-lo. Você quer acreditar que seu projeto será financiado, seu negócio decolará e o valor de suas ações na área tecnológica irá quadruplicar. O aspecto negativo de negar as possíveis conseqüências dos empreendimentos de alto risco ou do jogo é que você pode ficar literalmente sem nada. Você pode ser o tipo de Grande Apostador que sente que, na verdade, a única maneira de conseguir o que quer é por meio de uma grande oportunidade, não oriunda do trabalho árduo ou do conhecimento, e sim de um golpe de sorte.

A falência e até mesmo o suicídio não são raros entre os Grandes Apostadores, que finalmente são obrigados e desistir ou que desistem de si mesmos. Vários psicólogos já me disseram que essas vítimas de suicídio eram pessoas que nunca tiveram muita confiança em si mesmas e contavam com a sorte no mercado. Eram provavelmente pessoas que diziam: "Consegui uma vez. Não sou inteligente o bastante para conseguir de novo."

Embora você tenha a persistência para continuar a tentar apesar de estar perdendo dinheiro, o que é uma característica positiva, outra fraqueza sua é não administrar melhor o dinheiro na vez seguinte, ou seja, você é um pouco teimoso na hora de aprender as coisas.

O Grande Apostador e a Personalidade Tipo T

A revista *Entrepreneur* publicou um artigo de destaque sobre Frank Farley, psicólogo da Temple University, que traçou o perfil da personalidade Tipo T, em que T corresponde a *thrill seeking*.[1] Farley não estava se referindo a um compor-

---
[1] Em busca de fortes emoções. (*N. da T.*)

tamento impulsivo ou ao jogo inconseqüente, e sim à forte emoção que esse perfil sente ao correr um grande risco orientado. Como são as pessoas do Tipo T?

Elas adoram correr riscos para fazer as coisas acontecerem. "Todo progresso humano depende dessas pessoas", afirmou Farley. Ele identificou várias características que indicam como essas personalidades se evidenciam. Todo Grande Apostador reúne algumas das seguintes características de personalidade:

- É motivado pela variedade, pela inovação e pela mudança.
- Ingere desafios no café-da-manhã.
- Viceja na presença da incerteza e do inesperado.
- Não gosta de um excesso de estruturação e de regras.
- Acredita que é capaz de controlar seu destino.
- Tende a exibir uma opinião independente e gosta de tomar decisões sozinho.
- Busca experiências intensas.
- Tem curiosidade de descobrir o quanto e o que é capaz de fazer.
- Com freqüência, não reconhece que correu grandes riscos, ou mesmo algum risco, enquanto os outros diriam que ele correu riscos enormes.

De que maneira os Grandes Apostadores manifestam suas inclinações e quais são as conseqüências? Conversei com duas pessoas que melhor representavam esse Perfil Financeiro. Quando você ler suas histórias, descobrirá, como eu descobri, o que as leva a correr riscos que podem lhes custar bem mais do que desejam acreditar.

Viciada na Bolsa de Valores – e arriscando tudo de uma tacada

Betsy enviou-me recentemente um e-mail, com uma frase inicial desafiadora, até mesmo provocante. Ela escreveu o seguinte: "É constrangedor para mim escrever sobre o assunto, mas meu casamento praticamente depende de sua resposta." Ela ganhou *e* perdeu centenas de milhares de dólares nos últimos anos e, nas palavras dela, "não consegue equilibrar as finanças". Devido às suas recentes perdas, ela e George, seu marido, têm discussões "diárias" a respeito de dinheiro. Tive certeza de que estava em contato com uma Grande Apostadora contumaz quando Betsy me pediu que a aconselhasse com relação a investir dinheiro em uma dica quente que mencionou, em vez de me perguntar como poderia ser mais moderada e aplicar em investimentos mais conservadores. Falarei mais sobre o assunto em breve.

Eu estava interessado nas idéias de Grande Apostadora de Betsy e, posteriormente, enviei-lhe um e-mail fazendo perguntas a seu respeito. Eis o que descobri sobre sua vida: nasceu em Los Angeles, tinha 32 anos quando respondeu ao e-mail e foi criada por um professor de trabalhos manuais do ensino médio e uma mãe que tinha um salão de beleza em casa com duas cadeiras. A irmã mais velha de Betsy era estudiosa e ambiciosa, e, com o tempo, se formou em direito. Betsy, dois anos mais nova e com uma personalidade mais expansiva, tinha boas notas na escola, mas era sempre comparada de modo negativo com a irmã favorita, especialmente pela mãe. Na verdade, sua mãe disse claramente a Betsy que ela seria um fracasso quando crescesse se não moderasse este comportamento extrovertido. Betsy sempre achou que não conseguiria ficar à altura das realizações da irmã e, depois que se formou na faculdade, decidiu viver a própria vida e parar de se preocupar com o fato de querer ser igual à irmã "perfeita".

Betsy talvez não tenha sido tão estudiosa quanto a irmã, mas tinha algumas características que a irmã não possuía: tolerância pela euforia da adrenalina dos empreendimentos de alto risco, inclinação para o jogo e entusiasmo pela cultura pop. Ela também tinha algo a provar. Com o tempo, conseguiu chegar à vice-presidência de uma pequena empresa de relações públicas, na qual as suas contas incluem produtos gastronômicos. "O trabalho tem seu lado positivo", declarou Betsy. "Paga relativamente bem e eu tenho muitos privilégios, mas também apresenta um aspecto negativo. É estressante, e eu realmente não gosto muito de falar sobre comida o dia inteiro. Como meu marido chega em casa tarde e viaja muito, cuido desses assuntos à noite. Tenho um laptop e uma lista de todos os sites do mercado de ações – e uso uma linha direta para falar com meu corretor de manhã cedo. Só consigo pensar em ganhar muito dinheiro."

Pedi a Betsy que me contasse mais a respeito de como sua escolha das ações estava ameaçando seu casamento. Betsy escreveu explicando que seu marido, com quem está casada há cinco anos, fica extremamente perturbado e zangado com o que chama de "apostas loucas" no mercado. No geral, George sente que a mulher não respeita suas necessidades financeiras de segurança e moderação. Embora o salário anual de Betsy ultrapasse os 100 mil dólares, estava se tornando claro que ela estava usando os lucros no mercado para, inconscientemente, compensar as deficiências que sua mãe atribuíra a ela. Um casamento relativamente estável e um bom emprego estavam sendo ameaçados enquanto Betsy continuava a jogar no mercado. Ela me disse à guisa de explicação: "Eu ganho quase tanto quanto George. Estou investindo *meu* dinheiro, não o dele, mas, mesmo assim, ele se recusa a entender e quer que eu pare."

Betsy está furiosa porque sente que George não tem o direito de tomar decisões a respeito de um dinheiro que não foi ganho por ele. As perdas financeiras são dela, e, até agora, não afetaram o padrão de vida do casal. Betsy acha que tem o direito de continuar a investir em ações de alto risco e que, ao criticá-la duramente, George está sendo "mesquinho".

Seu último e-mail para mim incluiu o seguinte comentário: "Tive esta informação quente. Se eu estiver certa na escolha, George vai me agradecer. Se eu estiver errada, será minha ruína. Por que ele não consegue entender que a maneira como invisto é perfeitamente sensata a longo prazo? O que estou fazendo é realmente bom para nós. Alguém precisa correr os riscos; caso contrário, acabaremos sem nada!"

Arriscando tudo de uma tacada, com o dinheiro de outra pessoa

Nos últimos anos, as pesquisas têm mostrado que cerca de 80 milhões de pessoas nos Estados Unidos possuem ações, o que equivale a quase 50 por cento dos lares americanos. Todo mundo conhece alguém que ganhou e depois perdeu dinheiro quando uma "coisa certa" – o fenômeno dot.com – estourou sua bolha. Na verdade, nos dois anos e meio que se seguiram ao colapso das dot. coms, as perdas dos americanos no mercado de ações foram estimadas em cerca de 8,5 trilhões de dólares.

Betsy estava entre essas pessoas. O problema não reside na idéia de investir propriamente dita ou na de aplicar no mercado de ações, pois ambas são fundamentais para a economia. O problema recai na atitude potencialmente autodestrutiva e temerária a respeito do investimento, que é a derrocada de muitos Grandes Apostadores.

Recebo um grande número de e-mails, cartas e telefonemas de Grandes Apostadores que pensam de uma maneira muito semelhante à de Betsy. Eu sei que ela não é a única que está no computador, clicando nos inúmeros sites do mercado de ações e de corretagem, verificando os preços, comprando, vendendo ou negociando, às vezes de hora em hora. Isso pode se tornar um vício predileto no lar do Grande Apostador, como aconteceu com Betsy.

Vamos ao que interessa. Há um fator de realidade a respeito do investimento com o qual Betsy ainda não teve de lidar, mas que é uma força motriz no modo de pensar do Grande Apostador: se você não dispõe de numerário para investir com os próprios recursos, não invista. Se, como Betsy, você quer ter grandes ganhos simplesmente para provar um ponto de vista, pergunte a si mesmo se a possível perda vale a pena para você e para aqueles com quem se importa. Não é realista esperar que seu cônjuge não dê atenção à perda por ela ser sua e que sua atitude não afete o casamento. Betsy sofre de falta de visão. Ela só quer enxergar os benefícios de correr um risco, e deseja que o marido compartilhe seu ponto de vista, deixando de dar atenção a como seus hábitos de investimento se tornaram autodestrutivos.

Para Betsy, um sucesso relativo na área de relações públicas a tornou autoconfiante demais, acreditando poder conquistar *qualquer* setor e ganhar dinheiro. Alguns Grandes Apostadores consideram que o fato de se saírem bem em uma área lhes confere um know-how abrangente em todas as outras, inclusive a do dinheiro. Senti que Betsy, como muitos Grandes Apostadores, estava um pouco apaixonada pela idéia de ser invencível, o que era provavelmente um disfarce por se sentir muito vulnerável e inadequada. No entanto, infelizmente, essa bravata incluía a idéia de que tinha faro para o mercado. Quando Betsy me escreveu perguntando-me se deveria investir na indicação quente que recebera, acreditando que ela era "perfeitamente sensata" a longo prazo, tive certeza de que ela estava dançando freneticamente no mercado de ações. Betsy estava prestes a perder o controle.

Se ela fosse uma investidora incrivelmente bem-sucedida, eu lhe diria que continuasse a fazer o que estava fazendo. Em vez disso, Betsy está de fato aprisionada no passado, usando o dinheiro para se isolar de seus verdadeiros sentimentos, deixando-se estimular em excesso pelo jogo do dinheiro. Sua mãe lhe disse que ela seria um fracasso quando crescesse se não se tornasse mais "perfeita" como a irmã, mas ela teve sucesso ao ser autêntica. Betsy lutou por uma carreira e pelo casamento com um homem estável que a amava. No entanto, por ser uma Grande Apostadora, ela estava prestes a prejudicar seu casamento, confirmando o que sua mãe lhe disse que ela sempre seria: uma perdedora que não merecia respeito nem amor.

Betsy é melhor do que isso, e foi o que eu lhe disse.

E seu modo financeiro de pensar não é saudável, quer ou não George seja realmente mesquinho. Jogar no mercado dessa maneira vale sua auto-estima e seu casamento? Eu acho que não.

Você não precisa apostar tudo!

Quem tem mais propensão a se recuperar depois de uma perda nos negócios? Uma pesquisa da Harvard Business School realizada entre diplomados que fundaram as próprias empresas destacou um fator importante que distinguia os que tinham sucesso com o tempo daqueles que não tinham: quando os diplomados bem-sucedidos fracassavam pela primeira vez, ressaltou a pesquisa, "eles ainda tinham um dinheiro residual".

Enquanto Betsy se volta para o mercado para satisfazer sua ânsia de ser uma jogadora e ganhar muito dinheiro, Ben adota uma abordagem diversa para alcançar grandes ganhos na vida. Ben é um Grande Apostador nato e, quando decidiu ser o próprio patrão, perseguiu agressivamente o sucesso. Esse empreendedor teve décadas de sucesso, até que sua atitude casual com relação a dinheiro entrou em conflito com seus projetos dispendiosos de alto risco. Eis a história de Ben:

Quando você acredita que apostar em si mesmo é o melhor negócio.

"Imagine um desenho animado de alguém que está correndo e atravessa violentamente uma parede, deixando nela o contorno do corpo", disse-me Ben. "Era isso que eu achava que tinha: a capacidade de atravessar uma parede de tijolos, sair vivo e continuar ativo." Em seguida, Ben me contou que sofrera um grande revés financeiro e que seu negócio estava ameaçado porque ele correra riscos demais. Desse modo, após passar décadas atravessando paredes de tijolos e seguindo em frente com milhões de dólares, esse Grande Apostador lamentavelmente fez um pouso de emergência, deixando um monte de danos que terá de reparar. "Depois de tanto sucesso", acrescentou, "tive de enfrentar o fato de que eu não era talentoso o bastante com o dinheiro". A história de Ben é interessante.

Agora, aos 60 anos, Ben revelou algumas complexas associações emocionais com o dinheiro que começaram quando ele era menino. Ele era o filho mais novo de pais operários e cresceu em um lar estável em um bairro pobre do centro de Boston. Ben tirava boas notas na escola, mas tinha inclinação para perambular pela rua "com outros garotos mais espertos do que eu e que podiam me ensinar alguma coisa sobre a vida. Eu queria ficar no mesmo nível deles". Ben aprendeu o suficiente para, certo dia, quando tinha 11 anos, voltar para casa com mais de 100 dólares que ganhara em um jogo de rua. Esse ganho assinalaria para o resto da vida alguns de seus conflitos com o dinheiro.

Ben contou ao pai que ganhara o dinheiro, mas o pai não ficou impressionado – ficou furioso. Arrastou Ben pelo saguão do prédio, abriu a porta do incinerador e jogou o dinheiro lá dentro. "Você sabe o que aprendi com isso?", perguntou Ben, rindo. "Aprendi a nunca mais contar a meu pai o que eu andava fazendo. Pensei com meus botões: qual é o problema dele? Ele poderia ter colocado o dinheiro no bolso e fingido que o tinha jogado no incinerador. O fato de ele tê-lo queimado não me impediu de jogar de novo."

Ben pode ter descrito a si mesmo como um menino de rua, mas terminou a faculdade e fez pós-graduação, embora sem planos para o futuro e com muito otimismo. Por intermédio de um contato, ele conseguiu um emprego em uma corretora que operava no mercado de balcão. Um ano depois, recebendo apenas comissão, Ben estava ganhando um mínimo de 3 mil dólares por semana – em 1966. "De repente, o dinheiro estava saltando de uma máquina", disse Ben, "mas eu atribuía muito pouco valor ao dinheiro em si. Ele não tinha importância para mim. Era um dinheiro que eu ganhava girando o dinheiro, negociando e levando as pessoas a investir. Mas isso me ensinou que eu dominava a arte de vender e que esse talento poderia me levar longe."

Posteriormente, a empresa em que Ben trabalhava teve problemas com a SEC (Securities and Exchange Commission)[1] e foi à falência. Ben recebeu propostas de emprego de outras corretoras, mas, em vez de aceitar uma delas, tomou uma decisão que mudaria sua vida: nunca mais trabalhar para ninguém e abrir a própria empresa. "Decidi criar os produtos que eu imaginara",

---

[1] Equivalente à Comissão de Valores Mobiliários (CVM) no Brasil, autarquia com função de disciplinar o funcionamento do mercado de valores mobiliários e a atuação de seus protagonistas. (*N. do R.T.*)

ele me disse. "Eu sabia que podia apostar em mim mesmo e em minha imaginação. É lá que vivem meu coração e minha cabeça. Meu talento envolve conseguir que as melhores pessoas façam com que minha visão se torne realidade, e insisto arduamente com elas para extrair o que é necessário. Criei livros, discos e os mais variados tipos de produtos de alta qualidade. Não jogo mais, não invisto na bolsa de valores, não compro supérfluos caros – corro grandes riscos com minhas idéias."

Perguntei a Ben se ele tinha investidores para todos os seus produtos e que tipo de negócios ele fazia. Eu queria saber de que maneira suas tendências de Grande Apostador o haviam colocado em apuros. "Um dos meus males foi usar o meu próprio dinheiro", respondeu Ben. Essa foi a armadilha. "Nem todos com quem trabalhamos têm a nossa visão. Paguei quantias elevadas para conseguir o que eu queria e assumi os riscos nos projetos em que acreditava. Eu tinha de fazer com que acontecessem, mesmo que isso significasse colocar em risco a segurança financeira." Ben retificou seu comentário dizendo que tomara medidas para que as situações mais importantes de sua vida estivessem cobertas, ou seja, para que seus filhos freqüentassem boas escolas; para que pudesse sustentar a esposa, que era escritora e trabalhava em casa em seus romances; e para que a hipoteca de um "bom lugar para morar" fosse paga. Além desses itens essenciais, Ben disse que nunca pensou no futuro. A besta voltou para mordê-lo.

Depois que alguns projetos de custo elevado malograram, depois que Ben atravessou um excesso de paredes de tijolos, ele perdeu milhões e está prestes a abrir falência. Ben admite que deveria ter sido inteligente o bastante para contratar um administrador. Agora está de pé sobre os escombros. Ben contou que teve muitas oportunidade de contratar especialistas, mas decidira não fazê-lo, "por acreditar que poderia desempenhar todas as funções." Ben declarou: "Não sou um mestre do eufemismo, e vivia dessa maneira. Sem dúvida eu poderia ter gerenciado muito melhor o dinheiro. Fui em frente e ganhei dinheiro, mas nunca realmente pensei nele. É difícil de acreditar, mas é verdade."

"É apenas dinheiro!" – se eu perdê-lo, sempre haverá mais

O que me impressionou a respeito de Ben – e já ouvi isso muitas vezes de outros Grandes Apostadores – foi a contradição na maneira como ele fala sobre dinheiro. Em um minuto ele é despreocupado com relação a ele. ("Não faço este trabalho por dinheiro – tenho de criar coisas.") No minuto seguinte, ele é um homem de negócios que avalia quanto vale seu tempo. ("Só aceito projetos nos quais acredito que vá ganhar mais de 1 milhão de dólares."). Em outro minuto ainda, ele sente orgulho do fato de seu trabalho vender bem e lhe render muito dinheiro. ("Ganhei milhões.") No todo, Ben é um Grande Apostador que está em conflito a respeito do que o dinheiro significa para ele. E quer ele o reconheça, quer não, ainda é controlado por um momento decisivo com o dinheiro.

Esse momento decisivo no início de sua vida pode influenciar o fato de você se tornar um Grande Apostador. E, no caso de Ben, pode ainda estar observando o pai que tanto amava queimar o dinheiro que ganhara e consolando-se com o seguinte pensamento: "Quem se importa; vou ganhar mais ainda e não vou contar a ele!" Enquanto o pai achava que estava punindo Ben, este estava zangado porque o pai não ficara impressionado com o que ele fizera, nem mesmo o aceitara.

Ben não jogou mais depois que se formou no ensino médio, mas aposta em si mesmo e, como todos os jogadores profissionais, joga para ganhar. Ao apostar primeiro em si mesmo, Ben tem uma grande medida de controle. É compreensível que Ben tenha uma atitude do tipo "Vou mostrar a eles!" nos negócios. Ele *de fato* mostra a eles, já que a maior parte de seu trabalho tem sido lucrativo e de alta qualidade. Ele não pode controlar os resultados das vendas todas as vezes, mas pode controlar o produto e reter a maior parte dos lucros. E, embora sempre temesse que alguém um dia viesse a destruir o que ele tem – como se fosse novamente a mão do pai –, o fato de não confiar nos outros e não deixar que o ajudassem a administrar o dinheiro fez com que seu medo se tornasse realidade.

Quando um Grande Apostador consegue ter sucesso

As pessoas sempre perguntam aos Grandes Apostadores bem-sucedidos o que eles fizeram para chegar aonde chegaram. Os fatores específicos podem mudar de história para história, mas os Grandes Apostadores de sucesso compartilham algumas características ao avançar implacáveis em direção ao que desejam: eles buscam um risco elevado, mas é *um risco aliado a uma meta intencional e realista*, e não um risco que visa ao divertimento ou a inflar o ego. Bill Cullen, diretor-presidente do Glencullen Motor Group, a distribuidora da Renault na Irlanda, uma empresa com uma receita anual de 400 milhões de dólares estabelecida em Dublin, é um desses Grandes Apostadores. Toda a sua história de sucesso é contada em seu livro, *It's a Long Way from Penny Apples*, mas eis como ele começou, segundo um artigo no *Robb Report Worth*:

"Cullen cresceu em uma família com pouco dinheiro, sendo o mais velho de 14 filhos. Foi criado com sólidos valores morais e sagacidade comercial aprendida com a mãe, que era vendedora ambulante. Cullen planejou cuidadosamente cada movimento em sua carreira, desde trabalhar em uma revendedora da Ford até que, aos 24 anos, disse ele, 'apostou em uma coisa pouco plausível que pagaria generosamente'.

"Cullen comprou um conglomerado agonizante de 43 empresas em 1986 por apenas 1 dólar, mais a expectativa de 25 milhões de dólares em dívidas – com uma taxa de juros de 24 por cento ao ano. A principal empresa do grupo era a distribuidora da Renault na Irlanda. Cullen disse: 'Consegui recuperar a empresa e ter um lucro de 24 milhões de dólares *um ano depois*.'" (O grifo é meu.)

Isso é o que chamo de um trabalho impressionante.

Os Grandes Apostadores podem mudar? Claro que sim. No entanto, fazer isso requer algum planejamento, certo esforço e a convicção de que recuar um pouco na hora de correr riscos pode ser algo compensador. Você terá de abandonar alguns hábitos que se tornaram uma segunda natureza e pensar em outras idéias a respeito do gerenciamento do dinheiro. Tenho algumas sugestões para você que sei que poderão ser colocadas em prática e que mudarão, para melhor, seu relacionamento com o dinheiro. Tudo começa com você entendendo como se sente a respeito dele.

Realizando mudanças: o caminho emocional

Como o dinheiro para o Grande Apostador equivale à intensidade emocional, à empolgação, à ousadia a viver à beira do desconhecido, sei como pode ser difícil para você descer ao mundo da moderação. Mas você pode fazê-lo, possivelmente não de forma indolor, mas com segurança, passo a passo. A idéia é você modificar quaisquer hábitos que o estejam atrapalhando e impedindo que você viva com segurança. E verdade seja dita, o que poderia ser mais emocionante hoje em dia do que sentir-se seguro e livre?

Existem algumas medidas a ser consideradas enquanto você começa essa jornada em direção a um pouco de moderação:

Por que você precisa da euforia?

Como acontece com a maioria dos Grandes Apostadores, inclusive aqueles que me dizem que apostam em si mesmos, a associação interior com alimentar-se do risco provavelmente envolve uma compensação maior do que o dinheiro, ou seja, poder, atenção ou aplauso. Não é de fato a aquisição e o gerenciamento do dinheiro, como você poderia pensar. Essas associações começaram cedo em sua vida. Relembre a história de Ben, com a imagem daquelas notas sendo devoradas pelas chamas e sua maneira despreocupada de falar a respeito de dinheiro.

Qual é sua história? Reúna um pouco da coragem do Grande Apostador e enfrente quaisquer demônios do dinheiro que ainda sussurrem em seu ouvido e que possam colocá-lo em apuros financeiros. O Capítulo 2 poderá ajudá-lo a responder a perguntas sobre seu passado, sua filosofia do dinheiro e o que você quer da vida.

Experimente a seguinte mudança em seu modo de pensar:

Preste atenção ao que você diz a si mesmo a respeito de dinheiro, de gastos e de viver à beira do desconhecido, e o que o faz correr riscos ou o coloca em apuros. Associe o hábito de correr riscos a antigas experiências que podem ter dado origem a esse comportamento. Rastreie sua tendência de ser um Grande Apostador e determine de onde ela veio. Eis algumas perguntas que poderão ajudá-lo a começar:

- Você acredita que correr um grande risco é a única maneira de ter sucesso?
- Você é um Grande Apostador devido a um exemplo, quer dizer, você teve pais Grandes Apostadores que correram grandes riscos e tiveram sucesso, e eles quiseram que você agisse da mesma forma? Ou eles perderam muito e você sente que é sua função ser bem-sucedido para mostrar a eles que é possível?

- Você é um Grande Apostador por escolha? Você cresceu se sentindo de alguma maneira despojado e sonha que um dinheiro fácil o fará feliz? Você alguma vez disse a seus botões na infância ou adolescência: "Não vou lutar como meus pais fizeram. Quero ganhar muito dinheiro, o mais rápido possível?"
- Você enfrentou um evento dramático relacionado com o fato de ter dinheiro e mantê-lo, como Ben, da história anterior? Você perdeu dinheiro ou algo de valor? Foi de propósito ou por acaso?
- Você se sente atraído pela imagem do Grande Apostador – como alguém mais durão, esperto, inteligente e sedutor do que o trabalhador médio?

Os psicólogos dizem que o primeiro passo em direção à cura das antigas feridas é a conscientização. Assim que você enfrentar seus demônios interiores, poderá começar a derrotá-los.

Você consegue frear o seu vício de viver grandes emoções?

Os Grandes Apostadores vivem verdadeiros números de circo no mercado financeiros, na corda bamba por causa da emoção. Se a rede de segurança for removida, você fica ainda mais animado. O dinheiro e as emoções intensas parecem estar juntos para você, e esses sentimentos também incluem a ansiedade com relação à maneira como administra o dinheiro. É menos provável que você admita esta última parte. E Betsy, a quem você foi apresentado mais cedo neste capítulo, encontra-se em um verdadeiro tumulto emocional. Parte do problema dela envolve a incapacidade de desacelerar a necessidade de viver grandes emoções e até mesmo a ansiedade com relação a viver com poucos altos e baixos extremos.

Você pode definir metas para si mesmo que precisa atingir correndo riscos. Como demonstra o comportamento de Betsy, viver apreensiva é preferível ao que ela considera maçante, como a maneira mais conservadora do marido de lidar com o dinheiro. Se, como Betsy, você pensa nos investimentos como estimulantes ou maçantes, você está emocionalmente ligado a eles. Esses adjetivos o denunciam.

Betsy tem um trabalho sofisticado que exige grande perícia e esforço, e ela claramente tem o que é preciso para ser bem-sucedida. O mesmo talvez seja verdade em relação a você. Não existe dúvida alguma de que ela pode participar de um modo mais inteligente do destino de suas finanças, e você pode fazer o mesmo com as suas!

Experimente a seguinte mudança em seu modo de pensar:

Os Grandes Apostadores são perspicazes e criativos. Você poderia aplicar parte dessa perspicácia à sua situação particular: *você precisa moderar a ligação emocional com o dinheiro* para que tudo não consista em rebeldia, ousadia e raiva. Em segundo lugar, você terá de examinar o motivo pelo qual precisa estar no comando, no controle, e dar a impressão aos outros de que é poderoso porque corre grandes riscos. Você é como Betsy, e quer mostrar que alguém é "mesquinho" ou "chato" por não ter a mesma paixão que você pelos riscos? Ou você é como Ben, que assume grandes riscos em relação aos próprios talentos e opiniões? Justificar suas ações dizendo: "Todo mundo na minha vida é conservador, e eu sou aquele que corre os riscos", é um pensamento simplista. Todo mundo, na verdade, está ao mesmo tempo disposto a correr riscos e evitá-los. Corremos e evitamos riscos em diferentes áreas: física, intelectual, emocional ou financeira.

Eu estava conversando com Olivia Mellan, a psicóloga de Washington que mencionei anteriormente, a respeito da tendência que seu Perfil Financeiro tem para buscar emoções. Ela disse o seguinte: "Alguém certa vez me perguntou se havia algo no cérebro dos homens que fazia com que eles se arriscassem mais do que as mulheres. Não sou bióloga do cérebro, mas a maneira como as mulheres e os homens são criados explicaria algumas das diferenças. Os homens são criados para competir, vencer e valorizar o risco, e esses pontos não são tão enfatizados na educação das mulheres. Também vivemos em uma sociedade dependente, e muitas pessoas gostam da emoção da viagem e são viciadas na euforia da adrenalina."

Biologicamente falando, os Grandes Apostadores precisam se afastar da emoção e procurar a calma obtida das endorfinas do cérebro, e não de um coração acelerado por causa do "barato" da adrenalina. Isso quer dizer que você não deve deixar o entusiasmo a respeito de um investimento fazer com que você perca a cabeça, nem no aspecto emocional nem no financeiro. Permita-se apreciar os empreendimentos mais conservadores e respirar com mais tranqüilidade.

Obtive mais discernimento sobre este assunto com Olivia Mellan. Os Grandes Apostadores, disse ela, tem de ser realistas com relação ao "anseio compulsivo de experiências de pico e o prazer de ser estimulados por um negócio que adoram". Se isso soa irracionalmente intenso, é exatamente o motivo pelo qual muitos de vocês têm uma grande dificuldade de se afastar de empreendimentos de alto risco: o perigo, a novidade e a conquista. Você gosta de ser estimulado pelo risco, e deseja pensar que se trata de um relacionamento caloroso e amoroso. Lamentavelmente, a maioria dos relacionamentos de alto risco termina com você sendo deixado para trás.

Eis a verdade: as questões práticas contam, e quando elas estabilizam sua vida, você se sente melhor. Por que perder a cabeça? A praticidade está a serviço do que é possível, e não do que é utópico. Quando você modera suas emoções, pode deixar a praticidade fornecer uma avaliação mais sóbria dos riscos que deseja correr.

Eu me preocupo com os Grandes Apostadores, como Betsy, que são viciados em jogo ou em investimentos de alto risco, e que estão constantemente perdendo dinheiro e propriedades. Procure ajuda nos Jogadores Anônimos. Participar das reuniões é uma das maneiras de mostrar que você se importa consigo mesmo. Com o tempo, você pode observar sua auto-estima a ponto de poder se aceitar como uma pessoa digna, sem precisar ser um aventureiro financeiro.

QUAL É O CAMINHO MAIS SEGURO PARA A RIQUEZA?

Uma pesquisa de opinião da revista *Money* perguntou certa vez a seus leitores o que consideravam o trajeto mais seguro em direção à riqueza. Como era de se esperar, 59 por cento responderam que a resposta era o trabalho árduo, enquanto 39 por cento esperavam "ganhar na loteria", apesar das enormes probabilidades contrárias.

Enquanto você não entrar para um grupo, faça um grande favor a si mesmo: evite os "lugares perigosos", ou seja, qualquer local onde possa escorregar. Esse lugar pode ser o hipódromo, finais de semana em Atlantic City ou Las Vegas, andar na companhia de outros Grandes Apostadores – ou simplesmente permanecer em contato com corretores especializados em investimentos de alto risco. Jogue fora o número do telefone deles.

Realizando mudanças: o caminho financeiro

Minha missão, no que lhe diz respeito, é mostrar-lhe como você pode administrar seu dinheiro sem esmagar seus impulsos criativos ou sua inclinação para correr riscos. Resumindo: *modere seus instintos de Grande Apostador pelo menos durante um ano.* Não estou sugerindo que você pare de se arriscar. Quero apenas lhe mostrar como você pode manter certa quantia à parte, porque nesse caso você pode *limitar* quanto dinheiro investe em empreendimentos mais arriscados e, ao mesmo tempo, estabelecer alguma segurança. Quando você constatar que tem muito mais dinheiro no final do ano ao limitar seus riscos, poderá começar um segundo ano de moderação. Leia com atenção minhas sugestões e adote-as, uma de cada vez. Sei que esses passos funcionam.

Antes de começar a moderar seu fator de tolerância ao risco elevado, você vai ter de se preparar. Para permanecer estável, existem alguns ajustes em seu modo de pensar que o ajudarão a reduzir seu nível de ansiedade, pelo menos com relação ao destino de seu dinheiro. Se existe um tema importante para você, esse tema é levar em consideração os riscos moderados, e não os elevados. Mas, para efetuar mudanças em suas finanças, você precisa mudar sua maneira de pensar. Para seguir em frente, pense em função da *mudança benéfica e de maiores lucros*, da verdadeira ação e do movimento, e não em limitações.

Estabeleça limites realistas e atenha-se a eles

Os Grandes Apostadores agem de acordo com as emoções, mas o investimento bem-sucedido requer uma mente racional. Tanto Betsy quanto Ben lucrariam mais se soubessem quais são seus limites e atribuísse um número a eles, definindo, por exemplo, quanto dinheiro realmente podem se dar ao luxo de perder sem que isso afete seu estilo de vida. Em seguida, precisam de um consultor financeiro em quem confiem, não um corretor com interesses pessoais, capaz de ajudá-los a tomar decisões com relação a seus investimentos, com e sem os seus cônjuges. Esse consultor deveria ser qualificado e ter uma base ampla de conhecimento sobre investimentos. Além disso, ele teria de entender as metas de Betsy e Ben relacionadas com um maior sucesso e estabilidade financeira.

Ben está à beira da falência e talvez não tenha muito dinheiro para investir, mas, no caso de Betsy, um bom consultor poderá ajudá-la a definir que percentual de suas reservas de dinheiro ou portfólio pode ser destinado a investimentos de maior risco. Acima de tudo, Betsy se beneficiaria se descobrisse o encanto dos investimentos de menor risco. Os Grandes Apostadores precisam deslocar parte de seu dinheiro do topo da Pirâmide de Risco do Investimento para o meio (ver p. 297). Um consultor pode ajudar Betsy a avaliar as regras básicas dos empreendimentos de alto risco, ou seja, alguns darão certo e outros não. Ela deveria se educar calculando os riscos em vez de comprar por impulso.

Um Grande Apostador pode enxergar a luz no fim do túnel e viver com mais moderação sem sentir a dor? Embora muitos permaneçam em uma órbita financeira até que a catástrofe se manifeste ao redor deles, outros são capazes de controlar o quanto se arriscam e prosperar. Não obstante, uma enorme perda financeira não precisa ser o único impulso que finalmente equilibra o aspecto negativo do comportamento do Grande Apostador. Alguns Grandes Apostadores que estão apenas começando podem controlar a euforia da adrenalina dos investimentos de alto risco e grandes ganhos, contemplar objetivamente os investimentos e se transformar em Grandes Apostadores que correm riscos com mais cautela. Debbie é um exemplo de como alguns Grandes Apostadores são, ao mesmo tempo, inatos e formados.

Aumentando suas chances de um bom lucro: correndo riscos fundamentados

Debbie entrou em contato comigo pela primeira vez há cerca de dois anos para pedir minha opinião sobre como deveria administrar seu dinheiro, porque, ela disse, "sei que estamos desperdiçando muito dinheiro por não termos investimentos. Não estamos aplicando o dinheiro onde poderíamos estar lucrando. Os certificados de depósito são excessivamente conservadores. Não sabemos muita coisa sobre o mercado de ações. Onde podemos investir de maneira a ter alguma liberdade? Meu marido é muito mesquinho com dinheiro, mas eu acredito em correr riscos. Ele entra em pânico quando menciono a palavra investimento". Sugeri investimentos de médio risco, como títulos de renda fixa de empresas privadas, e pedi a ela que verificasse o mercado imobiliário na área onde moravam e que o fizesse com cautela. Desde então, Debbie e o marido sofreram uma mudança; pode-se até mesmo dizer que floresceram.

Debbie, por ter uma maior tolerância ao risco, empenhou-se em desenvolver suas tendências de Grande Apostadora, mas as manteve sob controle. Debbie pode adorar o risco, mas sempre se comporta com cautela. Embora ela e o marido, Joe, ainda tenham de caminhar antes de poder ser considerados jogadores, eles entraram no jogo para ficar.

"Crescemos sem ter nada", diz Debbie, descrevendo os antecedentes de ambos. "Minha mãe me criou com a ajuda da assistência social, e os pais de Joe se divorciaram quando ele era bem pequeno e a mãe sempre lutou com muita dificuldade para que pudessem sobreviver. Um início de vida desse tipo realmente abre nossos olhos para o que dinheiro pode fazer", declarou Debbie. "Cresci prometendo a mim mesma que ganharia o máximo de dinheiro que conseguisse e que meus filhos nunca passariam pelo que fui obrigada a passar, sempre carente de alguma coisa. Embora tivéssemos muito pouco, o mantra de minha mãe era: 'Descubra um meio de poupar, poupar, poupar, poupar.' Ela acreditava que era dessa maneira que as pessoas ficavam ricas. Eu sabia que tinha de haver uma maneira melhor de acumular ativos do que poupar." Debbie, a Grande Apostadora desse casal da Carolina do Norte, acabou encontrando o que lhe era mais adequado: o ramo imobiliário.

Debbie e Joe conseguiram terminar a faculdade, determinados a ter sucesso. Debbie conseguiu um emprego de assistente jurídica em um escritório de advocacia em sua área, e Joe posteriormente concluiu um doutorado que o ajudou a conseguir um cargo na administração de um hospital. Ao mesmo tempo, Debbie estava lendo a respeito de estratégias de investimento e havia me procurando em busca de conselhos. Ela me disse que, inicialmente, descartou minha sugestão sobre o negócio imobiliário. No entanto, inspirada pelo sucesso de um amigo, ela deu o salto. Debbie logo mergulhou no mundo competitivo e, às vezes, brutal do mercado imobiliário. Ela encontrara sua área de atuação.

Hoje, Debbie é mais ou menos uma mãe que fica em casa. O casal vive com o salário de Joe, e aplicam os ganhos de Debbie no mercado imobiliário em investimentos – uma combinação de propriedades para aluguel que eles compram e passam adiante, locações com opção de compra e vendas diretas. Passados dois anos, Debbie e o marido estão apoiando seu futuro no sucesso recente dela. Joe trabalha com ela de modo limitado, mas é Debbie, a aspirante a Grande Apostadora, que faz a maioria das escolhas. Foram escolhas inteligentes até agora, e ela está animada, pois espera que o mercado imobiliário os leve longe. "Quitamos empréstimos educacionais, cartões de crédito e outras dívidas, além de reduzir substancialmente nossa hipoteca de 15 anos", disse ela. Eles venderam há um ano a primeira casa que haviam comprado por 130 mil dólares, com um lucro de 45 mil dólares. Reinvestiram o lucro no negócio. Na última noite de Natal, receberam um bom presente: venderam a segunda casa, que haviam comprado por 270 mil dólares, com um lucro de 78 mil dólares. Usaram o dinheiro para quitar o empréstimo com garantia hipotecária da casa. No Dia de Ano-Novo, mudaram-se para a casa da irmã de Debbie, onde vão morar enquanto a nova casa estiver sendo construída. Ela custará 100 mil dólares a menos do que a primeira, e reduzirá o débito do casal.

"Quero fazer com que nosso dinheiro trabalhe para nós, mas, de vez em quando, Joe diz: 'Você perdeu a cabeça', quando eu lhe digo o que decidi fazer em seguida!', comenta Debbie a respeito de seu marido Esquilo. "Nos últimos dois meses, comprei três propriedades para aluguel, financiadas por intermédio de um empréstimo com garantia hipotecária. Cada locação tem um fluxo de caixa positivo de 500 dólares por mês, mas meu marido, que é um pouco sovina, fica preocupado. No entanto, digo a ele que é preciso correr alguns riscos. Temos de usar o dinheiro com sabedoria, mas temos de perguntar a nós mesmos se queremos viver com o que ganhamos a cada mês, ou ter com o tempo investimentos de peso, ativos de verdade. Tudo consiste em trabalhar em equipe e ter uma visão do que queremos alcançar."

A meta de Debbie é ter de oito a dez propriedades alugadas e continuar a usar a renda de Joe para pagar as contas, colocar dinheiro nas contas de aposentadoria e divertir-se um pouco viajando com as crianças. Debbie agora está dando um passo maior: ela e Joe compraram duas grandes propriedades à beira-mar, que, juntas, estão avaliadas em 500 mil dólares. Vão ficar com elas mais ou menos durante um ano e depois vendê-las.

"É impossível chegar a algum lugar sem correr riscos", afirma Debbie, fiel a seu Perfil Financeiro. "Você consegue a recompensa. Você sabe, se uma transação não dá certo, simplesmente não dá certo. Nós nos sairemos bem melhor da próxima vez. Nunca fugi de uma oportunidade lucrativa. Espero nunca fazer isso." Debbie claramente adora o suspense do negócio, bem como a sensação de satisfação e prazer. "Sonho em ter propriedades mais urbanizadas e terrenos mais inexplorados, e preciso me controlar para não enlouquecer", acrescentou Debbie. "Tudo que preciso fazer é lembrar a sensação de não ter 'nada' – que perdurou durante a maior parte de minha infância – e moderar o ritmo. O mercado imobiliário nos modificou, mas somos administradores desse dinheiro, e levamos nossa função a sério."

Debbie não age em função de palpites, tampouco é atraída por esquemas para ganhar dinheiro rápido. Ela considera o sucesso emocionante, mas não a ponto de ser inconseqüente com o dinheiro. Debbie é uma Grande Apostadora invulgar, pois não acredita na sorte. Finalmente, ela me disse: "O sucesso diz respeito à educação e ao trabalho árduo, a agir rapidamente quando a oportunidade se apresenta e a correr o risco. Não consigo enxergar nenhum aspecto negativo. Essa atitude pode parecer excessivamente confiante para algumas pessoas, mas sempre funciona para nós."

Reuni várias idéias indolores para você economizar dinheiro e sugestões para correr riscos com cautela. Essas idéias ainda permitem que você aproveite os seus instintos para inovações e tendências, ao mesmo tempo em que lhe mostram como se agarrar a uma parte maior do dinheiro e garantir que ele trabalhe para você.

Não desperdice seu fundo de aposentadoria: erros a evitar no plano 401(k)

Sem sombra de dúvida, o plano 401(k) é, para muitos norte-americanos, a principal fonte de recursos para o pé-de-meia para a aposentadoria. Alguns Grandes Apostadores fazem saques no fundo, utilizam-no antecipadamente ou não o gerenciam, acreditando que ele cuidará de si mesmo. Eis onde você pode proteger a si mesmo e ser prático. Se você desperdiçar seu 401(k), pode se despedir da aposentadoria dos seus sonhos. Vamos examinar alguns dos principais erros que você deve evitar.

Deixar de reavaliar seu portfólio: Você certamente não vai querer aplicar e desaplicar seus investimentos como se fosse um corretor, mas tampouco vai fazer uma escolha inicial e só voltar a pensar nela no dia em que se aposentar.

Os gurus das finanças afirmam que devemos dar uma boa olhada em nossos investimentos uma vez por ano. Como eles se comportaram? O que está acontecendo no mercado? O que mudou em sua vida? Verifique se alguma coisa precisa ser ajustada ou cortada. Em muitos casos, faz sentido reduzir alguns investimentos campeões do ano anterior e investir algum dinheiro nos perdedores; caso contrário, você estará apenas seguindo as tendências do ano anterior quando elas podem estar prestes a mudar. Peça a ajuda de um consultor financeiro se não souber fazer isso sozinho.

O saque que você faz quando muda de emprego: Você se sente bem em relação ao novo emprego no qual está prestes a começar, mas não vá perder a cabeça e encarar o dinheiro que você tem de repente no fundo como uma renda disponível. Os aproximadamente 30 mil dólares que você economizou não são um bilhete para o paraíso, não se destinam à compra de um belo carro esporte, à aplicação em um novo investimento ou à aquisição de uma propriedade da moda. Em primeiro lugar, depois que você pagar o imposto federal obrigatório de 20 por cento, a multa de 10 por cento da Receita Federal se você tiver menos de 59 anos e meio, e ainda os impostos estaduais e municipais, você pode chamar tudo isso de o caso do pé-de-meia desaparecido.

É bem melhor transferir o dinheiro para um plano do tipo IRA, mas tome cuidado. Se você o transferir para um IRA já existente, não poderá adicionar o dinheiro a um novo 401(k) mais tarde. Isso talvez não tenha importância se você tiver 65 anos, mas é uma história bem diferente se você tiver 30 e poucos. Seu consultor financeiro é provavelmente a melhor pessoa para lhe dizer como você deve lidar com seu 401(k) atual. No entanto, de um modo geral, o benefício de transferir esse dinheiro para o 401(k) de seu novo empregador consiste na possibilidade de pedir emprestados os recursos no futuro e os custos baixos de transação ou inexistentes quando você investir. A vantagem de transferi-lo para um plano IRA é que suas opções de investimento não ficam limitadas pelo que seu novo empregador tem a oferecer.

Colocando os ovos em uma única cesta: Você não deve se entupir de ações de sua empresa (o máximo de ações de sua empresa em seu portfólio deve ser de 25 por cento), tampouco aplicar em um número excessivo de fundos mútuos que parecem primos ao investir basicamente nas mesmas ações ou títulos. Você necessita de uma combinação ampla de ativos para proteger suas oportunidades de crescimento. Você vai precisar de algum tempo para saber o que existe em seu portfólio, mas, infelizmente, muitas pessoas não se dão ao trabalho de fazer isso. Um levantamento recente mostrou que metade dos entrevistados gastava *seis horas ou menos* por ano administrando seu portfólio. Esse tipo de negligência não será útil para aumentar seu dinheiro. Tire proveito também de qualquer planejamento financeiro e conselhos sobre investimentos oferecidos pelo empregador, especialmente se forem de graça.

Pense em função de economizar para metas a longo prazo de menor risco

Certa vez, alguém disse: "Precisamos de metas a longo prazo para evitar ficar frustrados pelos fracassos a curto prazo." Que frase verdadeira! Sua inclinação é favorecer as idéias a curto prazo e as transações de vulto, de modo que quero incentivá-lo a separar uma parte de seu dinheiro e investi-lo em uma meta a longo prazo. Não toque nesse investimento, a não ser que tenha o propósito de acrescentar recursos.

Para começar, você vai precisar preencher um plano financeiro (examine a Planilha de Fluxo de Caixa na página 83, o que poderá ajudá-lo a descobrir o que você precisa saber a respeito do seu dinheiro e para onde ele está indo). É claro que seu plano precisará de uma meta efetiva, que poderá ser um fundo de aposentadoria, modernizar ou reformar seu imóvel, comprar uma casa nova, pagar a faculdade de seu filho, viajar ou se mudar para outra região. Crie uma imagem real do que você deseja; os Grandes Apostadores são imaginativos, de modo que você certamente é capaz de enxergar com clareza o que quer, o que possibilita que faça com que coisas impossíveis aconteçam.

Qual é sua meta a longo prazo? Tenhamos em mente o que é considerado o tempo habitual para alcançar uma meta a longo prazo, ou seja, dez anos. Quer você tenha em vista a meta mais comum a longo prazo, que é uma aposentadoria financeiramente segura, viajar muito no futuro ou ter certeza de que poderá pagar pela assistência médica na velhice, você precisará fazer alguns cálculos para estimar alguns custos. A Planilha de Metas a Longo Prazo que se segue poderá ajudá-lo a ter uma noção desses valores.

PLANILHA DE METAS A LONGO PRAZO

Meta	Prioridade	Data da realização	Quantia necessária ($)
Comprar uma casa para a aposentadoria	_____	_____	_____
Comprar uma casa para as férias	_____	_____	_____
Voltar a estudar	_____	_____	_____
Fazer trabalho comunitário ou de caridade	_____	_____	_____
Instituir uma assistência de saúde a longo prazo para si mesmo e/ou para o cônjuge	_____	_____	_____
Instituir um fundo de aposentadoria	_____	_____	_____
Ajudar pais idosos	_____	_____	_____
Fazer uma doação testamentária para uma instituição de caridade	_____	_____	_____
Pagar antecipadamente a hipoteca	_____	_____	_____
Começar um negócio	_____	_____	_____
Começar uma segunda carreira	_____	_____	_____
Viajar extensamente	_____	_____	_____
Outros (especifique)	_____	_____	_____
Quantia total necessária			_____

Em seguida, você terá de fazer algumas contas para calcular quanto dinheiro precisará economizar ou investir para atingir a meta. Para facilitar as coisas, elaborei uma tabela que mostra quanto seu dinheiro vai crescer em função da taxa de juros e do número de anos, sendo que a quantia final é determinada, é claro, pelos valores que você aplicar. Em primeiro lugar, dê uma olhada na tabela, e depois leia as instruções simples, que se seguem, sobre como usá-la.

DETERMINANDO A POUPANÇA MENSAL NECESSÁRIA PARA ATINGIR UMA META				
	Divisores (por taxa de retorno)			
Anos que faltam para a meta	2%	4%	6%	8%
1	12.1	12,2	12,3	12,4
2	24.5	24,9	25,4	25,9
3	37,1	38,2	39,3	40,6
4	49,9	51,9	54,1	56,4
5	63,1	66,2	69,8	73,6
6	76,5	81,1	86,4	92,1
7	90,2	96,6	104,1	112,3
8	104,2	112,7	122,8	134,1
9	118,4	129,5	142,7	157,7
10	133,0	146,9	163,9	183,4
11	147,8	165,1	186,3	211,1
12	163,0	184,0	210,1	241,2
13	178,5	203,6	235,4	273,7
14	194,2	224,0	262,3	309,0
15	210,4	245,3	290,8	347,3
16	226,8	267,4	321,1	388,7
17	243,6	290,4	353,2	433,6
18	260,7	314,3	387,3	482,2
19	278,2	339,2	423,6	534,9
20	296,1	365,1	462,0	592,0
21	314,2	392,1	502,9	653,8
22	332,8	420,1	546,2	720,8
23	351,8	449,3	592,2	793,4
24	371,2	479,6	641,1	872,0
25	390,9	511,2	693,0	957,2

A coluna da esquerda mostra o *número de anos* que você terá antes de precisar do dinheiro para atingir sua meta. As quatro colunas seguintes mostram os *divisores para quatro diferentes taxas de retorno* que você poderá pressupor, com segurança, possíveis de ganhar, em média, durante um longo período. Essas taxas de retorno partem do princípio de que você fez ajustes para os efeitos da inflação e dos impostos, e são conhecidas como rendimento real após os impostos. Quanto mais elevada for a taxa de retorno, mais riscos você terá correr ao escolher os investimentos para atingir sua meta.

Para usar a tabela, pegue a quantia que você precisará para usufruir de sua meta e escolha uma *suposta* taxa de retorno. Em seguida, encontre o divisor para o número de anos que você fixou para atingir a meta. Divida simplesmente o valor de sua meta pelo divisor, e você terá calculado a quantia mensal que tem de poupar para atingi-la. O divisor calcula automaticamente o efeito dos juros compostos, que, com o tempo, podem tornar-se uma força poderosa.

Eis um caso hipotético. Digamos que você tenha em vista uma economia de 100 mil dólares (ou reais) para sua aposentadoria daqui a vinte anos. Comece pensando em anos e percentuais. Percorra a coluna dos anos até a linha dos 20 anos e, pressupondo uma rentabilidade real após os impostos de 8 por cento ao ano, desloque-se, na horizontal, até a coluna dos 8 por cento. Você vai descobrir que o divisor é 592. Divida agora sua meta de 100 mil dólares (ou reais) por 592, e você terminará com o valor de 168,92 dólares (ou reais) por mês, que você precisa poupar para atingir a meta. Simples!

Parte de sua estratégia de investimento é formar um portfólio de ações, títulos, fundos mútuos e instrumentos bancários que o conduzirão aonde você deseja ir. Um dos principais riscos que você precisa superar em um plano a longo prazo é a erosão lenta porém constante da moeda causada pela inflação. Uma boa estratégia de investimento manterá seu dinheiro crescendo mais rápido – algo com que você se identifica bastante! –, para que, quando você precisar gastá-lo, disponha do suficiente. Outro elemento do investimento é descobrir um nível *mais baixo* de risco com o qual você se sinta à vontade.

Dê a si mesmo uma rede de segurança: investimentos menos arriscados que você é capaz de tolerar

Depois de priorizar suas metas, você deve acompanhar o progresso. Desse modo, saberá exatamente qual é sua posição e o que será necessário para alcançar o que você se propôs a realizar financeiramente. Os iniciantes na área de investimentos tendem a começar com a maior parte do dinheiro em instrumentos de disponibilidade imediata. Trata-se de investimentos garantidos contra a perda do principal, como as contas-correntes e de poupança, e aplicações em Certificado de Depósito Bancário (CDBs), em bancos e em associações de poupança e empréstimo, cooperativas de crédito, fundos do mercado financeiro e Letras do Tesouro.

Certificados de depósito com maior rentabilidade

São instrumentos de bancos, associações de poupança e empréstimo ou cooperativas de crédito que permitem que você fixe uma taxa de juros durante um período específico, chamados juros prefixados. Se você retirar o dinheiro antes do vencimento do certificado de depósito, é cobrada uma multa referente ao saque antecipado estipulada por cada banco e que, com freqüência, equivale aos juros de três meses. Os certificados de depósito mais populares têm os vencimentos em três meses, seis meses e um ano, embora os bancos ofereçam alguns com um vencimento de até cinco anos, além de outros certificados de depósito adaptados a necessidades individuais. Os bancos não cobram taxas para comprar certificados. Todos os juros decorrentes de um certificado de depósito estão sujeitos à tributação no ano em que são recebidos, mesmo que sejam reinvestidos. Não deixe de calcular o efeito desses impostos quando comparar o retorno potencial dos certificados de depósito com outras alternativas como fundos no mercado financeiro ou títulos municipais isentos de impostos.

Não obstante, e considero que isso será mais interessante para você, é possível comprar certificados de depósito com maior rentabilidade, e você não precisa comprá-los em seu banco local ou em um banco do seu estado. Muitos bancos aceitam depósitos de fora do estado por transferência bancária ou pelo correio. As rentabilidades mais elevadas nos Estados Unidos são constantemente publicadas nos principais jornais financeiros, bem como em sites.

Títulos e obrigações

Existem muitos títulos capazes de se encaixar nas mais diversas necessidades de investimento, desde os ultra-seguros, Bônus do Tesouro e Bônus de Poupança, ambos títulos de longo prazo, emitidos pelo Tesouro dos Estados Unidos e garantidos pelo governo americano, aos papéis levemente mais especulativos, emitidos pelas entidades governamentais. Entre os últimos, nos Estados Unidos, estão os emitidos por órgãos como a Farmers Home Administration (FmHa), a Federal Home Loan Mortgage Corporation (Freddie Mac), e até mesmo o U.S. Postal Service. Embora esses títulos não sejam garantidos pelo governo dos Estados Unidos, você pode ter quase certeza de que o Congresso tomaria medidas adequadas para que essas entidades não deixassem de honrar seus compromissos.

O mercado de títulos é complexo, e é impossível descrevê-lo em detalhes neste espaço reduzido, mas vou apresentar alguns conceitos básicos. Embora os títulos como os bônus (títulos de renda fixa) sejam produtos que rendem juros considerados mais seguros e conservadores do que as ações, eles não têm o mesmo potencial de crescimento a longo prazo. Quando você investe em um título de renda fixa está basicamente emprestando seu dinheiro ao emitente do título em troca de uma taxa de juros (ou cupões) fixa por um período específico. Normalmente os juros são pagos a cada seis meses e, quando o título vence, você recebe o valor original do principal, independentemente de quanto o preço do título possa ter flutuado depois de ter sido emitido. Quais títulos são adequados para você?

Nos EUA, no sentido ascendente do risco, estão os títulos garantidos por hipotecas, em seguida os títulos municipais emitidos pelos estados, cidades, condados, *towns, villages* e autoridades de vários tipos que cobram impostos. Existem os títulos internacionais, os títulos privados, os títulos sem cupons de juros, os *considerable bonds* e os mais especulativos de todos, os títulos de elevada rentabilidade, chamados *junk bonds*, emitidos por empresas novas no mercado ou empresas cuja situação financeira é instável. Se o processo de escolher títulos específicos lhe parecer excessivamente complicado, os fundos mútuos de títulos talvez sejam o ideal para você. Resista ao ímpeto de se atirar aos *junk bonds*, que encerram os riscos mais elevados, e escolha títulos na faixa intermediária, como os títulos de dívidas de empresas privadas, os bônus do Tesouro ou os títulos sem cupons.

O que estou querendo enfatizar é que o investimento em títulos de renda fixa é um dos principais produtos disponíveis para ajudá-lo a alcançar suas metas financeiras. Eles permitem que você estipule um determinado nível de renda durante um longo período, o que pode conferir a seu plano financeiro uma base extremamente sólida, algo que você está procurando. Além disso, se quiser negociar mais ativamente os títulos, pode obter ganhos de capital comprando-os quando os preços caem e vendendo-os quando eles sobem, exatamente como pode fazer com as ações.

Torne-se um locador: invista no mercado de aluguéis

A especulação imobiliária, ou comprar propriedades cuja hipoteca tenha sido executada e revendê-la, pode soar como opções clássicas dos Grandes Apostadores, mas não vou sugerir que você siga por esse caminho. Investir no mercado imobiliário visando ao lucro é decididamente algo bastante traiçoeiro e pode exigir muito tempo e habilidade, mas também pode proporcionar grandes recompensas. O mercado imobiliário apresenta as vantagens do potencial de valorização, os benefícios dos impostos e uma renda substancial se você participar do mercado de aluguéis. O mercado imobiliário também está sujeito à influência das tendências nacionais, como mudanças nas leis tributárias e nas taxas de juros, bem como das tendências locais no crescimento econômico e na oferta e demanda de propriedades semelhantes.

Ao procurar sugestões sobre como investir no mercado imobiliário, certifique-se de que conhece ou é capaz de pesquisar sua fonte de informações. O setor está repleto de pessoas que prometem lucros instantâneos "sem nenhuma entrada". Os supostos seminários que apresentam são, na verdade, abordagens de venda altamente persuasivas. Fique longe desses esquemas. Esses artistas fraudulentos exibem riqueza para impressioná-lo e convencê-lo a entrar no jogo deles, prometendo sucesso ou liberdade financeira. Muitos exibem os milhões que têm e dão maus conselhos no setor imobiliári mas não os aceitam para si – um Grande Apostador de nível muito baixo. Se você deseja investir de modo legítimo no mercado imobiliário, tem várias opções. Vou recomendar-lhe o mercado de aluguéis.

Isso significa que você se torna um locador, algo que tem vantagens e desvantagens, mas é o tipo de perspectiva que poderia se adequar à sua personalidade de Grande Apostador. Se você possui uma boa propriedade, ela pode valorizar consideravelmente com o tempo e proporcionar uma sólida renda de aluguel. Além disso, você pode colher substanciais benefícios tributários, como deduzir perdas de até 25 mil dólares de outro tipo de renda, se atender a certas restrições da Receita Federal.

Entretanto, poucas pessoas consideram divertido ser um locador. Os inquilinos reclamam. Você é responsável se ocorre um vazamento no encanamento no meio da noite ou se o sistema de aquecimento queima em pleno inverno. Nem todos os locatários pagam o aluguel em dia. Você tem de permanecer constantemente atento ao vandalismo e, às vezes, despejar um inquilino. Além disso, em algumas localidades, o controle dos aluguéis impede que você aumente o valor locatício para cobrir o aumento das despesas e os gastos com a manutenção.

O segredo da locação bem-sucedida é comprar propriedades em bons locais para atrair o tipo de inquilino que cuida bem do imóvel e se sente tão feliz por morar na propriedade que nunca faz objeções ao aumento anual do aluguel. Isso é mais fácil dizer do que fazer. No entanto, o negócio pode melhorar.

Ao buscar propriedades lucrativas para alugar, você talvez possa começar procurando nos bairros de classe operária, onde os preços são mais razoáveis e os inquilinos mais confiáveis do que nos bairros de elite da cidade. Para encontrar uma pechincha, você pode se concentrar em propriedades com problemas relativamente fáceis de resolver. O problema, que pode ser desde a remoção de amianto até um vazamento no telhado ou algum outro conserto, talvez assuste de tal maneira os atuais proprietários que eles poderão vender a propriedade com um grande desconto com relação ao valor real. Antes de comprar, determine quanto você vai gastar para resolver o problema e calcule o aluguel que vai poder cobrar depois que o lugar estiver em perfeitas condições.

Outra maneira de obter o melhor valor possível na compra de propriedades para alugar é procurar um imóvel situado em um lote que tenha um terreno adicional que possa ser aproveitado. Você talvez possa construir um anexo ao prédio, construir uma nova casa ou até mesmo vender parte do terreno para compensar o custo da aquisição. No entanto, antes de contemplar essa estratégia, determine se você precisará de uma mudança de zoneamento para desmembrar o terreno.

Contrate seguro para algumas das suas bases

A idéia é criar uma sólida base conservadora. Você precisa estar segurado. Necessita de seis tipos de seguro para garantir uma boa cobertura: vida, saúde, carro, residencial, invalidez e assistência a longo prazo.

Antes de contratar um seguro, reflita sobre o seguinte: pode ser difícil entender o setor de seguros e, em decorrência disso, você poderá acabar pagando mais cobertura do que efetivamente necessita. O setor de seguros é notório por usar um jargão e apresentações complexas que confundem quase todos nós. O que você não sabe sobre seguros pode prejudicá-lo de duas maneiras: 1) Você pode pagar um preço alto demais por uma apólice que poderia ter comprado por muito menos se soubesse comparar seguradoras e apólices; e 2) A cobertura que você adquirir pode exceder ou ficar aquém de suas necessidades, ou pode ainda duplicar coberturas em algumas áreas e deixá-lo desprotegido em outras. Você poderá ficar financeiramente arruinado se tiver lugar um grande sinistro que esteja sem cobertura.

Antes de adquirir uma apólice em uma seguradora ou entrar em contato com um dos representantes de venda, verifique a situação financeira da empresa. Nos Estados Unidos, algumas empresas independentes avaliam a solidez financeira das empresas de seguro: A.M. Best, Fitch, Moody's Investor Service, Weiss Ratings e Standard & Poor's Corporation; as informações sobre como entrar em contato com elas estão no Apêndice. Procure sempre entender exatamente o que você está comprando antes de assinar qualquer documento. Não hesite em fazer perguntas a agentes, corretores, vendedores do marketing direto ou consultores de seguros – seja lá quem esteja lhe vendendo a apólice. É seu dinheiro e seu legado que estão correndo risco, de modo que esteja seguro de que conhece os benefícios de sua apólice. (Você pode consultar o capítulo sobre os Comodistas para obter mais informações sobre o que deve saber antes de adquirir uma apólice.)

Finalmente: pontos que devem ser lembrados pelos Grandes Apostadores

A vida não é realmente uma questão de preto ou branco, tudo ou nada, ganhar ou perder. Em vez de viver financeiramente no limite, desloque-se para o meio. A posição moderada apresenta maior probabilidade de lhe proporcionar segurança financeira.

Não estabeleça metas impossíveis ou inalcançáveis para si mesmo, metas que, para ser alcançadas, exigiriam que você corresse grandes riscos com o dinheiro. Use seus pontos fortes – a imaginação, a visão e a tenacidade – para definir metas, e o bom senso para respaldá-los com a ajuda de um gerenciador de investimentos esperto e disciplinado.

Se você procurar coisas arriscadas, certifique-se de que seja um risco com uma meta propositada e realista, e não um risco destinado a lhe dar prazer ou alimentar seu ego.

Seja realista, cauteloso e prático; não invista dinheiro em um empreendimento baseado apenas em um impulso emocional.

Deixe de favorecer as idéias a curto prazo e os negócios ostentosos e passe a separar uma parte do dinheiro e investi-lo em uma meta a longo prazo. Só mexa nesses recursos se for para aumentá-los. Você verá como é compensador.

Capítulo 8

Os Esquilos

Você acredita que a única maneira de se sentir financeiramente seguro é agarrar-se a cada centavo?
A preocupação com o dinheiro costuma impedir que você aproveite o que tem?
Você vive com o medo irrealista de que o desastre financeiro seja iminente?

Ao organizar este capítulo, lembrei-me de uma história que li a respeito de uma mulher cuja inclinação para a parcimônia se encaixava perfeitamente no tipo Esquilo, embora de modo extremo. O nome dessa mulher era Anne Scheiber, e ela deixou uma herança impressionante que chocou a todos, inclusive seus herdeiros.

Resumindo, sua história seria a seguinte: ex-auditora da Receita Federal, que sempre viveu como se não tivesse dinheiro suficiente para pagar a refeição seguinte, morre aos 101 anos de idade, deixando 22 milhões de dólares para uma faculdade e uma escola de medicina. As poucas pessoas que gozavam de sua intimidade a descrevem como patologicamente frugal, uma mulher cuja única alegria era juntar dinheiro.

Esses são alguns detalhes mais reveladores a respeito dessa mulher do tipo Esquilo. Anne Scheiber era uma de nove filhos e cresceu com medo de ficar desamparada, em decorrência das perdas financeiras do pai e da morte prematura dele. Sozinha desde os 15 anos, acabou indo parar em Washington, D.C., onde foi trabalhar como auditora para a Receita Federal. Cursou a faculdade de direito à noite, mas, ao se formar, em vez de exercer a profissão, decidiu permanecer no emprego do governo, que ela julgava bem mais seguro. Economizar e poupar já era, para ela, um modo de vida.

Sua experiência na Receita Federal logo a recompensou de maneira que foi muito além dos aumentos progressivos de salário. Scheiber era esperta. Ao analisar a declaração de imposto de renda de outras pessoas, chegou à conclusão de que a maneira mais certa de enriquecer seria investir em ações e títulos. Scheiber decidiu então também ficar rica.

Aposentou-se da Receita Federal no início da década de 1940 e mudou-se para Nova York com uma poupança de 5 mil dólares. Procurou um corretor e aplicou sua poupança em uma seleção de ações feita por ela. Alugou um conjugado e passou a viver de sua magra pensão e da Previdência Social. Enquanto seu dinheiro crescia, a ênfase da vida de Scheiber ia se tornando cada vez mais estreita; tudo que lhe interessava era ganhar dinheiro.

Já em 1970, era multimilionária, mas ainda morava de aluguel no apartamento conjugado, com a tinta descascando nas paredes e a mobília que comprara em 1944. Scheiber usava o mesmo casaco e chapéu pretos todos os dias, independentemente da estação do ano, sem gastar um tostão de seu dinheiro para melhorar sua vida ou mesmo permitir-se alguns dos mais simples prazeres humanos. Cada centavo era aplicado em investimentos.

Enquanto estava viva, somente seu corretor e seu advogado sabiam quanto dinheiro Scheiber tinha – ela os fizera jurar guardar segredo –, e era uma mulher muito triste, apesar dos milhões que possuía. Um de seus sobrinhos disse que quanto mais rica ela ficava, mais amarga se tornava. Quando Scheiber faleceu em 1995, ainda no mesmo apartamento decadente, o dinheiro que ela nunca conseguiu desfrutar seria alegremente bem utilizado por seus herdeiros. E, quando a história dessa excêntrica milionária tornou-se conhecida, muitos analistas financeiros examinaram os registros de como Scheiber conseguiu aumentar em 439.900 por cento um investimento inicial de 5 mil dólares.

Anne Scheiber pode ter sido descrita como uma mulher ao mesmo tempo brilhante e esquisita em relação a dinheiro, mas certamente estava repleta do mesmo tipo de vulnerabilidades e receios de seu perfil, a versão Mendiga[1] do Esquilo. (Vou apresentá-lo mais adiante neste capítulo a outro tipo de Mendiga, mais identificável, e vou lhe mostrar como lidar mais satisfatoriamente com as questões emocionais que cercam o dinheiro.)

O que me faz voltar a você. Você diria que é predominantemente um Esquilo que prefere economizar a gastar? Se você tiver respondido afirmativamente a duas ou três das perguntas no início deste capítulo, é quase certo que pode ser identificado como um Esquilo.

Recebo milhares de e-mails e cartas de seu perfil, de modo que tenho uma boa idéia a respeito de quais são seus interesses: maximizar seus ativos sem se arriscar muito. Das metas que apresentarei, a primeira certamente será encorajá-lo a correr alguns riscos aplicando parte do dinheiro em investimentos com uma maior rentabilidade. (Falarei mais sobre o assunto depois.) Minha outra meta é que você mantenha sua paixão por juntar dinheiro, mas que, além disso, conceda a si mesmo o prazer de desfrutar o que ganha. Você é essencialmente bom com o dinheiro, de modo que deve deixar que ele seja bom com você!

Afinal, como são os Esquilos? Vamos dar uma olhada

O Esquilo revelado

Os Esquilos adoram dinheiro e se preocupam com ele com a mesma emoção profunda. De todos os Perfis Financeiros, o seu é o que mais tem medo de perder tudo. Como um modo de evitar o desastre financeiro, você estaria disposto a dedicar a vida a hábitos de poupança seguros e à segurança no emprego. É claro que esse medo, freqüentemente irracional, de que, com um único passo errado, você ficará desamparado, encerra um componente emocional. Um passo errado pode significar qualquer coisa que fuja a seu controle, como seu pai, sua mãe ou seu cônjuge perderem o emprego, um fracasso nos negócios, a morte de uma pessoa querida, um mau investimento ou uma fraude. Às vezes, o medo fundamenta-se

---

[1] A palavra Mendiga, neste caso, é uma tradução aproximada do termo original em inglês "Bag Lady", que é a mulher pobre que constantemente cata comida, latas e garrafas nos becos dos fundos dos restaurantes e carrega os seus pertences em bolsas de supermercado. A palavra Mendiga, com inicial maiúscula, no contexto deste livro, refere-se a pessoas de ambos os sexos. (*N. da T.*)

em um fato, ou seja, o desastre financeiro faz parte de sua história e você não quer que isso aconteça de novo. Vocês são verdadeiros artistas quando se preparam para o desastre! Se seu lema é "Se alguma coisa puder dar errado com dinheiro, ela dará", você não vai correr os riscos necessários com o seu dinheiro para poder obter um retorno mais elevado em seus investimentos.

À semelhança do animal que é a mascote de seu tipo, o esquilo, você age a partir do instinto de se preparar para tempos difíceis e de escassez. Você cria um estoque para não ter de sobreviver dia após dia; você prospera a longo prazo. É claro que esse comportamento é taticamente inteligente: a parcimônia, a capacidade de previsão, o planejamento e a frugalidade o fazem seguir adiante sem preocupações. No entanto, como você é um Esquilo, o mesmo instinto que diz "Aumente a pilha" também é acionado pelo medo, que exige "E agora, tranque a porta para que nada lhe seja tomado". Se existe um Perfil Financeiro que extrapola na decisão de não investir ou gastar de modo mais agressivo, é o seu.

Quanto às Mendigas, que é uma variação desse perfil, tenho a dizer o seguinte: você vive em um mundo seguro e isolado desde que tenha bens. As verdadeiras mendigas estão na rua e representam não apenas o medo da perda dos bens pessoais, como também o de ser abandonada e não ter ninguém a quem recorrer para obter algo básico como um quarto com uma cama e uma refeição.

No geral, você tem energia e coragem, então dê uma chance a si mesmo e reflita sobre minhas sugestões sobre como você pode realmente aumentar seus ativos! Elas serão compensadoras.

Os pontos fortes do Esquilo

Embora os Esquilos às vezes sejam fortemente censurados porque não se separam facilmente do seu dinheiro, deveriam ser elogiados por sua competência em administrar o que possuem. Por ser um Esquilo, você provavelmente se sente à vontade com um orçamento, adora usar os cupons de descontos da lojas e sabe onde encontrar as melhores pechinchas da cidade. Os Esquilos podem ser tão disciplinados no que diz respeito a não gastar dinheiro que conseguem resistir a liquidações, barganhas e ofertas. Na verdade, você é capaz de dizer enfaticamente não a uma criança que implora dinheiro para comprar ninharias e permanecer fiel a seus princípios. Você não é persuadido com facilidade, como um pai ou mãe Batalhador ou Grande Apostador pode ser.

Você é extremamente talentoso para equilibrar os cálculos de seu talão de cheques – e do de qualquer outra pessoa – e provavelmente tem um emprego no qual é capaz de demonstrar a competência no que diz respeito à ordem, à organização e a estabelecer (e viver dentro de) limites. Por ser um Esquilo clássico, você facilmente viverá de acordo com suas possibilidades e não sentirá necessidade alguma de provar nada aos outros por meio de seus bens. Saber na intimidade que você tem dinheiro ou bens materiais suficientes é totalmente satisfatório para você.

As Mendigas entre vocês vivem em um mundo isolado desde que tenham ativos. Muitas Mendigas conseguiram acumular uma verdadeira fortuna, porém, por definição, sem muito prazer ou satisfação. Você tem persistência e acompanha as ações até o final, além de possuir, é claro, uma cautela natural. Ninguém é capaz de igualar seu talento de extrair o máximo de cada centavo, seja por meio de investimentos ou fazendo com que o que você compra dure um bom tempo.

Acima de tudo, os Esquilos são pragmáticos, ou seja, práticos e realistas com relação ao dinheiro, porém em excesso.

Os pontos fracos do Esquilo

Na condição de Esquilo, você vive tipicamente aquém de suas possibilidades, recortando cupons de desconto, o que, ironicamente, pode ser uma qualidade positiva. No entanto, o aspecto negativo é que você quase não tira férias ou as elimina totalmente, e não aprecia o que tem, raramente desfrutando os prazeres da vida de alto nível que tem à sua disposição.

Por outro lado, existem Esquilos como o homem que recente conheci em um seminário que estava apresentando sobre investimentos. No final da noite, ele veio falar comigo. Contou-me que ele a mulher possuem uma casa grande, com quatro quartos, em Westchester County, e que finalmente quitaram a hipoteca. Desse modo, como acabam de atingir a idade da aposentadoria, possuem uma casa que vale mais de 1 milhão de dólares e nenhuma renda líquida, mas o homem declarou, sorrindo: "Não temos nenhuma dívida!" Embora não ter dívidas seja de fato algo bom, nesse caso, o modo de pensar do Esquilo anulou essa vantagem.

Assim como o Esquilo está disposto a acumular ativos, ele também está inclinado a resistir a dívidas. A decisão desse casal de Esquilos de liquidar a hipoteca dez anos antes do prazo é um bom exemplo do que *não* se deve fazer. Eles estavam orgulhosos por terem quitado a hipoteca, mas esse fato não melhorou efetivamente sua situação monetária geral. A pressa de poder dizer: "Não temos nenhum débito" reflete a ansiedade decorrente de dever dinheiro, e não a administração sensata do dinheiro. A fraqueza do casal foi sucumbir à ansiedade e colocá-lo no controle de seu dinheiro. Eles teriam obtido resultados bem melhores se tivessem liquidado mais lentamente a hipoteca e aplicado o dinheiro em investimentos que teriam aumentando seu capital. Teriam tido liquidez. A aversão ao débito os deixou economicamente bem, porém financeiramente mal.

Como esse casal, um enorme número de Esquilos não põe à prova a realidade a respeito do dinheiro. O pensamento avultante sobre a eliminação de dívida, por exemplo, elimina qualquer outra possibilidade. Quando isso ocorre, você não está aberto e não é capaz de fazer escolhas ou correr riscos mais inteligentes. Em lugar algum esse fato é mais evidente do que no caso da variação Mendiga do Esquilo.

PREOCUPAÇÃO A RESPEITO DO DINHEIRO

O dinheiro é uma dor de cabeça que piora se nos preocuparmos com ela? Um artigo na revista *Men's Health* chamado "Mental About Money" citou Susan Galvan, diretora-executiva do Kinder Institute of Life Planning, uma empresa de planejamento financeiro, com relação ao assunto.

Uma das preocupações masculinas comuns, afirma Galvan, é a convicção "Não ganho o suficiente". Galvan afirma que é mais importante decidir o que você deseja na vida para ser feliz e depois calcular quanto dinheiro precisa para consegui-lo, do que partir do princípio de que é a busca do dinheiro em si que o fará feliz. É mais útil desenvolver uma estratégia de poupança e gastos com base no que você quer na vida. *"Se você se concentrar no dinheiro"*, diz ela, *"nunca se realizará. O dinheiro é o sistema de apoio, não a meta fundamental."*

Motivadas pelo medo profundo da perda, as Mendigas, lamentavelmente, enganam a si mesmas. O medo de ficar desamparadas ou se tornar mendigas – pessoas sem recursos que não controlam a própria vida – transforma pessoas que têm uma situação financeira confortável em sovinas que vivem muito, *muito* aquém de seus recursos. As Mendigas são geralmente mulheres (mas os homens também se qualificam!) que estão se dando bem na vida e que não têm razão alguma para ter medo de perder tudo.

Governadas pelo medo irracional de que um passo em falso as levará para o meio da rua, nos casos mais críticos, as Mendigas não conseguem desfrutar o que têm. Como acreditam fervorosamente que *tudo* poderá dar errado, elas se preparam para o desastre como um estilo de vida. Não se permitem enxergar uma situação financeira equilibrada ou mais verdadeira porque se concentram na possibilidade da perda. Ao visualizar o desastre iminente, correm poucos riscos e tendem a conservar o dinheiro em contas de poupança e certificados de depósito com baixas taxas de juros, o que, ironicamente, as leva a perder as oportunidades de desfrutar maior prosperidade e segurança.

Vou apresentá-lo a alguns Esquilos clássicos que ainda estão empacados e sem saber o que fazer. Quando conversei com eles e ouvi suas histórias, compreendi que eram pessoas corajosas que haviam esquecido que tinham mais controle do que acreditavam sobre seu dinheiro e suas escolhas. Percebi como poderia ajudá-los e torná-los "um pouco menos Esquilos", sem que precisassem se afastar demais de seu Perfil Financeiro. Vamos examiná-los:

"Não Vou Perder Tudo de Novo!"

Quando conversei com Tina, ela e sua família haviam acabado de voltar de uma viagem à Flórida e de um fim de semana na Disney World, férias muito merecidas para todos eles. Perguntei se haviam se divertido, e ela hesitou por um momento antes de responder. "Eu só conseguia pensar que tudo aquilo nos custara 4.500 dólares!" Finalmente, ela admitiu o seguinte: "Passados alguns dias, consegui efetivamente começar a me divertir. Fiquei feliz por termos feito aqueles planos." Eu soube então que estava falando com um Esquilo clássico, que tende mais a se concentrar nos gastos do que no valor da experiência que o dinheiro está possibilitando.

Nem sua tranqüilidade financeira nem o sucesso do marido conseguem aplacar a sua tendência mental. E não são apenas os gastos com as férias que preocupam essa mulher de Tulsa, de 44 anos. Os sentimentos de Tina com as despesas são muito mais profundos. Seus receios giram em torno de ficar financeiramente arruinada, e sua apreensão é um vestígio de um espectro de sua infância muito real e que teve conseqüências para a vida inteira. "Não estou enterrando potes cheios de dinheiro no quintal", garantiu Tina, mas considerando-se a história de sua família, ela pode muito bem estar tentada a pegar a pá.

Tina foi criada com todos os privilégios que uma criança poderia desejar e tinha uma vida excelente até que tudo isso desabou. Ela tinha apenas 11 anos quando seu pai, um homem de negócios, foi acometido por uma doença incurável. Ele nunca mais pôde trabalhar, e sua poupança e os seus investimentos não cobriram as despesas médicas, tampouco foram capazes de sustentar, ao menos de longe, o nível de vida da família. Foi a avó de Tina que os socorreu. A doença do pai e o repentino colapso nas circunstâncias da família modificaram drasticamente a vida de Tina, obrigando-a a amadurecer rapidamente. "Eu vi como nosso mundo pode desmoronar em uma fração de segundo de um modo que foge totalmente ao controle", declarou ela. "A partir de então, só consegui pensar em dinheiro e fazer a pergunta 'quanto?'"

No início da adolescência, Tina jurou evitar a catástrofe financeira de qualquer jeito que pudesse. Pagou seus estudos na faculdade tomando empréstimos educacionais e trabalhando em um bar, nos finais de semana, por causa do salário mais elevado – "para aumentar mais seu dinheiro" –, em vez de aceitar o cargo de professora assistente com uma remuneração menor. Parcimoniosa e resolutamente avessa ao risco, Tina estava determinada a se formar com um MBA, o que lhe garantiria um emprego melhor. Ela não pensava na satisfação que a carreira poderia lhe proporcionar, e sim em quanto ela um dia a remuneraria. Inconscientemente, Tina estava sempre esperando que alguma coisa ruim acontecesse, ou seja, que algo ou alguém, além de seu controle, interrompesse seu manancial de dinheiro.

As aspirações de Tina a fizeram aterrissar em um centro de atividades compartilhadas de uma empresa de serviços financeiros. "Antes de me casar, perdi dinheiro em algumas ações. Aprendi que ninguém morre por perder 1.000 dólares, mas, mesmo assim, doeu terrivelmente. Eu me tornei muito desconfiada." Depois, Tina se casou e teve um filho. Ela e o marido, Doug, ganhavam mais de 100 mil dólares por ano e nada lhes faltava. Posteriormente, o casal teve um segundo filho, que nasceu com uma grave deficiência. "Na manhã em que voltei ao trabalho depois da licença-maternidade, meu chefe me disse que achava que eu deveria me dedicar mais à vida em família", declarou Tina.

A coisa ruim que ela esperava acontecera. Tina perdeu o emprego, e a renda familiar foi reduzida à metade.

Isso ocorreu há dois anos. Hoje, Tina é basicamente uma mãe que fica em casa e dá algumas aulas em uma faculdade local em regime de meio expediente.

INSTANTÂNEO FINANCEIRO DE TINA E DOUG

Essa família de classe média alta não está sentindo nenhuma pressão financeira com um dos cônjuges trabalhando em horário integral e outro em meio expediente. Seu perfil tem a seguinte aparência:

- Estão livres de dívidas, e só falta o pagamento de 90 mil dólares da hipoteca de 400 mil. Não devem nada nos cartões de crédito.
- A van de Tina está quitada, embora Doug ainda precise concluir o pagamento de seu carro.
- Um fundo mútuo de 40 mil dólares ajudará a cobrir futuras despesas com a faculdade.
- Tina e Doug transferiram seus planos 401(k)s de empregos anteriores, e consideram que estarão em boa situação quando se aposentarem.
- Sempre muito econômica, Tina só compra roupas para a família ou objetos para o lar quando precisam ser substituídos, e prefere comprar comida e outros artigos de necessidade quando estão em promoção ou nas lojas de descontos.

Tina me contou que gostaria de perder a sensação de medo e apreensão que ser um Esquilo cria para ela: "Olho para minha infância e ainda consigo ver o rosto desesperado de meu pai, a imagem do quanto a perda *pode* doer. Não quero passar por isso de novo." Tina disse que o fato de seu pai não ser mais capaz de ganhar dinheiro tirou mais a vontade dele de viver do que a doença. "Eu me senti indefesa porque não podia modificar as circunstâncias ou fazer meu pai melhorar para poder continuar a trazer dinheiro para casa." Ela disse. "Tudo foi tirado dele. Farei qualquer coisa para não vivenciar novamente essa perda."

Aprenda com a catástrofe: não deixe que ela controle sua vida

A inocência de Tina teve fim com o destino trágico de seu pai Batalhador e seus hábitos de Esquilo encaixando-se no lugar. Para ela, economizar cada centavo e viver com parcimônia são medidas de segurança destinadas a prevenir outra assustadora catástrofe financeira. Até agora, Tina tem-se saído bem, mas está emperrada olhando para trás e por cima do ombro em busca de uma surpresa que despojará novamente seus ativos.

Logicamente, Tina sabe que, ao andar com fantasmas que a fazem recordar a perda, ela só poderá ver o que eles enxergam: o iminente desastre financeiro. Eu sei que ela está pronta para fazer o que muitos Esquilos não conseguem: conferir a si mesma o poder sobre o dinheiro e não deixar que o dinheiro tenha poder sobre ela. Todo Esquilo é capaz de agir assim!

O caso de Alan é um pouco diferente, mas ele possui várias qualidades de um Esquilo que tendem a limitar suas possibilidades.

"Fui criado para ser grato por conseguir sobreviver e ter vergonha de desejar mais!"

Alan é um homem de Michigan, recém-aposentado, que é um tipo interessante de Esquilo. Ele se preocupa com o dinheiro, segundo afirmou, não por causa de si mesmo, mas por sua única filha, Sally. Ele tem medo de, no futuro, não ter dinheiro suficiente para ajudar a filha divorciada, cuja pouca capacidade de administração financeira o preocupa terrivelmente. Já no que diz respeito à sua vida, Alan afirma que é satisfatória, embora desejasse descobrir uma maneira de ganhar mais dinheiro. Alan diz que está vivendo aquém de suas possibilidades, mas me garante que a situação não é inquietante. A verdade é que Alan é um Esquilo que se recusa a admitir o que poderia tornar sua vida melhor.

Alan é um homem flexível que foi criado em um lar no qual o dinheiro era sempre escasso. Seu pai morreu jovem, em um acidente, mas sua mãe sempre se mostrou otimista e nunca reclamou. Alan diz que cresceu sentindo-se pobre e alguém estranho àquela situação. No entanto, os ensinamentos de sua mãe lhe conferiram uma boa capacidade de recuperação e o tornaram um homem esforçado. O medo da extrema pobreza e de perder tudo aguçou suas inclinações naturais de Esquilo. "Minha mãe defendia a importância de eu ter sempre um emprego e nunca ficar em uma situação na qual eu pudesse precisar de ajuda com relação ao dinheiro. Ela também exaltava a necessidade da instrução na vida da pessoa. Os conselhos dela me marcaram."

Quando Alan tinha mais ou menos 14 anos, sua avó foi morar com eles. Quando seu pai morreu, Alan de repente tomou consciência de como o dinheiro muda a vida das pessoas, mas essa conscientização foi aguçada com a presença da avó. "Minha mãe cuidava dela, mas sei que às vezes ela se ressentia disso. Houve ocasiões em que até eu me ressenti. Havia muita amargura lá em casa porque não tínhamos muito dinheiro e dispúnhamos de menos espaço." O sonho de Alan era ser arquiteto, mas, aos 17 anos, convenceu-se de que essa profissão seria excessivamente instável e repleta de um condicionamento negativo: e se ele não tivesse clientes, e se os clientes não pudessem pagar? Ele não queria uma vida que, de alguma maneira, deixasse uma porta aberta para dificuldades financeiras. "Decidi que eu sempre teria um emprego e uma conta bancária saudável", disse ele.

Assim como a vida familiar original de Alan fez dele um Esquilo, a mentalidade de sua mulher a respeito do dinheiro reforçou seus sentimentos. "Ela estava sempre interessada em manter as aparências. Não preciso ter tudo do bom e do melhor, mas Barbara exigia que fosse assim", explicou Alan. Barbara tinha uma pequena butique, mas não era uma boa mulher de negócios e era incapaz de administrar o dinheiro. Eles perderam a casa e toda a poupança – tudo com que Alan se preocupava. "Meu medo se tornou realidade", declarou ele. "Depois nos divorciamos. Eu não tinha nada, estava literalmente na lona. Lentamente consegui sair daquela situação devido à minha tendência de fazer economia. Comecei tomando medidas para que determinada quantia fosse automaticamente deduzida do meu salário e depositada na conta de uma cooperativa de poupança e crédito. Não quero me sentir tentado a gastar esses poucos dólares."

Parte do comportamento de Esquilo de Alan pode ser atribuída a uma carreira de 35 anos em um cargo público, no qual não há bonificações ou outras recompensas financeiras semelhantes. Ele se valeu de várias boas promoções e dos correspondentes aumentos de salário para melhorar seu padrão de vida. Quando eu lhe pergunto o que gostaria de mudar em sua imagem financeira, ele responde instantaneamente: "Quero ter mais dinheiro."

> **INSTANTÂNEO FINANCEIRO DE ALAN**
>
> Aos 62 anos, Alan se aposentou e tem os seguintes ativos:
> - Uma pensão de 75 mil dólares e a Previdência Social.
> - Um plano de aposentadoria – basicamente um plano 401(k) para funcionários municipais ou federais – para o qual começou a contribuir vários anos antes de se aposentar. Mais tarde, transferiu parte dele para um plano do tipo IRA.
> - Uma conta de poupança de corretagem a 2,35 por cento, que é financiada por retiradas diretas de sua conta corrente.
> - Como tudo no final irá para sua filha e netos, ele fez um plano universitário para os dois netos, por não ter certeza de que a filha faria isso para eles.
> - Uma pequena quantia em um fundo mútuo e em um Certificado de Depósito. No entanto, ele tem medo de se envolver com a bolsa de valores, por considerá-la "arriscada demais".

"Não que eu sinta que estou passando alguma privação. É difícil para mim visualizar uma verdadeira crise, a não ser que eu perca tudo", disse-me Alan. "Eu provavelmente poderia investir melhor meu dinheiro, mas não sei por onde começar. Além disso, tenho medo de fazer isso. Sei que tenho dinheiro no banco, o que é tranqüilizador!" Um dos motivos pelos quais Alan tem dinheiro no banco é o fato de raramente gastar dinheiro consigo mesmo. Ele não tira tantas férias quanto gostaria, em geral optando por depositar o dinheiro no banco. Em vez de viajar, ele vai para o outro lado da cidade, se hospeda na casa da filha e banca a babá dos netos. Alan está empacado.

"Não sei o que fazer daqui para frente", disse ele. "Você tem idéia?"

Tenho algumas sugestões para Alan, e para os Esquilos que pensam como ele:

Aumente suas expectativas: e tente alcançá-las!

Alan nunca teve muita coisa ao crescer em uma família em que todos, infelizmente, se consideravam pobres. Não é necessário dar um salto muito grande para deixar de achar que é pobre e *ser efetivamente* pobre. Se você acha que é, está certo. Em determinado momento, Alan se lembrou de que, quando era adolescente e morava em um apartamento de dois quartos com a mãe e a avó, ele chamou sua casa, brincando, de "terra de segunda mão". Quando começou a trabalhar e ficou mais sofisticado, ele chamou seu lar de "terra de limitação". Bastante significativo.

Embora o espírito protetor bem-humorado de sua mãe fosse o aspecto positivo de sua casa, Alan também sabia que seus pais não tinham a menor idéia do quanto poderiam ter. Acreditavam na limitação, como se dissessem: "Ter mais dinheiro e prosperidade não é para nós. É para os outros." Alan, no entanto, seguiu o conselho da mãe e escolheu um emprego público, em vez de fazer o que tinha vontade – ser arquiteto. Assim como as da mãe, as expectativas de Alan eram baixas. A escolha dele o deprimiu quando era jovem, e continua a deprimi-lo agora.

No entanto, as escolhas não são fixas e predeterminadas. Podem ser modificadas se você mudar seu ponto de vista!

Tenho várias idéias que deverão estimular os Esquilos a adquirirem um pouco de confiança e correrem um risco levemente maior para aumentar seu pé-de-meia. Em primeiro lugar, entretanto, temos de examinar o que está realmente acontecendo no coração e na mente dos Esquilos no que diz respeito a seu relacionamento com o dinheiro.

Realizando mudanças: o caminho emocional

Minha missão para com todo Esquilo, como você, é ajudá-lo a aproveitar o seu dinheiro agora de um modo que esse prazer não o conduza a um desastre. O que o está impedindo de seguir em frente é a mesma coisa que está refreando Tina e Alan: a bagagem emocional. Sei que alguns Esquilos consideram poupar e acumular dinheiro uma virtude. E de fato o é. Mas não é virtuoso enganar a si mesmo e privar-se de ter uma vida melhor agarrando-se a idéias a respeito do dinheiro que o mantêm receoso ou limitado. Embora analisar seus sentimentos a respeito do dinheiro seja algo um pouco trabalhoso, análise que você, esperançosamente, já iniciou ao responder às perguntas do Capítulo 2, estou certo de que é capaz de enfrentar seus demônios e começar a realizar pequenas mudanças para aumentar seu patrimônio líquido. Pense no que pode ter influenciado os aspectos negativos de seus hábitos de Esquilo. São questões que você precisa neutralizar.

Como os psicólogos sempre dizem: o que importa não é o evento, e sim a maneira como reagimos a ele. Algumas pessoas desmoronam desesperadas e deprimidas quando ocorre uma perda. Consta que alguns Esquilos se suicidam quando perdem todo o seu dinheiro; outros declaram: "Se consegui uma vez, posso conseguir de novo", e seguem em frente. Para efetuar uma mudança, mesmo que discreta, você precisa reagir ao dinheiro de maneira diferente. Tina e Alan sobreviveram às suas versões particulares de catástrofe e perda, e cada um acabou com uma ferida emocional diferente. Tina é perseguida pelo passado e caminha com os fantasmas, enquanto Alan vive em um estado de limbo. Eis o que aconteceu a eles. Você talvez veja a si mesmo na situação deles.

Enfrente os seus demônios e afaste-se vitorioso!

O que é verdade para Tina é verdade para todos nós. Somos produto da nossa história, e não há como negar que os eventos traumáticos moldam nosso comportamento. De maneira extremamente real, Tina aprendeu a lidar com a perda financeira da família e foi capaz de seguir adiante. Ela tem um lado positivo que está preparado para a mudança. O mesmo ocorre com você.

Em minha opinião, qualquer pessoa que ainda se sinta muito magoada por um evento passado relacionado com dinheiro precisa esforçar-se para aliviar essa dor para sempre. Existem, na verdade, duas tarefas a realizar. Em primeiro lugar, você precisa entender e perdoar a si mesmo e seus pais pela vida que você talvez sinta que foi roubada de você e deles. Em segundo lugar, me dizem os psicólogos, você pode estar se sentindo culpado por estar em uma situação financeira mais segura do que aquela em que seus pais estavam quanto tinham a idade que você tem hoje. Por conta dessa culpa, você talvez não consiga dar a si mesmo o prazer de desfrutar seu trabalho árduo e dar o passo seguinte para lidar com o dinheiro de maneira mais inteligente.

Experimente a seguinte mudança em seu modo de pensar:

Se você se identifica com a história de Tina, está na hora de renunciar às dolorosas experiências do passado sobre as quais você não tinha controle e nunca terá. Acredite que o que você tem agora é o melhor de você, e sobre isso você tem controle. Você controla as escolhas que faz *agora*. O que poderia lhe conferir mais confiança? Você precisa abandonar os fardos do passado em consideração a si mesmo e às pessoas que se importam com você. Eles são dispendiosos demais e não trazem benefício algum.

Quando as circunstâncias da infância sofrem mudanças enormes, como no caso de Tina ou mesmo da auditora da Receita Federal cuja história é apresentada no início deste capítulo, as repercussões podem ser intensas e, o que é ainda mais prejudicial, duradouras. Se uma reviravolta financeira moldou parte de sua infância, você provavelmente se lembra do que sentiu ou do comportamento que exibiu quando o desastre ocorreu – atitudes das quais você hoje se envergonha. Você talvez ainda fique em pânico com relação ao dinheiro, sentindo algo semelhante ao que sentiu quando seu mundo começou a se desintegrar há muitos anos.

Se você passou por um desastre financeiro no passado, é prudente que você pare e registre como se sente a respeito do dinheiro. Os Esquilos que ainda estão sofrendo por conta de uma experiência passada devem fazer a si mesmos as seguintes perguntas:

- O que você sente em relação ao dinheiro está de alguma maneira relacionado com um sentimento de pesar ou medo? Algum incidente em particular tornou esses sentimentos tão vívidos que você fez deles um modo de vida?
- O que seus pais lhe disseram que você poderia ter? Mais do que você queria, ou menos?
- Você tem mais dinheiro hoje do que seus pais tinham em sua idade?
- Você sente culpa por ter uma situação financeira confortável? Seus pais faziam com que você se sentisse culpado por pedir alguma coisa que custasse dinheiro?
- Você tomou uma decisão a respeito de sua vida financeira durante o primeiro ano de um evento traumático? Que decisão foi essa? Você se ateve a ela?
- Sua vida sofreu desnecessariamente de alguma maneira porque você se recusa a fazer despesas com as quais pode arcar?

Uma mudança no modo de pensar resolverá finalmente os conflitos da primeira fase de sua vida, as batalhas emocionais que têm de ser esclarecidas. Essa mudança finalmente o livrará de um enorme e antigo fardo – o de acreditar que a vida e o dinheiro são limitados. Em segundo lugar, você poderá perceber exatamente como seu relacionamento com seus pais afetou sua capacidade de manipular o dinheiro. Os conflitos nesses relacionamentos podem lançar uma larga sombra sobre a maneira como você lida com o dinheiro. No caso do Esquilo, o conflito o levará agressivamente a se agarrar ao que você tem.

Inspirada no relato de Alan, sua próxima tarefa emocional será um pouco diferente. Nesse caso, você talvez sinta que a história precisa se repetir e que as limitações financeiras de um de seus pais inevitavelmente se apresentarão como pertencentes a você. Se for esse o caso, pense no seguinte:

Seja mais ambicioso e acredite que estou me referindo a você!

Você é ambicioso (ou mais ambicioso) com relação ao dinheiro ou tem idéias limitadas? Quase todos os Esquilos têm grandes sonhos, mas levam uma vida limitada. Esse padrão de comportamento no Caminho Emocional do Esquilo é profundo e acidentado. Está na hora de remover as saliências da estrada e seguir em frente! Eis o que quero dizer: muitos Esquilos criados em lares onde contar os centavos era um fator de sobrevivência literalmente só conseguem enxergar o dinheiro mais tarde em função de centavos. Esse modo de pensar é limitado, e por causa dele, sua verdadeira tarefa emocional é chegar a um acordo com as mensagens negativas que lhe foram transmitidas e que nada têm a ver com sua realidade atual.

Alan, por exemplo, recebeu uma mensagem desanimadora da mãe a respeito de contentar-se com o que ele tinha, mensagem que o acompanhou durante a vida adulta. A idéia de simplesmente ter a sobrevivência como algo positivo limita a criatividade, o crescimento pessoal e as experiências. Você já ouviu mensagens semelhantes que diziam: "Só se pode esperar da vida o mínimo possível"? Ou "Seja grato pelos centavos e migalhas"? Se seus pais pareciam oprimidos, você talvez não veja como a sua vida pode ser diferente, mesmo que você ganhe muito dinheiro ou, como no caso de Alan, que se casou com uma mulher que ele achava que iria ajudá-lo a viver de um modo vicário. Barbara teve a coragem de se virar sozinha e viver seu sonho – e, com esperança, fazer com que se tornasse compensador. Entretanto, quando um cônjuge ou um parceiro se revela um castigo emocional e financeiro, os Esquilos acham que isso é uma prova de que a vida só lhes traz más notícias ou os fragmentos mais insignificantes.

Muitos Esquilos ainda vivem em um estado de moderada privação, na "terra de limitação" criada por eles mesmos. Embora isso possa, em parte, ser atribuído às suas tendências de Esquilo, outro aspecto que influencia a situação é o fato de que você não satisfaz as suas necessidades, seja providenciando um escoadouro que lhe permita uma criatividade reprimida, praticando uma extravagância ocasional sem sofrer por causa do custo, seja aprendendo mais a respeito de como fazer com que seu dinheiro trabalhe para você. O que está faltando na vida de Alan é esperança, sonhos e alegria. Isso se aplica a você também? Você talvez tenha crescido sentindo-se confinado, despojado e oprimido, mas hoje é capaz de começar avançar em direção a uma "terra de abundância" e efetuar mudanças.

Experimente a seguinte mudança em seu modo de pensar:

Para sair da terra da limitação e ingressar na terra onde existe abundância – sua cota justa dela –, você precisa acreditar que essa situação monetária é possível e existe. Você encontrará provas do que estou dizendo se olhar à sua volta. Os Esquilos são realistas, certo? O que você está vendo?

Muitas pessoas têm uma grande quantidade de dinheiro ganho por intermédio de inúmeras oportunidades. O que você está dizendo a si mesmo a respeito de onde o dinheiro está? Em vez de sentir que os outros têm e você não tem, mude a perspectiva de se sentir limitado ou despojado e passe a ter uma meta. Decida o que você deseja ter, e trace seu curso para alcançar esse objetivo. Há uma exortação cósmica que diz o seguinte: "Você atrai para a sua vida aquilo em que pensa." Pense em centavos e em limitação, e eles serão seus. Expanda com sabedoria suas possibilidades, e você terá dólares. Imagine-se tendo o que você deseja.

Alan me disse, por exemplo, que sua meta é ter "mais dinheiro". Esse é o início da especificação de uma meta que não está fora do alcance dele nem do *seu*. Para atingi-la, você tem de visualizar seus planos para ganhar esse dinheiro (algo com o que poderei ajudá-lo no Caminho Financeiro que você encontrará mais adiante neste livro), saber o que faria com mais dinheiro além de poupá-lo ou deixá-lo para sua família ou uma instituição de caridade. Ao elevar as expectativas com relação a si mesmo e ao que é capaz de ter, você poderá finalmente deixar de se sentir oprimido ou deprimido, e escapar do compartimento apertado em que vive.

Será que a Mendiga, a versão mais extrema dos Esquilos, é capaz de mudar? Você verá como uma mudança no modo de pensar a respeito de encarar o dinheiro com mais objetividade pode fazer a diferença. Darlene é um exemplo desse perfil:

Vencendo a síndrome da Mendiga

"Decidi dar um presente a mim mesma quando completei 39 anos", escreveu-me Darlene, uma diretora de recursos humanos que mora em Miami. "Decidi parar de ser um Scrooge[1] e ser boa para mim mesma. Peguei parte do dinheiro que meu pai me deixou e dei entrada em um apartamento de dois quartos. Falando em milagres! Moro em um conjugado apertado desde que deixei meu marido e pedi o divórcio. Há uma semana, acordei pensando que não poderia chegar aos 40 anos entrando em pânico sempre que tivesse de gastar mais de 100 dólares. Desde que comecei a trabalhar, e até mesmo enquanto eu estava casada, eu ficava desesperada todas as vezes que uma despesa maior aparecia, quer ela estivesse relacionada com a compra de um sofá novo ou o pagamento de impostos. Eu via o dinheiro ir embora e entrava em pânico por achar que gastar uma quantia x significaria que eu ficaria completamente dura. Ainda estou um pouco preocupada com o pagamento da hipoteca, mas vou lidar bem com isso."

Darlene chama a si mesma de Scrooge, dando a entender que sofre quando precisa ver o dinheiro ir embora, até mesmo para pagar contas. Darlene está vivendo sua versão da síndrome da Mendiga, agarrando-se à crença irracional de que, com uma única mudança financeira equivocada, ela ficará sem recursos.

O medo das mulheres de ficar desamparadas, na opinião de alguns especialistas, está relacionado com a realidade financeira da época, que é composta, como afirma a autora Colette Dowling em *Making Out: Why Women Sabotage Their Financial Security*, "pela colisão frontal das normas culturais tradicionais com a expectativa relativamente nova de que as mulheres sejam auto-suficientes". Embora as mulheres tenham sido criadas para depender dos homens, também se espera que elas saibam ganhar dinheiro com competência. (As enormes questões do salário das mulheres, de como as mulheres podem viver mais do

---

[1] Menção ao velho avarento da história do famoso conto de Charles Dickens, *A Christmas Carol* [Os Três Espíritos de Natal]. (*N. da T.*)

que sua poupança, e as conseqüências financeiras dos casamentos destruídos estão fora do meu escopo neste livro. Mas eu quis chamar a atenção para essas questões para que você possa estudá-las e, talvez, encontrar soluções para si mesma, caso seja isso que você precisa para viver melhor.)

Perguntei a Darlene se os receios com relação ao dinheiro fazem com que ela tenha fantasias a respeito de se ver na rua sozinha. Ela respondeu: "É claro! Eu até já telefonei para alguns amigos em momentos de grande ansiedade, como quando deixei meu marido sabendo que jamais receberia um centavo de pensão alimentícia. Eu havia saído de um emprego e ainda não havia conseguido outro, estava fazendo mestrado e sentindo-me vulnerável. Perguntei a meus botões: e se eu não conseguir? Perguntei a meus amigos se me deixariam dormir no sofá deles caso eu ficasse sem casa e sem dinheiro. A ameaça da falta de dinheiro pode ser realmente terrível, mas devo dizer que estou me sentindo muito mais confiante. Tenho uma herança e quantia suficiente no banco para nunca ir parar na rua, e sei como manter o dinheiro em segurança. Tenho um emprego e uma renda adicional. Estou pronta para crescer e deixar para trás parte desse medo horrível."

Se essa história o afetou, esteja certo de que a síndrome da Mendiga não é uma preocupação rara entre as mulheres. Na verdade, ironicamente, você pode estar no auge de seus anos de rendimento. Embora você tenha dinheiro e esteja longe da privação, o inconveniente de se sentir como uma Mendiga é que o pânico injustificado por conta de uma possível perda monetária a torna extremamente conservadora. Por enxergar um desastre iminente, você corre muito poucos riscos com o dinheiro.

Com a exceção da compra do apartamento, que é um bom investimento, Darlene coloca seu dinheiro em aplicações pouco arriscadas que pagam juros baixos. Recomendei que ela separasse uma parte da herança e a investisse com mais sabedoria, entregando a administração do investimento a um consultor financeiro experiente. "Conheci uma pessoa que ganhou muito dinheiro para um amigo e lhe deu uma bolada", disse-me ela. "Ainda estou preocupada, mas não sinto medo. E isso é importante para alguém como eu."

O medo da Mendiga começa na infância

Eu estava interessado no que Darlene repetidamente mencionava, ou seja, que houve um momento crítico em sua infância que, de algum modo, a caracterizou como um Esquilo com tendências de Mendiga. De acordo com os relatos que Anne Scheiber fez de sua infância – a Mendiga multimilionária cuja história abriu o capítulo –, os tempos difíceis eram ainda mais difíceis para as meninas. Quando seu pai morreu, a mãe declarou que todo o dinheiro seria destinado às despesas de instrução de seus quatro irmãos. Ela e as quatro irmãs tiveram de cuidar de si mesmas, o que, no caso de Scheiber, aconteceu a partir dos 15 anos.

A história de Darlene é diferente, mas afetou emocionalmente sua vida. Falando francamente, ela disse: "De modo racional, sei que a probabilidade de eu ficar sem recursos é praticamente inexistente, porém, sob o aspecto emocional, ainda estou me curando de uma infância difícil." Houve o trauma que ela chama de "barra pesada". Quando Darlene estava com 10 anos, sua infeliz mãe queria o divórcio, mas foi intimidada e forçada a permanecer casada. Seu pai jurou que deixaria todo o dinheiro para um abrigo de animais, além de ameaçar tomar medidas para que Darlene e a mãe fossem parar na rua com uma mão na frente e outra atrás. Embora fosse um homens de negócios relativamente bem-sucedido, o pai de Darlene era um déspota emocionalmente instável, e cantava de galo usando o dinheiro para expressar amor, raiva, carinho ou os seus próprios temores. No decorrer dos anos seguintes, o pai de Darlene repetiu várias vezes a mesma ameaça, "daí", comentou ela, "meu medo de Mendiga".

Ironicamente, Darlene se casou com um Avestruz, um homem que, com o tempo, se recusou a fazer qualquer esforço para ganhar um salário ou para descobrir por que o sustento da família lhe era tão indiferente. Darlene o deixou depois de alguns anos de casamento por considerar intolerável a atitude dele com relação a dinheiro. Enquanto trabalhava na área de recursos humanos, Darlene voltou para a escola e fez um mestrado em psicologia industrial. Hoje ela trabalha para uma empresa de grande porte e complementa sua renda dando orientação a alguns clientes particulares. No final, as suas tendências de Esquilo/Mendiga a colocaram no controle de seu dinheiro. O fato de ser capaz de neutralizar o poder incapacitante das antigas ameaças à sua sobrevivência a conduziu a um presente muito mais próspero e estável.

Darlene ainda está trabalhando para resolver sua visão do passado. Ela sabe que o pai não a teria magoado da maneira horrível que prometia, mas o dano foi feito. Ela estava perto dos 40 anos quando finalmente conseguiu se desligar do sentimento de ser uma criança indefesa e dependente à mercê de uma ameaça. Não foi fácil para ela comprar o apartamento, mas foi libertador. "Acho que tenho de me proteger contra a possibilidade de alguém controlar novamente o dinheiro de maneira que ele seja deixado para sua versão de um abrigo para animais."

O mesmo se aplica a qualquer pessoa que tenha sido criada em um lar turbulento em que o dinheiro era usado como uma arma. Darlene diz: "Sei que não há razão alguma para eu me agarrar à profunda sensação de que o desastre é iminente. Posso contemplar minha vida agora. Tenho um emprego. Posso construir uma segunda carreira. Mas tive de aprender a dizer: 'Organize-se! Você não tem 10 anos; tem 39 e, afinal, as coisas estão correndo bem em sua vida.'"

Darlene finalmente foi capaz de eliminar parte de seu comportamento de Esquilo e começar a desenvolver um relacionamento mais saudável com o dinheiro.

A principal dificuldade para os Esquilos é tirar o dinheiro do esconderijo e fazer com que ele cresça! É preciso um pouco de motivação pessoal, mas qualquer Esquilo pode fazê-lo. Já vi isso acontecer milhares de vezes. Eis como pode começar para você:

Realizando mudanças: o caminho financeiro

Vou começar com dados estatísticos: na última vez em que verifiquei, os americanos tinham mais de 6 trilhões de dólares em contas de poupança, contas-correntes, certificados de depósito e fundos do mercado financeiro, recebendo, quem sabe, juros de *2 por cento ao ano*. Desse modo, embora sua lógica de Esquilo possa argumentar: "Sim, mas é seguro", a realidade é que são 6 trilhões de dólares que, seguramente, nunca irão aumentar muito. Por eu ser uma pessoa no mundo das finanças que está interessada em fazer o dinheiro crescer, espero levá-los a perceber o potencial contido em investimentos mais inteligentes e, acredite, mais seguros, que lhe proporcionarão a vantagem que você está procurando. Essa é sua chance de realmente fazer uma diferença no que vê em seu balanço patrimonial: uma quantia maior que você investiu com sabedoria.

Lembre-se do seguinte: você administra o dinheiro com competência. Veja como pode fazê-lo ainda melhor seguindo as seguintes diretrizes:

Abrace a diversificação

É chegada a hora de retirar parte de seu dinheiro dessas contas que rendem juros baixos e diversificar – de maneira inteligente. Os Esquilos têm algo em comum com os Avestruzes: eles se escondem e não querem tomar conhecimento do nível seguinte de investimento porque têm medo do que irá acontecer. Você pode superar esse medo por intermédio do conhecimento. Verifique sites especializados em investimentos e compare as informações. Freqüente seminários ou palestras oferecidos por consultores financeiros, muitos dos quais são gratuitos ou custam pouco, e faça perguntas.

Esteja disposto a experimentar um novo modo de pensar que permite que você faça ajustes na maneira como poupa, investe e administra o dinheiro

Para que você consiga controlar mais sua vida, conscientize-se do que diz a si mesmo com relação ao dinheiro. Isso começa com o que você pensa a respeito de seu relacionamento com o dinheiro. Você se ouve dizendo: "Nunca terei nada", ou "Desisto – nunca terei tanto dinheiro quanto..." ou "As pessoas pobres não podem pensar em investir"?

Se você acredita que poupar tocando as raias da avareza é tudo, verifique, mais uma vez, se esse tipo de economia realmente confere satisfação a você e aos seus. Essencialmente, você é mais bem-sucedido quando maximiza a capacidade de administrar o dinheiro e controla seu medo de ficar sem ele.

Além do medo de perder todo o seu dinheiro, recusar-se a correr riscos é outra fraqueza sua. Minha meta é ajudá-lo a obter lucros melhores sobre o seu dinheiro e, para fazer isso, você precisa se arriscar um pouco mais. Isso é possível, e vou lhe ensinar como fazê-lo: primeiro, você deve aprender o que a tolerância ao risco pode fazer por você.

Avalie sua tolerância ao risco

Lamentavelmente, para muitos Esquilos, a palavra *risco* é como a palavra *orçamento* para um Endividado: soa quase como uma impossibilidade. "Por que eu arriscaria o dinheiro que suei tanto para ganhar?" você pergunta. "Sou muito conservador."

A resposta é simples: se você não correr riscos com seus ativos, é improvável que tenha um retorno alto o bastante que lhe permita atingir suas metas financeiras. Parafraseando o conhecido ditado a respeito do exercício físico: "Sem esforço, nada se alcança", no mundo do dinheiro o ditado se transforma num provérbio ainda mais popular: "Quem não arrisca não petisca."

Veja bem. Não estou sugerindo que você corra um risco enorme com todo o seu dinheiro. Nem todo investimento de risco obtém um retorno elevado. Se fosse assim, não seria arriscado. No entanto, ao diversificar cuidadosamente seus ativos entre investimentos de baixo, médio e alto risco, você tem a certeza de que acabará com uma combinação de ativos maior do que se você mantivesse seu dinheiro investido apenas em aplicações de baixo risco e pouco retorno.

Vamos falar sobre o risco, para que você tenha vontade de conhecê-lo melhor, ou pelo menos possa relacionar-se com ele de maneira mais amigável. É complicado prever o que vai acontecer nos próximos meses, mas é ainda mais difícil saber o que encerra o futuro a longo prazo. Por conseguinte, em circunstâncias normais, quanto maior o prazo do investimento, maior o risco. Mas exatamente por estar se arriscando mais você deverá ser compensado no final com um retorno maior. Ao determinar sua tolerância ao risco, você deve compreender vários tipos de risco. Eis os riscos mais importantes com que você se deparará:

O risco de agir com excessiva cautela: como já mencionado, se mantiver todo o seu dinheiro em certificados de depósito, fundos do mercado financeiro e letras do Tesouro bastante seguras, você corre o risco de viver mais do que seus ativos porque o retorno será atualizado por um índice menor do que a inflação. Com freqüência, esse risco não é reconhecido, mas é provavelmente o maior que as pessoas correm, pois equivale a correr no mesmo lugar. Na ocasião em que você se dá conta de que foi excessivamente conservador nos investimentos, com freqüência é tarde demais para construir um capital suficiente do qual possa viver.

O risco da falta de diversificação: essa atitude é normalmente conhecida como o risco de manter todos os ovos em uma única cesta, um hábito que os Esquilos não conseguem quebrar com facilidade. Se todos os seus ativos estiverem concentrados em um único investimento, como ações ou títulos, você não estará protegido se o valor do ativo despencar. Mais perigoso ainda é manter quase todo o seu dinheiro em uma única ação, título ou certificado de depósito, porque, se alguma coisa acontecer a ele, você não terá ativos alternativos aos quais possa recorrer. O maior erro financeiro de muitas pessoas é ter uma parte excessiva do patrimônio líquido associada às ações de sua empresa. Mesmo que seja uma empresa maravilhosa com um futuro brilhante, essas pessoas carecem de diversificação. Recebi muitas cartas de pessoas que sentem que deixar de comprar constantemente ações do capital de sua empresa equivale trair o seu empregador. Você precisa se proteger primeiro!

A maneira de reduzir o risco nessa área é distribuir os haveres entre diferentes tipos de ativos, bem como entre vários investimentos individuais dentro de cada tipo de ativo. Uma maneira fácil de diversificar é aplicar em um fundo mútuo, já que ele contém dezenas de ações e títulos de dívida. Como os Esquilos sempre me perguntam quais são os investimentos mais seguros, quero lhe mostrar, literalmente, como os produtos de poupança e investimento se posicionam na Pirâmide de Risco do Investimento.

Escalando a Pirâmide do Investimento

O ideal é que, ao se esforçar para atingir suas metas financeiras, você escolha sabiamente onde aplicar seu dinheiro para poder lucrar *e* dormir à noite, o que significa que você deve diversificar suas aplicações. Os Esquilos tendem a se inclinar na direção dos setores de baixo risco e alguns de risco moderado, e evitar os investimentos de alto risco. Como desejo estimulá-lo a expandir apenas um pouco seus interesses, e não levá-lo a ficar preocupado, dê uma olhada na Pirâmide de Risco do Investimento, que empilha suas opções do risco mais baixo para o mais alto.

Eis o desmembramento: no topo da pirâmide, estão situados os ativos mais arriscados, que oferecem o maior potencial de alto retorno, bem como de grandes perdas. O vértice de *alto risco* inclui os títulos de dívida e ações colecionáveis, os investimentos no exterior, os contratos de futuros, os títulos de alto risco e alto retorno (os Jank Bonds), as emissões de novas ações, as sociedades limitadas de petróleo e gás, as opções, terrenos inexplorados, ações de pouco crescimento, mecanismos de economia fiscal, construções especulativas no setor imobiliário, capital de risco e warrants.

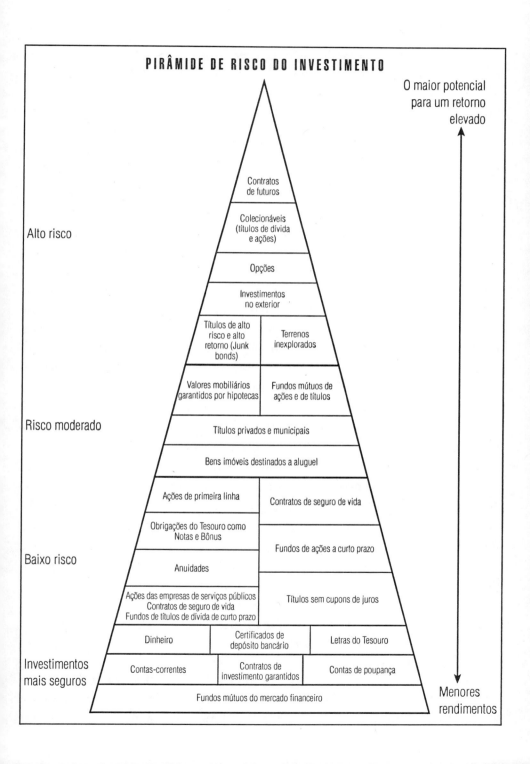

O nível seguinte da pirâmide, o setor de *risco moderado*, abrange os fundos mútuos de ações e de títulos, as sociedades limitadas baseadas em renda, valores mobiliários garantidos por hipotecas, ações com um grande crescimento, títulos privados e municipais, e bens imóveis destinados ao aluguel.

O terceiro nível, o setor de *baixo risco*, consiste em anuidades, ações de primeira linha, obrigações do Tesouro, contratos de seguro de vida, títulos municipais com os conceitos de crédito mais elevados, fundos de obrigações de curto prazo, ações de empresas de serviços públicos e títulos sem cupons (de juros).

A *base* da pirâmide contém os investimentos mais seguros, aqueles nos quais você praticamente não corre risco algum de perder o principal. Entre eles, estão os certificados de depósito bancário, as contas-correntes, o dinheiro vivo, os fundos mútuos do mercado financeiro, os contratos de investimento garantidos (GIGs) encontrados nos planos de aposentadoria com redução de salários (401(k)s e 403(b)s), as contas de poupança e as letras do Tesouro. É aqui que os Esquilos tendem a empacar, mas essa zona de segurança deixa margem para um crescimento mínimo que não acompanha as taxas de inflação.

O que você deve fazer em seguida? Examine seus ativos. Calcule um pequeno percentual que você pode colocar em aplicações de mais alto risco. Não faz sentido deixar que o dinheiro que você custou tanto a ganhar renda ainda mais? Você poderá ver exatamente onde poderão se originar seus possíveis investimentos lucrativos. É claro que isso significa correr risco, e eu sei que você, por ser um Esquilo típico, certamente está pensando: "Ainda não estou bem certo!" Antes de tomar qualquer decisão, procure entender o que você realmente pensa a respeito do risco. Mudança que requerem um dispêndio maior são um pouco difíceis para os Esquilos, mas você pode fazê-las, mesmo que seja em pequenos incrementos de 25 dólares. Você pode estar superestimando o quanto é avesso ao risco e ter um manancial de ousadia inexplorado. Você tem agora a chance de descobrir se isso é verdade.

Faça o Teste de Tolerância ao Risco para verificar exatamente como você se sente em relação aos riscos

A esta altura, você sabe que, para fazer seu dinheiro crescer, precisa sair de sua zona de conforto monetária. Preparei um teste que lhe dará uma idéia de quanto risco você estará disposto a correr. Responda a cada uma das perguntas, atribuindo um ponto para cada resposta 1, dois pontos para cada resposta 2, três pontos para cada resposta 3 e quatro pontos para cada resposta 4. Em seguida, some os pontos.

TESTE: COMO CALCULAR SUA TOLERÂNCIA AO RISCO

A. Se uma pessoa propuser que eu invista 15 por cento do meu patrimônio líquido em uma transação que ela afirma ter 80 por cento de chance de lucro, o nível de lucro teria de ser:

1. Nenhum nível de lucro valeria esse risco.
2. Sete vezes a quantia investida.
3. Três vezes a quantia investida.
4. Pelo menos uma quantia igual à investida.

PONTOS: _____

B. Como eu me sentiria assumindo uma dívida de 10 mil dólares na esperança de conseguir um ganho de 20 mil dólares nos próximos meses?

1. Muito mal – jamais faria isso.
2. Sentiria certo mal-estar – provavelmente nunca o faria.
3. Eu me sentiria relativamente à vontade – talvez o fizesse.
4. Eu me sentiria muito à vontade – aproveitaria avidamente a oportunidade.

PONTOS: _____

C. Tenho na mão um bilhete de loteria que obteve um ganho parcial e me permitirá concorrer ao prêmio máximo, quando terei uma chance em quatro de ganhar 100 mil dólares. Eu não venderia o bilhete antes do sorteio por menos de:

1. 15 mil dólares
2. 20 mil dólares
3. 35 mil dólares
4. 60 mil dólares

PONTOS: _____

D. Gastei mais de 150 dólares em uma das seguintes atividades: apostas no esporte profissional, recreativas em jogos de pôquer e de basquete do qual participo e cassinos:

1. Jamais participei de alguma dessas atividades.
2. Só participei dessas atividades algumas vezes na vida.
3. Participei de uma dessas atividades nos últimos 12 meses.
4. Participei de duas ou mais dessas atividades nos últimos 12 meses.

Pontos: _____

E. Sempre que tenho de decidir onde investir uma grande quantia, eu:

1. Adio a decisão
2. Peço a alguém (como meu irmão, por exemplo) que decida por mim.
3. Discuto minha decisão com consultores.
4. Tomo a decisão sozinho.

Pontos: _____

F. Se o valor de determinada ação que comprei duplicasse nos 12 meses seguintes, eu:

1. Venderia todas as ações.
2. Venderia metade das ações.
3. Não venderia nenhuma ação.
4. Compraria mais ações.

Pontos: _____

G. Qual das seguintes afirmações descreve a maneira como tomo minhas decisões de investimento:

1. Nunca sozinho.
2. Às vezes sozinho.
3. Freqüentemente sozinho.
4. Sempre sozinho.

Pontos: _____

H. Minha sorte nos investimentos é:

1. Horrível.
2. Mediana.
3. Acima da média.
4. Incrível.

PONTOS: _____

I. Tenho sucesso em meus investimentos principalmente porque:

1. Deus está sempre a meu lado.
2. Eu estava no lugar certo no momento certo.
3. Quando as oportunidades surgiram, eu soube aproveitá-las.
4. Planejei cuidadosamente para que as coisas acontecessem dessa maneira.

PONTOS: _____

J. Tenho um certificado de depósito de alta rentabilidade que está prestes a vencer, e as taxas de juros caíram tanto que me sinto levado a investir em algo com um rendimento maior. Minha aplicação mais provável será:

1. Títulos de Poupança do governo americano.
2. Uma obrigação a curto prazo.
3. Uma obrigação a longo prazo.
4. Um fundo de ações.

PONTOS: _____

PONTUAÇÃO TOTAL:

Como avaliar sua pontuação:

10-16 pontos: Você é um investidor conservador que se sente pouco à vontade correndo qualquer risco.

17-29 pontos: Você é um investidor moderado que se sente à vontade correndo riscos moderados.

30-40 pontos: Você é um investidor agressivo disposto a correr riscos elevados para tentar obter um retorno elevado para seus investimentos.

Se você é um conservador convicto em relação às questões de dinheiro, deve resistir à tentação de fazer grandes aplicações em investimentos mais arriscados, mesmo que pareçam promissores. Entretanto, tenha sempre em mente a Pirâmide do Risco do Investimento. Ainda assim, não é interessante que todos os seus ativos estejam apenas nas aplicações mais seguras.

Se você é um investidor moderado, aplique mais dinheiro nos setores do meio e no topo da Pirâmide de Risco do Investimento, desde que você avalie cuidadosamente o nível do risco que está correndo.

Se você for um investidor de alto risco, entre os quais apenas alguns Esquilos devem estar incluídos, destine uma parcela maior do dinheiro aos investimentos compreendidos no vértice da pirâmide ou cone, mas não despreze a sua base. Você deve tomar cuidado para não se entusiasmar a respeito de uma idéia de investimento a ponto de arriscar excessivamente o seu capital em algo que quebre.

Onde quer que você esteja no espectro de risco, tenha em mente que lidar com suas finanças pessoais em geral – e investir em particular – não consiste em maximizar a quantidade de dinheiro que você tem no bolso. Encontrar seu bem-estar financeiro também é importante para que você se sinta psicologicamente seguro com relação às decisões que está tomando. Não adianta ficar rico se você morrer por causa do estresse de conseguir dinheiro – ou nunca aproveitar o que o dinheiro pode lhe proporcionar. No entanto, é possível reduzir a intensidade de seus hábitos de Esquilo mais extremos de poupar ou até mesmo de acumular dinheiro em excesso e desfrutar os pequenos prazeres que você tanto merece.

Com os pés no chão – investindo em bens imóveis

Muitos Esquilos sentem-se atraídos por comprar bens imóveis. Gostam de ver o que possuem em um sentido físico bastante real. Um prédio tem uma presença, ergue-se sobre a terra e pode ser alugado ou vendido. Alguns aspectos do setor imobiliário são arriscados, e não servem para você. No entanto, vou orientá-lo para algo em que você talvez queira investir e a respeito do que poderá se sentir mais seguro: um modo de você, Esquilo, aumentar suas economias com segurança!

Opções autênticas para você:

Talvez seja interessante você investigar investimentos que valham a pena chamados REITs, especialmente se estiver de alguma maneira interessado no mercado imobiliário. REIT é um acrônimo para *Real Estate Investment Trusts*, os fundos de investimento imobiliário americanos[1], dos quais existem três tipos: os de patrimônio, de hipoteca e os híbridos. Os REITs são compostos de ações publicamente negociadas que representam investimentos em prédios comerciais, conjuntos residenciais de apartamentos, instalações industriais, shopping centers e outros locais comerciais. Na vigência da lei americana atual, eles não pagam impostos como pessoa jurídica, desde que distribuam pelo menos 90 por cento dos ganhos para os acionistas, anualmente, sob a forma de dividendos. Os acionistas pagam então impostos sobre os dividendos como uma renda regular. Em alguns casos, parte dos dividendos pode ser considerada um retorno de capital para efeito de tributação e, por conseguinte, não é tributada.

Eis o que você deve saber a respeito dos três tipos de REIT:

REITs de patrimônio: Esses fundos compram propriedades, fazem reparos nelas, recolhem aluguéis e, às vezes, vendem-nas com lucro. Os preços das ações dos REITs de patrimônio refletem a direção geral dos valores imobiliários. Esses REITs podem oferecer alguma proteção contra a inflação porque, em geral, incluem cláusulas de reajuste do aluguel nos contratos com os inquilinos, de modo que os aumentos de preços podem ser repassados sob a forma de aluguéis mais elevados.

Alguns REITs de patrimônio adquirem diferentes tipos de propriedades no país. Outros se especializam em um tipo particular de propriedade imobiliária. Vários REITs, por exemplo, inclusive o Healthcare Realty Trust e o Health Care Property Investors, concentram-se em estabelecimentos da área de saúde, enquanto outros, como a Apartment Investment and Management Company, atêm-se a prédios de apartamentos. (Mais informações sobre esses REITs podem ser encontradas em Fontes no final deste capítulo.) Outros compram pro-

---

[1] No Brasil, vários fundos imobiliários estão em funcionamento. Eles foram criados em 1993 e são formados por grupos de investidores, com o objetivo de aplicar recursos, solidariamente, no desenvolvimento de empreendimentos imobiliários ou em imóveis prontos. Os fundos imobiliários são regularmentados pela Comissão de Valores Mobiliários – CVM. (*N. do R.T.*)

priedades somente em determinada região do país; o Washington REIT, por exemplo, compra propriedades no mercado de Washington, D.C., enquanto o Weingarten Realty Investors se especializa em shopping centers. (Você encontrará mais detalhes nas Fontes.)

REITs de hipoteca: Esse tipo de REIT inicia ou compra hipotecas sobre propriedades comerciais. Essas aquisições encerram um aspecto positivo e um negativo: os REITs de hipoteca oferecem um rendimento de aproximadamente 6 a 10 por cento ao ano, o que é muito mais do que os 4 a 7 por cento pagos pelos REITs de patrimônio. No entanto, os REITs de hipoteca oferecem pouco potencial de valorização do capital. Se as hipotecas se tornarem inadimplentes, o preço das ações pode despencar. Entre alguns exemplos de REITs de hipoteca conhecidos, estão o Annaly Mortgage Management e o Thornburg Mortgage.

REITs híbridos: como você deve ter imaginado, esses REITs combinam investimentos em patrimônio e hipoteca. Os fundos híbridos pagam rendimentos entre 6 a 9 por cento ao ano e oferecem certo potencial de valorização.

Eu sei que, por ser um Esquilo, você está pensando: "O que tudo isso significa sob o aspecto do dinheiro?" e "Por que eu não deveria continuar a manter meus recursos em uma conta de poupança?" Permita que os números falem no exemplo extremamente simples que se segue:

Se você tem 10 mil dólares em uma conta de poupança que rende 1 por cento ou mesmo meio por cento ao ano, em 12 meses você receberá de juros 100 ou 50 dólares. Pegue os mesmos 10 mil dólares e coloque-os em um fundo de investimento imobiliário que pague um rendimento anual de 7 por cento, e você receberá 700 dólares. Depois dos impostos, os 50 dólares do primeiro investimento lhe deixarão com cerca de 35, enquanto os 700 do segundo investimento lhe deixarão com mais ou menos 450. Qual deles você prefere? E o valor de um REIT pode aumentar e gerar mais renda quando a empresa aumentar seus dividendos, especialmente se você investir em uma empresa de boa qualidade. A possibilidade de crescimento, no caso de uma conta de poupança, é mínima.

Os rendimentos de um REIT são tributados como um rendimento regular em sua faixa de imposto de renda, mas, se você tiver um investimento que não seja um REIT que pague dividendos elevados, como ações de uma empresa de serviço público ou de um banco com um rendimento de 5 por cento ao ano, e os dividendos sejam tributados em 15 por cento hoje, você retém uma parte maior da renda do que reteria no caso de uma poupança com um baixo rendimento ou uma conta no mercado financeiro. Hoje, as ações lhe oferecem a vantagem tributária de investir em produtos de maior rendimento – você retém 85 por cento dos dividendos em contraste com 50 por cento dos juros da conta de poupança. Você fica em melhor situação, tanto sob o aspecto de pagar menos impostos como de ter potencial de crescimento, se investir em ações conservadoras voltadas para a renda.

Superando o medo de obter boas opiniões

Os Esquilos podem se beneficiar ao trabalhar com bons consultores financeiros. Conheço sua peculiaridade em relação a não procurar conselhos porque não sabe em quem confiar. Por que você precisa de um consultor? Eis o principal motivo: se você tiver muito dinheiro em certificados de depósito que estejam rendendo 2 por cento ao ano ou menos, contrate um consultor financeiro objetivo e competente que possa livrá-lo de sua apreensão. Vale a pena, acredite. Você prosperará quando encontrar um consultor de confiança capaz de motivá-lo a investir e ajudá-lo a superar o seu medo com estratégias sensatas e um conhecimento básico.

Por que preciso de um planejador?

Você precisa de um planejador para tornar mais claras suas metas no sentido de fazer parte de seu dinheiro crescer. Pense nos inúmeros aspectos de sua situação financeira no passado, presente e, especialmente, futuro. O que você deseja agora é expandir o objetivo vago de "fazer seu dinheiro crescer". Você precisa de uma estratégia global que interligue os diferentes fluxos financeiros de sua vida, e é aqui que os serviços de um planejador financeiro podem ser inestimáveis. Se você tem um meta a longo prazo, como formar um pé-de-meia para a aposentadoria ou poupar o suficiente para comprar um negócio, o planejador pode conduzi-lo ao caminho certo. Mas, mesmo quando você não tem um objetivo de grande porte, um plano bem delineado que o ajude a poupar e investir com mais sabedoria pode melhorar seu futuro financeiro.

Quem é esse planejador e o que devo saber a respeito dele?

O planejador financeiro ideal para um Esquilo deve saber tudo a respeito de orçamentos, investimentos, impostos, seguros, crédito, bens imóveis, benefícios do empregado, planejamento do espólio, aposentadoria, empréstimos educacionais e todos os aspectos de seus interesses financeiros específicos. Você quer que esse planejador o ajude a definir onde você está agora e qual a melhor maneira de atingir suas metas. Finalmente, você precisa ter certeza de que o planejador o está aconselhando de um modo objetivo, em vez de estar recomendando um investimento apenas porque pagará uma boa comissão.

Esses planejadores existem, mas você terá de pesquisar um pouco. Qualquer pessoa pode se dizer um planejador, já que não há leis federais, estaduais ou municipais que estabeleçam requisitos legais para o exercício da profissão. Entretanto, várias associações e organizações concedem credenciais que indicam o nível de conhecimento do planejador. Depois de obter uma lista de nomes e definir o know-how de seu planejador, marque uma entrevista pessoal. É preciso conhecer pessoalmente a pessoa que irá lhe dar consultoria a respeito de seu dinheiro para sentir sua personalidade e a abordagem ao planejamento. A lista de tópicos para a escolha de um planejador financeiro da página 310, o ajudará a reunir e avaliar informações sobre os planejadores que você entrevistar.

De que maneira os planejadores cobram seus honorários?

Os Esquilos sempre me perguntam: "Como devo conversar com um planejador?" ou, "Quanto terei de pagar por esses serviços?" Vou começar com o que sei que poderá fazer com que você resista a um planejador: o custo. Teoricamente, os planejadores têm a obrigação ética de colocar os interesses financeiros do cliente acima dos deles, mas a estrutura de incentivos – a venda do produto para você, como uma apólice de seguro ou um fundo mútuo, que gera uma comissão – pode tornar difícil para eles respeitar essa linha de conduta. Quero encorajá-lo a obter consultoria financeira para fazer o seu dinheiro crescer, de modo que é melhor que você verifique quais planejadores cobram apenas um preço fixo.

Isso é fácil para você: alguns planejadores profissionais avaliam a situação financeira do cliente por determinado valor, definido antecipadamente em função do tempo gasto com o cliente, uma quantia fixa ou um percentual dos recursos que administram. Em geral, esses planejadores oferecem uma consulta inicial, sem compromisso, na qual investigam suas necessidades financeiras. Eles dão indicações de como você deve implementar as recomendações que estão fazendo, mas não cobram um centavo sequer de comissão caso você siga a sugestão deles. É claro que a vantagem desse sistema é que o planejador não tem nenhum interesse pessoal que você invista em determinada aplicação, e não em outra, já que ele nada tem a ganhar com alguma indicação específica.

Esses planejadores tendem a sugerir fundos mútuos vendidos diretamente pelas empresas, sem encargos, ou apólices de seguro de vida com poucos encargos, produtos que jamais seriam mencionados por um planejador com interesse na comissão. Nos Estados Unidos, a maior associação de planejadores que trabalham com um preço fixo é a National Association of Personal Financial Advisors (NAPFA), que fornecerá uma lista dos planejadores mais próximos de você.

Muito bem, agora que sabe que pode se sentir mais seguro com um planejador que cobra um preço fixo, o que você precisa saber sobre seu perfil e como conduz os negócios? As dez perguntas que se seguem são boas para começar:

1. *Que serviços você oferece?* A maioria dos planejadores o ajudará a criar um plano abrangente, enquanto outros se especializam em áreas financeiras específicas. Entre os serviços que você deve esperar, estão a administração do dinheiro e a elaboração de um orçamento, empréstimos educacionais, planejamento do espólio, análise e planejamento do investimento, análise de seguros de vida, saúde e residencial/acidentes, planejamento da aposentadoria, definição de metas e objetivos, e planejamento de impostos. Faça perguntas a respeito de cada serviço especificamente.

2. *Você pode me mostrar um plano financeiro que tenha preparado para alguém que esteja na mesma faixa de renda que eu?* Seu planejador deverá ficar feliz em lhe mostrar um plano semelhante ao que deverá lhe apresentar depois que o processo de coleta de informações e planejamento estiver concluído. O planejador pode facilmente eliminar o nome e outros dados relevantes do plano que venha a lhe apresentar como exemplo para não revelar informações confidenciais.

3. *Com quem vou lidar no dia-a-dia?* Nas grandes empresas de planejamento, você talvez só tenha contato com o planejador principal no início e no final do processo de planejamento, tendo de trabalhar com os assistentes

enquanto ele estiver sendo elaborado. Se você contratar os serviços de uma empresa desse tipo, peça para conhecer a equipe que irá trabalhar em sua conta, e não deixe de pedir as qualificações dos participantes.
4. *Você costuma trabalhar com outros profissionais quando o processo de planejamento do cliente conduz a áreas em que você não é um especialista?* Um bom planejador deve ter acesso a uma rede de alto nível de contadores, advogados, especialistas em seguros e profissionais de investimento à qual possa recorrer em caso de dúvida. E um bom planejador não hesita em chamar outros especialistas para responder questões necessárias.
5. *Sua sugestão incluirá recomendações de produtos específicos, ou você indicará apenas categorias genéricas de produtos?* Quase todos os planejadores mencionarão uma ação ou um fundo mútuo particular, por exemplo. Outros recomendarão que você mantenha 50 por cento dos recursos aplicados em ações, 30 por cento em títulos de dívidas, e 20 por cento em dinheiro vivo, deixando-o livre para determinar que ações, obrigações e instrumentos negociáveis são adequados.
6. *Você investirá tempo me explicando suas razões para recomendar um produto específico e a maneira como ele é adequado às minhas metas, à minha tolerância ao risco e às minhas circunstâncias? E como, por exemplo, você pretende monitorar um fundo mútuo ou um seguro depois que eu o tiver comprado?* É realmente importante que você se sinta à vontade ao saber que o planejador se esforça para garantir que você entenda a estratégia e os produtos que lhe foram recomendados, e que ele continuará a monitorar o desempenho desses produtos.
7. *Depois que me entregar o plano, de que modo o acompanhará para garantir que ele foi implementado?* Um bom planejador toma medidas para que você simplesmente não arquive o plano abrangente que montou e jamais o ponha em prática! Não apenas o plano deve ser implementado, como também revisto e revisado quando ocorrerem modificações em suas condições de vida, nas leis tributárias ou no ambiente dos investimentos.
8. *Você terá acesso direto a meu dinheiro?* Alguns planejadores desejam ter *o controle discricionário* dos recursos dos clientes, o que lhes permite investir esses recursos da maneira que julgarem mais adequada. Seja extremamente cuidadoso a respeito desse tipo de acordo, que apresenta um elevado potencial para a fraude e a desonestidade. Se você concordar com esse esque-

ma, certifique-se de que o planejador vincula-se a um seguro que garante que você estará coberto caso ele venha a lesá-lo.

9. *Quais são seus títulos e habilitações profissionais? Você é um consultor de investimentos credenciado no órgão regulador de valores mobiliários do meu estado?* Nos Estados Unidos, os planejadores devem ter um diploma ou um título como analista financeiro juramentado (CFA – Certified Financial Analyst)[1], planejador financeiro com registro (CFP – Certified Financial Planner), consultor financeiro juramentado (ChFC – Chartered Financial Analyst), auditor independente (CPA – Certified Financial Planner) ou especialista financeiro pessoal (PFS – Personal Financial Specialist). Verifique se o planejador é habilitado para vender valores mobiliários, o que inclui ações, títulos e obrigações, sociedades e fundos mútuos. Se o planejador quiser vender seguros de invalidez, de vida e residencial/acidentes, bem como anuidades fixas ou variáveis, ele precisa de uma licença para vender seguros. Investigue também o grau de escolaridade e área de especialização do planejador. Se ele tiver começado a trabalhar como advogado, corretor de seguros ou em alguma outra especialidade, é extremamente provável que esse fato afete a recomendação que você vai receber.

Além disso, nos Estados Unidos, todos os planejadores que oferecem sugestões de investimentos devem ser credenciados na SEC[2] (Securites Exchange Comission) ou em seu estado. Se for credenciado na SEC, o planejador precisará lhe mostrar a Parte II do formulário ADV ou um folheto contendo as mesmas informações. As informações exigidas para os consultores credenciados variam, de modo que você deve consultar a repartição de valores mobiliários de seu estado para descobrir quais são as exigências.

E, finalmente,

10. *Você já foi citado por uma organização profissional ou governamental por razões disciplinares?* Mesmo que o planejador afirme que nunca teve problemas, você pode fazer uma consulta na Procuradoria Geral do Estado, no Departamento

---

[1] No Brasil, ocorre a mesma situação, ou seja, os administradores de recursos independentes ou fundo de investimentos necessitam de autorização da CVM, Comissão de Valores Mobiliários, para exercerem sua atividade. A CVM também exige a certificação destes profissionais que trabalham no mercado financeiro. As certificações, que são obtidas em exames, são diferenciadas para cada tipo de atividade financeira. *(N. do R.T.)*

[2] A CVM (Comissão de Valores Mobiliários) americana. *(N. da T.)*

de Valores Mobiliários do estado e nas sociedades estaduais de organizações de planejamento financeiro.

Essas perguntas abrangem os fundamentos mais importantes, mas você também deve dar uma olhada na Lista de Tópicos para a Escolha de um Planejador Financeiro que apresento abaixo:

LISTA DE TÓPICOS PARA A ESCOLHA DE UM PLANEJADOR FINANCEIRO

Perguntas difíceis a fazer[1]

Qual é seu grau de escolaridade e área de especialização?

☐ Universitário
   Especialização:

☐ Pós-graduação
   Especialização: _____

Quais são suas credenciais/títulos e afiliações na área de planejamento financeiro?

☐ NAPFA – Consultor Financeiro com Registro
   (60 horas em programas de extensão universitária a cada dois anos

☐ Planejador Financeiro com Registro (CFP)
   (30 horas em programas de extensão universitária a cada dois anos)

☐ Consultor Financeiro Juramentado (CHFC)
   (30 horas em programas de extensão universitária a cada dois anos)

☐ Auditor Independente/Especialista Financeiro Pessoal (CPA/PFS)
   (60 pontos a cada 3 anos)

☐ Financial Planning Association (FPA)
   (extensão universitária não é exigida)

☐ Outros: _____

---

[1] Estas informações, no caso do Brasil, podem ser obtidas no site da CVM, www.cvm.gov.br. (*N. do R.T.*)

Lista reimpressa com permissão da National Association of Personal Financial Advisors (NAPFA); www.napfa.org.

Há quanto tempo você presta serviços de planejamento financeiro?
☐ Menos de 2 anos
☐ 2 a 5 anos
☐ 6 a 10 anos
☐ Mais de 10 anos.

Você tem clientes que talvez estivessem dispostos a conversar comigo sobre seus serviços?
☐ Sim   ☐ Não
☐ Em caso negativo, explique: _____

Você pode me dar o nome de outros profissionais que possam me fornecer referências suas?
☐ Sim   ☐ Não
☐ Em caso negativo, explique: _____

Você já foi citado por uma associação profissional ou por um órgão regulador do governo por razões disciplinares?
☐ Sim   ☐ Não
☐ Em caso positivo, explique: _____

Descreva sua experiência no trabalho de planejamento financeiro ou anexe seu currículo.
_____
_____
_____
_____
_____
_____

EXPERIÊNCIA PROFISSIONAL

Quantos clientes você tem?

_____

Você está atualmente envolvido com outros negócios como único proprietário, sócio, funcionário graduado, funcionário, curador, representante ou de alguma outra maneira? (Exclua atividades não-relacionadas com investimentos que sejam exclusivamente de caridade, cívicas, religiosas ou agremiações reconhecidas como isentas de impostos.)
☐ Sim   ☐ Não
☐ Se estiver, explique: _____

Quem trabalhará comigo, você ou um parceiro comercial?
☐ Eu
☐ Um colaborador
☐ Trabalhamos em equipe

Caso um parceiro comercial venha a ser meu contato principal, responda às perguntas na seção de Grau de Escolaridade e Experiência Profissional para cada parceiro também.

Você assinará o Juramento Fiduciário a seguir?
☐ Sim   ☐ Não

JURAMENTO FIDUCIÁRIO

O consultor fará todo o possível para agir de boa-fé e visando ao que é melhor para o cliente. O consultor fará uma divulgação por escrito ao cliente, antes de ser contratado por este último, e a partir de então durante todo o período do compromisso, de quaisquer conflitos de interesse que venham a comprometer, ou possam razoavelmente vir a comprometer, a imparcialidade ou a independência do consultor.

    O consultor, ou qualquer grupo no qual o consultor tenha um interesse financeiro, não recebe nenhum pagamento ou qualquer remuneração associados à compra ou à venda de um produto financeiro. O consultor não recebe nenhuma gratificação ou qualquer remuneração de outro grupo com base na indicação de um cliente ou do negócio do cliente.

Você tem um plano de continuidade de negócios?
☐ Sim   ☐ Não
☐ Em caso negativo, explique por que: _____

REMUNERAÇÃO
Os custos do planejamento financeiro inclui o que o cliente paga em taxas e comissões. A comparação entre os consultores requer informações completas a respeito dos possíveis custos totais. É importante ter em mãos essas informações antes de fazer qualquer acordo.

De que maneira sua empresa é remunerada e como é calculada a sua remuneração?
   Apenas honorários
   Uma taxa de $ _____ por hora (como calculado a seguir)
   Uma taxa fixa de $ _____
   Uma percentagem de _____ % a _____. % de _____
   Apenas comissões sobre os valores mobiliários, seguros e/ou outros produtos que os clientes comprem de uma empresa à qual você esteja associado.
   Taxas e comissões (baseadas em taxas)
   Compensação de taxa (cobrança de uma taxa fixa com relação à qual as comissões são compensadas). Se as comissões excederem a taxa, o saldo é creditado a meu favor?
☐ Sim   ☐ Não

Antes da contratação dos serviços é assinado um contrato que descreve sua remuneração e os serviços que serão prestados?
☐ Sim   ☐ Não

Você cobra uma taxa mínima?
☐ Sim   ☐ Não

☐ Em caso positivo, explique: _____
_____
_____
_____

Se você recebe comissões, aproximadamente que porcentagem da renda de comissão de sua empresa é proveniente de:

    _____% Seguros
    _____% Anuidades
    _____% Fundos mútuos
    _____% Sociedade limitadas
    _____% Ações e títulos
    _____% Resseguros, tangíveis e colecionáveis
    _____% Outros:_____
    _____% Outros: _____
100%

Algum membro de sua empresa atua como sócio solidário, participa ou recebe remuneração de investimentos que você possa me recomendar?
☐ Sim   ☐ Não

Você recebe gratificações referentes a indicações da parte de advogados, contadores, profissionais da área de seguros, corretores de hipotecas ou outros?
☐ Sim   ☐ Não

Você recebe uma renda continua de algum fundo mútuo que recomenda na forma de honorários segundo o 12(b)1, comissões posteriores ou outros pagamentos constantes?
☐ Sim   ☐ Não

Existem incentivos financeiros para que você recomende certos produtos financeiros?
☐ Sim   ☐ Não
☐ Em caso positivo, explique: _____

SERVIÇOS

Você oferece consultoria em (marque todos os casos pertinentes):
- ☐ Definição de metas
- ☐ Administração de caixa e elaboração de orçamentos
- ☐ Planejamento fiscal
- ☐ Análise e planejamento de investimentos
- ☐ Planejamento de espólios
- ☐ Necessidades de proteção na área de seguros de vida, invalidez, assistência a longo prazo, saúde e residencial/acidentes
- ☐ Empréstimos educacionais
- ☐ Planejamento da aposentadoria
- ☐ Outros: ─────────────────────────────

Você pode fornecer por escrito uma análise abrangente de minha situação financeira com recomendações?
☐ Sim   ☐ Não

Seu serviço de planejamento financeiro inclui recomendações para investimentos ou produtos de investimento específicos?
☐ Sim   ☐ Não

Você oferece ajuda na implementação do plano?
☐ Sim   ☐ Não

Você oferece uma consultoria contínua e permanente com relação meus assuntos financeiros, inclusive no que diz respeito às questões financeiras não-relacionadas com investimentos?
☐ Sim   ☐ Não

Você assume a custódia de meus ativos ou tem acesso a eles?
☐ Sim   ☐ Não

Caso você venha a me prestar serviços permanentes de consultoria em investimentos, você exige ter uma autoridade discricionária de negociação sobre minhas contas de investimento?
☐ Sim   ☐ Não

CONFORMIDADE REGULATÓRIA
Nos Estados Unidos, a legislação federal e estadual exige que, na maioria das circunstâncias, as pessoas físicas ou jurídicas que se apresenta ao público como prestadoras de serviços de consultoria em investimentos sejam credenciadas na U.S. Securities and Exchange Commission (SEC) ou no órgão regulador no estado em que a pessoa/empresa realiza seus negócios.

Eu (ou minha empresa) sou credenciado como um Consultor de Investimentos:
Na SEC _____
No estado de _____

Por favor, apresente seu Formulário ADV Parte II ou folheto que estiver sendo usado em conformidade com o Investment Advisors Act (Lei de Consultores de Investimentos) de 1940.
Se não estiver credenciado no SEC ou em nenhum estado, por favor indique a razão para isso:

_____
_____
_____

Assinatura do planejador: _____
Nome da empresa: _____
Data: _____

Notas:
Uma resposta sim ou não que exija uma explicação não é necessariamente um motivo de preocupação. Nós o incentivamos a dar ao consultor a oportunidade de explicar qualquer resposta.

Esse formulário foi criado pela National Association of Personal Financial Advisors (NAPFA) com o intuito de ajudar os consumidores a escolher um planejador financeiro pessoal. Ele pode ser usado como uma lista de tópicos durante uma entrevista ou enviado a planejadores em perspectiva como parte de uma filtragem preliminar. A NAPFA recomenda que profissionais de pelo menos duas empresas diferentes sejam entrevistados.

Se um planejador financeiro parecer estar além de seu interesse ou esfera de ação, vou recomendar outro de tipo de consultor com o qual os Esquilos podem trabalhar: os consultores de gerenciamento de investimentos.

Consultores de gerenciamento de investimentos

Esta é uma classe relativamente nova de consultor de investimentos, que não escolhe ações ou títulos; ele contrata gerenciadores financeiros para escolherem e avaliarem os investimentos, e avalia o desempenho dos gerenciadores com base nas diretrizes do cliente. O consultor esperto e honesto pode lhe proporcionar retornos elevados a um risco relativamente baixo ao colocar seus ativos nas mãos de gerenciadores financeiros de alto nível.

A partir do ponto de vista de um Esquilo, essa pode ser uma seleção compatível com sua necessidade de precaução. A consultoria de gerenciamento de investimentos tornou-se popular entre clientes, corretores e gerenciadores financeiros. O consultor monitora constantemente muitos gerenciadores financeiros com diferentes estilos de investimento, e poderá recomendar que você transfira ativos de um gerenciador para outro se seu desempenho deixar a desejar. O consultor, freqüentemente associado a uma empresa de corretagem, também é responsável por todo o registro das informações e lhe envia extratos trimestrais.

Um bom consultor de gerenciamento de investimentos o ajudará a determinar que tipo de gerenciador financeiro é mais adequado às suas necessidades. Ele lhe pedirá para preencher um questionário relacionando seus ativos, obrigações e experiência em investimentos. O consultor deverá então conduzi-lo através de um exercício que define sua tolerância ao risco e suas metas financeiras. (Vá para a página 74, no capítulo sobre os Batalhadores, e elucide os seus objetivos preenchendo o formulário.) Em seguida, o consultor explicará diferentes estilos de gerenciamento financeiro e recomendará vários gerenciadores financeiros com um desempenho superior em cada estilo. Entre os estilos mais comuns, estão o crescimento de ações de primeira linha, o crescimento das pequenas empresas, valor, renda e investimentos internacionais.

Os bons consultores preferem os gerenciadores com um forte currículo a longo prazo para que você não tenha de mudar seu portfólio de meses em meses ou a cada ano para estar sempre com os melhores gerenciadores. Os consultores também são capazes de examinar com objetividade as afirmações de desempenho dos gerenciadores financeiros.

Os consultores trabalham com um esquema abrangente de honorários. Se eles cobrarem uma taxa anual de 3 por cento, por exemplo, o consultor poderá receber 1 por cento dessa taxa, e o gerenciador financeiro, 2 por cento. Este último, em geral, faz suas transações de ações e títulos de dívida por intermédio da corretora do consultor, o que gera uma comissão de corretagem.

Do ponto de vista do gerenciador financeiro, lidar com consultores é algo positivo, pois deixa o gerenciador livre para concentrar-se na escolha de ações e títulos de dívida, em vez de preocupar-se em comercializar serviços de investimentos. Se o gerenciador financeiro construir um bom currículo profissional, os consultores ficarão ansiosos para fazer negócios com ele e o encherão de dinheiro. Além disso, são os consultores que têm de responder a todas as perguntas dos clientes.

Do ponto de vista do corretor, a situação também é positiva, pois ele não é responsável por ter recomendado maus investimentos. Se o corretor atuar como consultor, ele se afasta do negócio arriscado de vender ações, títulos de dívidas ou fundos mútuos específicos. Se o gerenciador financeiro falhar, o corretor recomendará a você que o demita. Além disso, o corretar continua a receber honorários anuais de consultoria independentemente do gerenciador que lide com o seu dinheiro, desde que o corretor mantenha sua conta.

Ao escolher um consultor, fique atento a possíveis conflitos de interesse. Se um gerenciador financeiro pagar horários de intermediários a um consultor, esse acordo tem de ser divulgado no formulário ADV do gerenciador, arquivado na SEC. Além disso, determine que parte dos ativos dos clientes de um consultor está nas mãos do gerenciador financeiro. Se ele tiver colocado um número excessivo de clientes com um único gerenciador, o consultor poderá ter dificuldade em se afastar se o desempenho do gerenciador declinar. Não deixe de monitorar o consultor, o qual, por sua vez, estará monitorando os gerenciadores financeiros.

Como encontrar um consultor de gerenciamento de investimentos qualificado? O melhor que você tem a fazer é procurar um por intermédio das grandes corretoras. Nos Estados Unidos, para encontrar um Analista de Gerenciamento de Investimentos Credenciado, entre em contato com a Investment Management Consultants Association. Eles também lhe fornecerão uma lista de padrões e regulamentos.

Finalmente: pontos que os Esquilos devem lembrar

Você merece aproveitar seu dinheiro *agora*. É preciso que você entenda que esse prazer não o conduzirá ao desastre.

Não deixe que o passo o impeça de crescer financeiramente. Faça o possível para enfrentar qualquer perda ou evento negativo e depois siga em frente.

Os Esquilos podem se beneficiar com a ajuda de um bom consultor financeiro. Aprenda o que eles podem fazer por você e investigue-os minuciosamente antes de contratar um deles.

Corra mais riscos para permitir que seu dinheiro trabalhe mais arduamente por você.

Lidar com suas finanças pessoais em geral – e investir em particular – não consiste apenas em maximizar o dinheiro que você tem no bolso, mas também em encontrar certa tranqüilidade financeira para que você possa sentir-se psicologicamente seguro com relação às decisões que tiver tomado.

Posfácio

Agora que você chegou ao fim deste livro, espero que o que aprendeu a respeito de dominar seu Perfil Financeiro possa acionar verdadeira e vigorosamente um próspero reinício. Forneci idéias, informações e ferramentas para a resolução de problemas relacionados com os seis diferentes tipos de personalidade financeira por mim definidos – e peço que recorra aos subsídios que se aplicam a você para melhorar seu futuro. O fato é que não posso fazer mudanças para você, nem dar o primeiro passo em direção a fazer o dinheiro trabalhar melhor para você.

Uma verdade que eu gostaria que você levasse consigo é que dominar seu Perfil Financeiro só tem um lado: o positivo. O único investimento que você precisa fazer é em si mesmo. Para levar o dinheiro a sério, mantenha-se sempre consciente da maneira como suas emoções determinam o seu comportamento a respeito do dinheiro. Concentre-se em seus pontos fortes relacionados com o dinheiro e, com o tempo, aprenda a controlar as fraquezas monetárias antes que elas lhe causem problemas. O resultado? Você deixará de ser uma pessoa "que não tem" e passará a ser uma pessoa "que tem" ou "que tem mais" assim que levar a sério seu futuro financeiro.

O dinheiro é seu, de modo que você deve usá-lo da melhor maneira possível. Prospere, aproveite e, é claro, crie uma vida excelente para si mesmo. Mantenha-me informado acerca de seu progresso. Se tiver qualquer dúvida a respeito de seu perfil, entre em contato comigo por intermédio do site moneyanswers.com para mais informações e obter suporte para dominar seu Perfil Financeiro.

Agora é com você!

Apêndice

Entrando em ação: onde encontrar ajuda adicional

Não é fácil dar o primeiro passo em direção à independência financeira. Mas você não precisa ter medo de pedir ajudar. Não é vergonha alguma, por exemplo, contratar especialistas para orientá-lo durante o processo. Afinal, um neurocirurgião não é necessariamente a pessoa que você desejaria ver regulando o freio de seu carro, e eu, por exemplo, não gostaria que meu mecânico consertasse meu cérebro. A questão se resume ao seguinte: é impossível saber tudo a respeito de todas as coisas, de modo que você deve reconhecer as suas limitações e o momento em que deve pedir ajuda. Esse talvez seja o melhor conselho pelo qual você já pagou.

Quer você escolha contratar especialistas, quer opte por fazer tudo sozinho, já que ambas as opções encerram vantagens e desvantagens, não deixe de ler e reler extensamente. Não tenho como enfatizar o suficiente essa necessidade. O conhecimento é realmente sinônimo de poder. Existem muitos livros, associações comerciais, sites, publicações e entidades governamentais que você pode consultar. Você ficaria impressionado com a maneira como o computador, o telefone e os correios podem ser úteis em sua busca de aprendizado.

Lembre-se de que as fontes a seguir são um ponto de partida; não tenha medo de continuar procurando.[1] Quer você seja um Endividado, um Avestruz, um Comodista, um Grande Apostador, um Esquilo ou um Batalhador, permanecer inativo é provavelmente a pior coisa que pode fazer. Por conseguinte, não procrastine. Assuma o comando de suas finanças. Em muitos casos, para obter as respostas, basta apenas dar um telefonema ou clicar o mouse.

---

[1] Fontes referentes à realidade norte-americana. Quando existentes, são informados os equivalentes no Brasil. (*N. da E.*)

Fontes para os Batalhadores

Você se vê constantemente vivendo além de seus recursos? Você faz investimentos arriscados mas não sabe por onde começar com relação aos conservadores? Você tem uma quantidade suficiente de seguros? Você tem economias suficientes às quais poderá recorrer quando se aposentar? Se você é uma pessoa em busca de status ou um otimista, talvez seja interessante refrear-se um pouco e aprender a ser mais conservador. Experimente dar uma olhada em alguns dos seguintes livros, websites e outras fontes.

Livros

Investing Success: How to Conquer 30 Costly Mistakes and Multiply Your Wealth!, de Lynnette Khalfani, com o prefácio de Charles Schwab. Explica como iniciantes e investidores experientes podem investir com sucesso, cometer menos erros e corrigir facilmente os que porventura venham a cometer.

The Budget Kit: The Common Cents Money Management Workbook, de Judy Lawrence. Este livro e o site de Lawrence, www.moneytracker.com, podem ajudá-lo a elaborar um orçamento e administrar melhor seu dinheiro.

The Pocket Idiot's Guide to Living on a Budget, de Peter J. Sander e Jennifer Sanader. Breve e objetivo, mas também convincente.

Publicações

Annuity Shopper. Oferece informações atualizadas sobre anuidades imediatas, diferidas, fixas e variáveis.

Organizações

Independent Insurance Agents and Brokers of America. Essa associação de agentes não tem o compromisso de vender os produtos de nenhuma empresa de seguros particular e oferece vários Consumer Education Guides (Manuais de Orientação ao Consumidor) gratuitos sobre vários temas relacionados a seguros.

Life and Health Insurance Foundation for Education. Esse grupo é uma fonte para informações educativas a respeito de seguros de vida, saúde, invalidez e de cuidados de longo prazo.

Sites

AARP.org/money. AARP, uma organização sem fins lucrativos que atende pessoas com mais de 50 anos, tem uma calculadora on-line para verificar se você está economizando o suficiente para a aposentadoria. O site também tem seções sobre crédito e débito, hipotecas reversas, ajuda com o cálculo de impostos e assuntos jurídicos, entre outras.

Banx.com. BanxQuote fornece taxas de rentabilidade das contas de poupança, contas de depósito no mercado financeiro e certificados de depósito em todo os EUA.

Imoneynet.com. A empresa oferece Money Fund Report Averages[1] e listas dos fundos mais rentáveis que são impressas em jornais, revistas e bancos de dados em todos os Estados Unidos.

Insure.com. Informações básicas sobre seguros de automóveis, residenciais, de saúde e de vida. Os consumidores também podem obter cotações instantâneas de mais de duzentas seguradoras.

Insweb.com. O site permite que você compare cotações de várias empresas de seguro. Existem cotações disponíveis para seguros de automóveis, de vida, residenciais, de saúde, de vida por prazo limitado e outros.

Mfea.com. Na seção de aposentadoria você pode calcular quanto irá precisar para se aposentar, e o site está repleto de conselhos e sugestões sobre outros lugares que oferecem ajuda.

---

[1] O Money Fund Report Averages/All Taxable Index (anteriormente o iMoney Net All Taxable Index) é uma média dos retornos de mais de 250 fundos mútuos do mercado verificados todos os meses pela iMoneyNet, Inc. (*N. da T.*)

Fontes para os Avestruzes

Livros

I've Been Rich, I've Been Poor. Rich is Better: How Every Woman Can Find Economic Security and Personal Freedom, de autoria de Judy Resnick e Gene W. Stone. Orienta as mulheres passo a passo por meio das preocupações financeiras que surgem durante cada estágio da vida.

The Road to Wealth: A Comprehensive Guide to Your Money, de Suze Orman. Escrito no formato tipo perguntas e respostas com muitos conselhos práticos.

The Wall Street Journal Guide to Understanding Money and Investing, de autoria de Kenneth M. Morris e Virgina B. Morris. Guia amigável ao usuário explica como funcionam os produtos financeiros e os mercados.

The Wall Street Journal Guide to Understanding Personal Finance. Guia de fácil leitura que aborda temas como operações bancárias, crédito, finanças do lar, planejamento, investimentos e como lidar com os impostos.

Your 401(k) Handbook: 2004 Employess Guide to Investments and Decisions, de Mark L. Schwanbeck. O livro o ajudará a determinar o quanto economizar, o intruirá a respeito de ações, títulos e como alocar o seu dinheiro baseado na sua idade e em outros fatores, e o ensinará a evitar erros financeiros dispendiosos.

Publicações

Moneypaper. Este boletim informativo mensal abrange um leque de estratégias de investimento destinadas a colocar as pessoas em uma posição mais semelhante à dos investidores abastados e à das instituicões. Tem a fama de popularizar o investimento direto, ou seja, o investimento sem a interveniência de um corretor, e oferece um serviço de doação em ações que ajuda os investidores a comprar a primeira ação e contratar o plano de reinvestimento de dividendos [Dividend Reinvestment Plan] (DRIP). Para aqueles que precisam se atualizar com relação aos detalhes dos planos DRIP e como eles funcionam, o site (www.moneypaper.com) contém uma superabundância de informações.

Organizações

401k.org. Este site é mantido pelo Profit Sharing/401(k) Council of America. Ele tem uma calculadora 401(k), um check-up de aposentadoria e vários artigos sobre poupança para a aposentadoria.

LowerMyBills.com. Pague as suas contas on-line e receba também relatórios personalizados que lhe dizem, por exemplo, quando você está a 100 dólares do limite de gastos do seu cartão de crédito e quando faltam cinqüenta minutos para você atingir o limite do seu plano no telefone celular.

MsMoney.com. Um site de serviços financeiros para a mulher, repleto de informações úteis a respeito de finanças pessoais, investimentos, operações bancárias e crédito, e como comprar uma casa ou um carro.

Pathtoinvesting.org. Site patrocinado pela Foundation for Investor Education fornece informações sobre numerosos temas, entre eles os fundamentos do investimento, a escolha dos investimentos, a administração de um portfólio e o funcionamento do mercado. O site oferece dica para iniciantes e um dicionário on-line de termos de investimento.

Sec.gov/answers/drip.htm. Este link contém informações básicas sobre planos de compra direta de ações das empresas [direct stock plans] (DSPs) e DRIPs.

Sec.gov/investor/pubs/perpayplans.htm. Este link explica os planos de pagamento periódico e as diferenças entre eles e os planos de investimento automático. Os Avestruzes poderão achar os planos de investimento automático particularmente úteis já que os recursos são automaticamente deduzidos na sua conta corrente ou de poupança, ou do contracheque, e investidos em uma conta de aposentadoria ou fundo mútuo.

Women's Institute for Financial Education. Grupo sem fins lucrativos dedicado a proporcionar instrução financeira às mulheres. Você encontrará nele artigos sobre o planejamento da aposentadoria, orçamentos, investimentos, assuntos de família e muito mais.

Womens-finance.com. Oferece calculadoras, planilhas e uma superabundância de informações sobre cuidados com a saúde, impostos, aposentadoria, fundos mútuos e outras coisas.

www.wfn.com. Women's Financial Network. Fonte financeira para as mulheres. Oferece conselhos financeiros dirigidos às mulheres; dá a elas acesso às informações financeiras que necessitam. Oferece tambem serviços de corretagem.

Fontes para os Endividados

Você está determinado a vencer a batalha com o débito e finalmente enxergar os frutos do seu árduo trabalho? Você precisa de um lugar onde possa obter informações sobre o que fazer a seguir? Se você é Endividado, provavelmente precisa de alguma ajuda para limpar a casa. Em vez de simplesmente varrer os seus problemas de débito e de dinheiro para baixo do tapete, concentre-se em resolvê-los para sempre. Eis algumas fontes realmente úteis que você pode procurar.

Livros

How to Get Out of Debt, Stay Out of Debt, and Live Prosperously, de Jerrold Mundis. O livro se baseia nos princípios dos Devedores Anônimos. É uma obra prática e oferece soluções exeqüíveis.

Talk Your Way out of Credit Credit Card Debt, de Scott Bilker. Algumas maneiras comprovadas de reduzir as suas contas.

The Bankruptcy Kit, de autoria de John Ventura, explica todo o processo de falência, desde as conversas com os credores até a audiência de liquidação.

The Total Money Makeover Workbook: A Perfect Plan for Financial Fitness, de Dave Ramsey. Ajuda-o a sair do vermelho e ficar financeiramente em forma.

Your Guide to Personal Bankruptcy Without Shame, de James P. Caher e John M. Chaer. Oferece boas dicas sobre os aspectos legais da falência, bem como sobre alternativas e o reerguimento.

Publicações

DebtSmart E-mail Newsletter (www.debtsmart.com). Este boletim informativo está disponível on-line e oferece técnicas econômicas, recomendações sobre consultoria de crédito e estratégias para resolver problemas de crédito. O autor do boletim informativo, Scott Bilker, escreveu vários livros sobre crédito, inclusive o mais recente, *Talk Your Way out of Credit Card Debt* (anteriormente citado).

Organizações

American Bankruptcy Institute. Órgão centralizador para informações sobre falência, inclusive notícias sobre a legislação, a opinião dos tribunais sobre a falência, dados estatísticos, vendas de ativos dos tribunais de falência e muito mais.

Association of Independent Consumer Credit Counseling Agencies. Essa associação de entidades sem fins lucrativos tem um site onde os consumidores podem procurar uma firma de consultoria do débito na área em que moram.

Debt Relief Clearinghouse. Organização que o encaminha para a melhor agência disponível para ajudá-lo a pagar dívidas sem garantia, como cartões de crédito, empréstimos educacionais, contas médicas, impostos atrasados devidos à Receita Federal ou a entidades estaduais ou para ajudá-lo a evitar a execução da hipoteca da sua casa.

Debtors Anonymous.[1] Organização de âmbito nacional com grupos de apoio em diversas áreas criados para ajudar as pessoas que sistematicamente contraem dívidas excessivas.

National Foundation for Credit Counseling. Essa associação de entidades sem fins lucrativos administra um site dedicado a ajudar pessoas com problemas de crédito. Entre outras coisas, o site, http://www.debtadvice.org, oferece uma calculadora de orçamento, uma lista de consultores para os consumidores e um fórum on-line onde as pessoas podem conversar sobre os seus assuntos financeiros e trocar informações.

The National Consumer Law Center. Essa organização sem fins lucrativos é especializada em assuntos do consumidor em benefício de pessoas de baixa renda.

Sites

Ftc.gov. Informe-se a respeito dos seus direitos de consumidor nas seções do consumidor e dos estatutos do site da Federal Trade Commission, inclusive a respeito da cobertura no Fair Debt Collection Practices Act.

Myvesta.org. Esse site possui muitos recursos para os consumidores com problemas de débito ou de crédito. Ele contém links que o direcionam para um especialista em débito com quem você pode conversar e para um site onde você pode obter o histórico do seu crédito, informações sobre fraudes e numerosas publicações disponíveis para download.

---

[1] No Brasil existem os Devedores Anônimos. A sucursal do Rio de Janeiro tem um site: http://www.devedoresanonimos-rj.org/ (*N. da T.*)

Fontes para os Comodistas

Imagine que você está navegando em um barco a remo. Sem dúvida você poderia, com o tempo, chegar à outra margem deixando que a correnteza o levasse. No entanto, se você alimentasse o trajeto com um pouco da sua energia e remasse, você se deslocaria com muito mais eficiência e chegaria bem mais rápido ao seu objetivo. Na condição de Comodista ou Otimista, o seu maior desafio é não ficar atolado em um mar parado ou estagnado. Verifique onde você está e para onde está indo. Por exemplo, você fez uma reserva suficiente para pagar a faculdade dos seus filhos? Você tem um testamento? O plano do seu espólio está em boas condições? E mesmo que você esteja saudável hoje, pensou no seguro de assistência a longo prazo para o futuro, quando talvez você venha a precisar dele? Alguma das seguintes fontes poderão ser úteis enquanto você se prepara para fazer frente a esses objetivos.

Livros

AARP Crach Course in Estate Planning: The Essential Guide to Wills, and Your Personal Legacy, de Michael T. Palermo. Um curso rápido sobre como planejar o espólio e redigir o seu testamento.

Missed Fortune: Dispel the Money Myth Conceptions – Isn't It Time You Became Wealth?, de Douglas R. Andrew. Os conselhos contrariam o que é natural, mas alguns Comodistas talvez os considerem revigorantes.

Planeje o Seu Espólio, de Denis Clifford, Cora Jordan. Livro útil e de fácil compreensão.

The American Bar Association Guide to Wills and Estates, Second Edition: Everything You Need to Know About Wills, Estates, Trusts, and Taxes, de autoria da American Bar Association. Um guia prático.

The Retirement Nightmare: How to Save Yourself from Your Heirs and Protectors: Involuntary Conservatorships and Guardianships (Golden Age Séries), de Diane G. Armstrong, Ph.D. Enfatiza como você pode se proteger dos herdeiros.

Serviços de Avaliação de Empresas de Seguro

A.M. Best Company, Inc. (www.ambest.com). Editores de informações sobre seguros, inclusive dados financeiros, notícias do setor e avaliações das seguradoras.

Fitch Ratings (www.fitchibca.com). Empresa de avaliação que atualmente investiga 3.100 instituições financeiras, entre elas 1.600 bancos e 1.400 seguradoras.

Moodys's Investor Service (www.moodys.com). Fonte para avaliação de crédito, pesquisas e análises de risco. Publica opiniões sobre crédito, pesquisas sobre transações e comentários.

Standar & Poor's (www.standarddandpoors.com). Fornece avaliações de crédito independentes, índices, avaliações de risco, pesquisas de investimentos, dados e avaliações.

Weiss Ratings Inc. (www.weissratings.com). Oferece pesquisas e avaliações sobre mais de 15 mil instituições, entre elas empresas de seguro de vida, de saúde e de anuidade, de propriedade e acidentes, empresas que oferecem planos de saúde da HMO (Health Maintenance Organization), planos Blue Cross e Blue Shield, bancos, e instituições de poupança e empréstimos.

Organizações

America's Health Insurance Plans (www.ahip.org). Associação nacional de empresas de seguro-saúde. O sire oferece guias para o consumidor sobre assistência a longo prazo, seguro invalidez e assistência médica administrada. Tem ainda links para empresas de seguro-saúde, bem como fatos e cifras a respeito de seguro.

American Academy of Estate Planning Attorneys (www.aaepa.com). Este site fornece informações sobre o planejamento de espólios e pode ajudá-lo a encontrar um advogado especializado no assunto.

American Association of Retired Persons (AARP) (www.aarp.org/revmort). Oferece uma cópia impressa ou um livreto on-line chamado *Homemade Money: A Consumer's Guideto Reverse Mortgages*.

American College of Trust and Estate Counsel (www.actec.org). Associação profissional de advogados na área de trustes e espólios que lhe indicarão um advogado especializado em planejamento de espólios da sua área.

College Savings Bank (www.collegesavings.com). Vende o College-Sure CD, projetado para permitir que os pais paguem antecipadamente os custos da faculdade, seja por meio de pagamento único ou de quantias menores ao longo do tempo.

CollegeNET (www.collegenet.com). Permite que você faça buscas e preencha o formulário de inscrição de mais de 1.500 faculdades. Você também pode procurar informações sobre bolsas de estudo e ajuda financeira.

Department of Housing and Urban Development (HUD) (www.hud.gov). Oferece calculadoras e outras ferramentas destinadas a ajudá-lo a decidir se uma hipoteca reversa é adequada para você.

Fannie Mae (www.fanniemae.com). Obtenha informações sobre as HECMs e as Home Keeper Morgages, bem como uma lista de empresas financiadoras que as oferecem.

Financial Freedom Senior Funding Corporation (www.ffsenior.com). Empresa privada de hipotecas reversas que oferece programas como o Financial Freedom Equity Guard e Cash Account Plans, disponíveis em áreas limitadas.

Fontes 333

National Center for Home Equity Conversion (NCHEC) (www.reverse.org). Oferece calculadoras e outras ferramentas para ajudá-lo a decidir se uma hipoteca reversa é adequada para você.

National Reverse Mortgage Lenders Association (www.reversemortgage.org). Fornece uma lista de empresas financiadoras especializadas em hipoteca reversa em cada estado e possui informações detalhadas a respeito de hipotecas reversas.

Sallie Mae (www.salliemae.com). Fornece informações sobre o ensino superior, inclusive o planejamento para a faculdade, recursos financeiros e solicitação e gerenciamento de empréstimos.

Sites

Estateplanning.com. Encontre um profissional ou um seminário na sua área.

Fastweb.com. Um site onde você pode encontrar faculdades e pesquisar quais as bolsas que o seu filho tem mais chances de conseguir. Escolha entre 600 mil bolsas. É possível inscrever-se em algumas delas on-line.

Finaid.com. Fornece informações a respeito de ajuda financeira, inclusive sobre documentos que você terá que preencher. Responde a dúvidas que você possa ter e oferece calculadoras para ajudá-lo a calcular quanto irá custar a faculdade, quanto você precisa poupar e quanta ajuda você irá precisar.

Long Term Care Quote (www.searchltc.com). Site independente que pode ajudá-lo a escolher a melhor apólice de seguro de assistência a longo prazo para as suas necessidades e orçamento. Você também pode entrar em contato com a entidade em 1-800-587-3279.

Nolo.com. O site o conduz, passo a passo, ao processo de redação de um testamento. Também ajuda a lidar com questões relacionadas com o planejamento do espólio em geral, vários tipos de trustes e planos para a organização do enterro.

Reverse.org. Explica as hipotecas reversas e o ajuda a encontrar uma empresa financiadora que trabalhe com esse tipo de hipoteca.

Reversemortage.org. Explica as escolhas que você tem na hipoteca reversa. As informações no site são fornecidas pela National Reverse Mortage Lenders Association, que funciona como centro de recursos educacionais, advocatícios e financeiros de hipotecas reversas e profissionais da área.

Savingforcollege.com. O site oferece uma superabundância de conselhos sobre o planejamento da faculdade e informações sobre 529 planos e o Coverdell Education Savings Account. O site responde a perguntas feitas com freqüência e o acompanha durante o processo de abertura de uma conta.

Fontes para os Grandes Apostadores

A sua melhor aposta é parar de viver no limite e se acalmar. Reflita com mais cuidado a respeito das suas decisões, desejos e ações. Um pouco de risco é saudável, mas o excesso pode prejudicá-lo. Para aprender a cultivar o impulso de olhar antes de saltar, investigue as seguintes fontes.

Livros

Built to Last: Successful Habits of Visionary Companies, de James C. Collins e Jerry I. Porras. Identifica 18 empresas "visionárias" e propõe-se a determinar o que é especial a respeito delas. Uma boa leitura para o empreendedor iniciante.

How to Be a Quick Turn Real Estate Millionaire: Make Fast Cas with No Money, Credit, ou Previous Experience, de Ron LeGrand. A LeGrand expõe a sua técnica para ficar rico no mercado imobiliário.

Investing in Real Estate, de Andrew James McLean e Gary W. Eldred. Hoje, na sua quarta edição, este guia prático o ajudará a investir em bens imóveis, como casas e pequenos prédios de apartamentos para gerar fluxo de caixa e aumentar a sua prosperidade atual.

Rich Dad Poor Dad: What the Rich Teach Their Kids About Money – That the Poor and Middle Class Do Not!, de Robert T. Kiyosati with Sharon L. Lechter, CPA. Neste clássico best seller, Kiyosaki e Lechter apresentam uma perspectiva exclusiva sobre como acumular riqueza, tanto no mercado imobiliário quanto de outras maneiras.

Publicações

Revista *Entrepreneur*. Você pode assinar os exemplares impressos da revista, ou apenas passar algum tempo navegando no site, que está repleto de artigos úteis (e gratuitos), de conselhos práticos e de outras informações. Os temas incluem como começar um negócio, administrar um negócio a partir da residência, franchising e administração financeira.

Revista *Worth* (http://worth.com). Esta publicação tem seções que lidam com o empreendedorismo, oportunidades de investimentos, filantropia, trusts e patrimônios.

Organizações

Alliance 1 (www.alliance1.org). Uma organização internacional, sem fins lucrativos, dedicada a melhorar a vida em família por intermédio de serviços, educação e advocacia. Sucursais em todos os Estados Unidos oferecem serviços de aconselhamento familiar.

Gamblers Anonymous (www.gamblersanonymous.org).[1] O grupo se concentra em ajudar os jogadores compulsivos a parar de jogar. Não são cobradas taxas ou mensalidades; o único requisito é o desejo de parar de jogar.

Institute of Consumer Financial Education (www.financial-education-icfe.org). Este grupo tem como objetivo ajudar as pessoas a melhorarem os seus gastos, aumentar a poupança e usar o crédito com mais sabedoria. O site do instituto tem um teste para os gastadores, dicas para os cartões de crédito e links para outros sites interessantes.

International Franchise Association (www.franchise.org). Se você está pensando em comprar uma franchising, não deve deixar de visitar este site. Ele oferece cursos on-line e responde a perguntas feitas com freqüência. Também oferece links para outros serviços que as franchising e os prováveis donos de empresa poderão achar interessantes.

National Association of Real Estate Investment Trusts (www.nareit.com). Oferece informações sobre investimentos em REITs (Real Estate Investment Trusts) [Fundos de Investimento Imobiliário], um glossário de termos e dados atualizados sobre o setor.

National Council on Problem Gambling (www.ncp.gambling.org). Oferece uma linha nacional direta 24 horas por dia (1-800-522-4700), bem como recursos e lugares onde é possível obter ajuda.

Options Industry Council (www.optionscentral.com). Esse grupo sem fins lucrativos instrui os investidores a respeito dos benefícios e dos riscos das opções relacionadas com ações. Você pode escolher entre 12 cursos on-line ou participar de um seminário gratuito na sua área. O site responde a perguntas feitas com freqüência a respeito das opções e oferece uma calculadora para calcular o preço das opções, bem como o nome e o número do telefone de corretores que você pode procurar para obter mais informações.

---

[1] No Brasil o site é http://www.jogadoresanonimos.org e os telefones são: Rio de Janeiro: (21) 2516-4672; e São Paulo: (11) 3229-1023. (*N. da T.*)

Fontes para os Esquilos

Livros

Beating the Street: The Best-Selling Author of One Up on Wall Street Shows You How to Pick Winning Stocks and Develop a Strategy for Mutual Funds, de Peter Lynch. Esta edição revista pelo ex-gerente do Fidelity Magellan Fund oferece notáveis recomendações financeiras.

Beyond the Grave: The Right Way and the Wrong Way of Leaving Money to Your Children (and Others), de Gerald M. Condon e Jeffrey L. Condon. Essa edição atualizada é um guia informativo para o planejamento do espólio.

The Complete Idiot's Guide to Buying Insurance and Annuities, de Brian H. Breuel. Uma leitura rápida, com conselhos sensatos.

Missed Fortune 101: A Starter Kit to Becoming a Millionaire, de Douglas R. Andrew. Apresenta uma visão oposicionista a respeito do investimento.

New Life Insurance Investment Advisor: Achieving Financial Security for You and Your Family Through Today's Insurance Products, de Ben Baldwin. Ajuda-o a entender os diferentes tipos de seguro.

Organizações

American Council of Life Insurers (www.acli.com). Um grupo comercial de companhias de seguro de vida que atua a favor do seguro de vida, do seguro de assistência a longo prazo, do seguro da renda de invalidez e dos assuntos relacionados com a poupança para a aposentadoria. As seguintes publicações estão disponíveis para download no site: *What You Should Know About Buying Life Insurance, Annuities: The Key to a Secure Retirement, Long-Term Care Insurance: Protection for Your Future, Disability Income Insurance: Protection for You and Your Family*.

Consumer Federation of America (www.consumerfed.org). Esse grupo voltado para o consumidor cobra uma taxa para ajudá-lo a avaliar propostas de apólices de seguro de vida, a decidir se você deve comprar uma apólice com valor de resgate ou por prazo limitado e a determinar se vale a pena manter a sua apólice atual com valor de resgate.

Insurance Information Institute (www.iii.org). O site desse grupo responde a perguntas freqüentes a respeito de seguros de automóvel, residencial e de vida, bem como sobre anuidades, seguros de vida e outros. A ferramenta da faixa etária oferece informações fáceis de usar sobre o planejamento financeiro e de seguros para as diferentes etapas da sua vida. Você também pode solicitar um exemplar gratuito de vários prospectos, inclusive os seguintes: *Am I Covered?*, um guia para o seguro residencial, que também contém informações sobre o seguro contra inundações, terremotos e outros desastres naturais.

National Association of Insurance and Financial Advisors (www.naifa.org). Este grupo dá informações ao público a respeito de seguros e sobre como trabalhar com agentes e corretores de seguros, além de fornecer diretrizes para que você tome uma decisão a respeito de quem você deve contratar para orientá-lo.

National Association of Investors Corporation (http://www.better-investing.org). Se você não quer escolher ações sozinho, você tem outra opção: começar um clube de investimento ou ingressar em um já existente. Você encontrará ajuda para começar navegando no site da Naic, a associação comercial dos clubes de investimento.

North American Securities Administrators Association (NASAA) (www.nasaa.org). O grupo *umbrella* para os reguladores dos valores mobiliários estaduais. O Web site contém um treinamento para os investidores, informações de contatos para os reguladores estaduais e um centro de reclamações do investidor, entre outras coisas.

Fundos de investimento imobiliário

Annaly Mortgage Management. Um fundo de investimento imobiliário especializado em instrumentos de hipoteca, o que resulta em um rendimento elevado para os acionistas.

Apartment Investment & Management Company. Um fundo de investimento imobiliário que possui/opera propriedades multifamiliares nos Estados Unidos.

Health Care Property Investors. Um fundo de investimento imobiliário de eqüidade que investe em estabelecimentos na área da saúde em todo o território americano.

Healthcare Realty Trust. Um fundo de investimento imobiliário que investe em estabelecimentos na área da saúde de forma direta ou por intermédio de empreendimentos conjuntos.

Thornburg Morgage. Um fundo de investimento imobiliário especializado em comprar e criar empréstimos hipotecários com taxas reajustáveis para residências unifamiliares.

Washington Real Estate Investment Trust. Um fundo imobiliário que possui prédios comerciais, shopping centers, prédios de apartamentos e centros de distribuição industrial na área metropolitana de Washington, D.C.

Wein Realty Investors. Um fundo imobiliário que compra e expande shopping centers nos Estados Unidos.

Sites

Aaii.com. A seção de ações do site da American Association of Individual Investors contém artigos bastante úteis sobre temas que poderão interessar às pessoas que começam a escolher ações. Os membros da AAII podem obter informações adicionais.

Smartmoney.com/oneasset. Sistema de distribuição de recursos concebido para ajudá-lo a entender como diferentes combinações de ativos podem ser apropriadas para os investidores em diferentes circunstâncias. Insira os seus dados financeiros e o site lhe fará recomendações.

Yodlee.com. Você encontrará nesse site uma amostragem de empresas prestadoras de serviços financeiros que oferecem serviços de agregação de contas.

Livros

A Random Walk Down Wall Street: Completely Revised and Updated Eighth Edition, de Burton G. Malkiel. Um bom ponto de partida para os novos investidores. Este livro clássico está repleto de dados históricos, informações e recomendações.

Charles Schwab New Guide to Financial Independence: Practical Solutions for Busy People, de Charles Schwab. Essa edição revista por Charles Schwab, autoridade em investimentos, o ajudará a definir e estabelecer metas de investimento, preparar um plano de investimento e agir em função dele, preparar-se para pagar a faculdade de seus filhos, lidar com as flutuações do mercado e fazer planos para uma aposentadoria sem preocupações.

Everything You Need to Know About Money and Investing: A Financial Expert Answers the 1,001 Most Frequently Asked Questions, de Sarah Young Fisher e Carol Turkington. O formato Perguntas e Respostas torna o livro amigável ao usuário. Entre os assuntos abordados estão: planejamento financeiro, elaboração de orçamentos e redução dos débitos, seguros, poupança destinada à universidade e à aposentadoria, bens imóveis e impostos.

J. K. Lasser's Your Income Tax.[1] Este clássico atualizado abrange todos os aspectos das finanças pessoais.

Retire on Less Than You Think: The New York Times Guide to Planning Your Financial Future, de Fred Brock. Este livro de autoria de Fred Brock, do *The New York Times,* pode ajudá-lo em sua meta, no sentido de ter uma aposentadoria segura.

Rich Dad Poor Dad: What the Rich Teach Their Kids About Money – That the Poor and Middle Class Do Not!, de Robert T. Kiyosaki e Sharon L. Lechter, CPA. Nesse clássico best seller, Kiyosaki e Lechter apresentam uma perspectiva exclusiva sobre como acumular riqueza, tanto no mercado imobiliário quanto de outras maneiras.

The Complete Idiot's Guide to Managing Your Money, de Robert K. Heady e Christy Heady. Apresenta conceitos básicos sobre a administração do dinheiro e está repleto de dicas a respeito de como economizar e ganhar dinheiro.

---

[1] Tudo que você precisa saber para organizar seu retorno de imposto. Only Investement Guide You'll Ever Need, de Andrea Tobias.

The Everything Personal Finance Book: Manage, Budget, Save, and Invest Your Money Wisely, Peter J. Sander. Ajuda-o a escolher as melhores opções de investimento e a reduzir o débito, fazer planos para a aposentadoria e economizar dinheiro nos impostos.
The Four Pillars of Investing: Lessons for Building a Winning Portfolio, de William J. Bernstein. Oferece conselhos práticos, de fácil compreensão.
The Intelligent Investor, edição revista, de Benjamin Graham (atualizada com novo cometário de Jason Zweig). Publicado originalmente em 1949, o livro foi atualizado e inclui as tendências do mercado da década de 1990 e dos primeiros anos do século XXI.
The Retirement Savings Time Bomb: And How to Defuse It, de Ed Slott. Esse livro ensina aos leitores como reter nas mãos o máximo possível de sua poupança da aposentadoria, em vez de colocá-la nas mãos da Receita Federal (IRS).
The Right Way to Hire Financial Help: A Complete Guide to Choosing and Managing Brokers, Financial Planners, Insurance Agents, Lawyers, Tax Preparers, Bankers, and Real Estate Agents, segunda edição, de Charles A. Jaffe. Ensina aos leitores os fundamentos da contratação e do gerenciamento de corretores, planejadores financeiros, agentes de seguros, advogados, profissionais especializados na preparação do Imposto de Renda, profissionais do setor bancário e corretores de imóveis.

Publicações

Barron's. Oferece informações sobre investimentos e mercado. O site possui ferramentas gratuitas, entre elas uma agenda eletrônica e uma lista de ações, fundos mútuos, opções e mercado de futuros.
BusinessWeek. Embora enfatize mais a economia e a estratégia de negócios, a *BusinessWeek* também possui colunas a respeito da Wall Street e do investimento pessoal.
Forbes. Revista conhecida por seu estilo áspero e mordaz. Procure no site artigos atuais e bem escritos sobre temas como planejamento do espólio, estratégias de investimento e aposentadoria, bem como guias especiais sobre fundos mútuos, fundos negociáveis em bolsas e investimentos internacionais.
Fortune. Uma revista de negócios com uma extensa cobertura da Wall Street e seleção de ações. A revista *Fortune* também publica amplas listas e classificações de empresas, ações e outros assuntos.
Kiplinger's Personal Finance Magazine. Você pode pagar pela assinatura da revista ou visitar o site e ler artigos relacionados com investimentos. Você também encontrará ferramentas que o ajudarão a tomar decisões financeiras.
Money. Uma revista que oferece idéias de planejamento financeiro para o americano típico, inclusive recomendações e notícias sobre investimento, impostos, aposentadoria e outros temas relacionados com finanças pessoais. O site possui várias calculadoras úteis e um curso sobre dinheiro para iniciantes.

Smart Money. Procure no site artigos sobre economia, pequenos negócios, finanças pessoais e muitas outro assuntos, entre eles investimentos sofisticados.

Wall Street Journal. Além de publicar sempre as últimas notícias, o jornal faz uma boa apresentação das tendências do mercado e as comenta de maneira clara e fácil de entender.

Entidades federais e estaduais norte-americanas[1]

Board of Governors of the Federal Reserve System (www.federalreserve.gov). Tudo que você precisa saber a respeito da política monetária dos Estados Unidos. O site possui links especiais destinados a fornecer informações e aprendizado ao consumidor. Na seção do consumidor, você poderá encontrar informações sobre operações bancárias, proteção ao consumidor, economia, residências e hipotecas, taxas de juros, empréstimos e crédito, entre outros temas.

Centers for Medicare and Medicaid Services (www.cms.hhs.gov). Um órgão federal que supervisiona o sistema de seguros de saúde Medicare e Medicaid.

Federal Trade Commission (www.ftc.gov). Oferece muitos prospectos úteis na seção do consumidor do site sobre temas como roubo de identidade, investimentos, privacidade e crédito. Você também pode fazer denúncias de fraudes.

Internal Revenue Service (www.irs.gov). Oferece uma profusão de informações e formulários. Procure no site onde você poderá obter ajuda direta e pessoal com relação aos impostos.

Labor Department, Pension and Welfare Benefits Administration (www.dol.gov). Define regras e supervisiona todos os programas de benefícios ao trabalhador e pode explicar seus direitos de acordo com a lei federal.

National Association of Insurance Commissioners (www.naic.org). É a organização dos reguladores de seguros estaduais, bem como dos reguladores do Distrito de Columbia e dos quatro territórios federais dos EUA. Os consumidores encontram no site queixas, licenças e informações financeiras a respeito de empresas de seguros específicas. Você também pode apresentar uma reclamação on-line ao departamento de seguros de seu estado. Você pode solicitar um exemplar gratuito das seguintes publicações: *Buyer's Guides to Fixed Deferred Annuities, Guide to Fixed Deferred Annuities with Appendix for Equity-Indexed Annuities, Choosing a Medigap Policy, Consumer's Guide to Auto Insurance, Consumer's Guide to Home Insurance, Life Insurance Buyer's Guide, Life Insurance Buyer's Guide with Appendix, A Shopper's Guide to Cancer Insurance* e *A Shopper's Guide to Long-Term Care Insurance.*

National Association of Securities Dealers, Inc. (www.nasd.com). Órgão regulador que se concentra na proteção e no aprendizado do investidor. Os consumidores podem ler no site do grupo a respeito de fraudes e produtos complicados. Também podem apresentar uma reclamação contra seu corretor ou empresa de corretagem e examinar os antecedentes profissionais, o registro e a situação da licença, além do histórico disciplinar do corretor.

---

[1] No Brasil, o site do Banco Central do Brasil oferece informações sobre a política monetária e a economia brasileira. (*N. do R.T.*)

North American Securities Administration Association (www.nasaa.org). O grupo *umbrella* para os reguladores de valores mobiliários estaduais. Entre outras áreas, o site fornece um aprendizado ao consumidor, informações de contato para os reguladores estaduais e um centro de reclamações para o investidor.

Securities and Exchange Commission (www.sec.gov). Órgão encarregado de proteger os investidores e manter íntegros os mercados. A seção de informações para o investidor do site da SEC possui muitas calculadoras e artigos on-line escritos em uma linguagem de fácil entendimento.

Social Security Administration (www.ssa.gov). Fornece informações a respeito dos benefícios da Previdência Social.

U.S. Department of Education (www.ed.gov). Tudo que você precisa saber a respeito de como encontrar faculdades e obter financiamentos educacionais, bem como consolidação de empréstimos e financiamento da dívida.

Organizações

AARP (www.aarp.org). Associação para aqueles que estão para se aposentar e para os aposentados, com uma grande quantidade de fontes sobre todos os aspectos do planejamento e sobre como aproveitar a aposentadoria.

Accreditation Council for Accountancy and Taxation (www.acatcredentials.org). Credencia especialistas em contabilidade e tributação que atendem às necessidades financeiras de pessoas físicas e pequenos negócios. O ACAT também supervisiona os exames e os padrões para os profissionais credenciados para preparar o Imposto de Renda e os consultores tributários credenciados.

American Arbitration Association (www.adr.org). Indicará um mediador caso você precise dirimir alguma controvérsia com um consultor financeiro. A associação possui sucursais na maioria dos estados. Oferece vários prospectos, cujo download pode ser feito gratuitamente no site, entre eles um sobre como resolver questões trabalhistas e outro sobre como resolver questões financeiras comerciais.

American Association of Individual Investors (www.aaii.com). Organização sem fins lucrativos que proporciona aprendizado e oferece ferramentas destinadas a ajudar as pessoas a administrar suas finanças com lucro e eficiência. O site apresenta inúmeras informações sobre vários temas relacionados com investimentos. Os membros também podem participar de eventos locais e nacionais.

American Bankers Association (www.aba.com). Representa os bancos comerciais nas atividades legislativas e reguladora, bem como nas demandas judiciais. Também instrui o público a respeito das operações bancárias. A seção do consumidor do site do grupo fornece informações sobre roubo de identidade, empréstimos abusivos e outras atividades fraudulentas, bem como informações sobre elaboração de orçamentos, crédito e poupança.

American Bar Association (www.abanet.org). A principal associação de classe para os advogados americanos. Oferece um guia para o consumidor sobre assistência jurídica e uma cartilha sobre o funcionamento dos tribunais.

American Financial Services Association (www.americanfinsvcs.com). Representa empresas que fornecem empréstimos aos consumidores e oferece ao público um aprendizado a respeito do crédito e de questões sobre a elaboração de orçamentos. Oferece material educativo para o público em www.afsaef.org. No site, os consumidores podem solicitar uma vasta quantidade de publicações sobre um grande número de assuntos, como empréstimo pessoal e falência, e encontrar uma lista de números de telefone para combater a fraude no crédito.

American Institute of Certified Public Accountants (www.aicpa.org). Representa e mantém padrões para os auditores independentes credenciados. Você poderá obter ajuda para encontrar um contador especializado em tributação ou um que preste serviços na área de planejamento financeiro no site http://pfp.aicpa.org. Você também pode telefonar para 1-888-999-9256.

American Insurance Association (www.aiadc.org). Representa as empresas de seguro residencial e de acidentes, fazendo lobby em questões relacionadas a seguros. Instrui o público a respeito de assuntos de seguros.

American Savings Education Council (www.asec.org). Empreende iniciativas para aumentar a conscientização do público sobre o que é necessário para garantir a independência financeira pessoal a longo prazo.

America's Community Bankers (www.americascommunitybankers.com). Associação comercial de bancos comunitários. O site possui calculadoras proveitosas relacionadas com hipotecas, débito pessoal, aposentadoria e outras coisas. Também contém informações sobre fundos mútuos, anuidades, segurança dos caixas eletrônicos e como evitar as fraudes do telemarketing.

Association for Conflict Resolution (www.acrnet.org). Grupo de pessoas interessadas em técnicas alternativas de decisão de litígios. Pode ajudá-lo a encontrar um mediador em sua área.

Association of Financial Guaranty Insurers (www.afgi.org). Representa as empresas que fazem o seguro dos títulos municipais contra a inadimplência.

Bond Market Association (www.bondmarkets.com). Essa associação comercial contém artigos interessantes relacionados com investimento em títulos de dívidas, bem como links úteis para outras organizações, material educativo e informações sobre o mercado.

Certified Financial Planner Board of Standards (www.cfp.net). Supervisiona os exames dos planejadores financeiros credenciados e habilita as pessoas para usarem o nome da CFP. Você pode entrar em contato com o conselho de administração da CFP para verificar se um planejador financeiro é credenciado, recebeu alguma punição do conselho ou para apresentar uma reclamação. Você também pode solicitar um kit de recursos para o planejamento financeiro.

CFA Institute (http://www.cfainstitute.org). Originalmente conhecido como Association for Investment Management and Reserch. Confere o título de Analista Financeiro Juramentado [Chartered Financial Analyst] (CFA) àqueles que passam em uma série de exames relacionados com o gerenciamento de investimentos. O site do grupo contém informações a respeito do CFA, bem como textos educativos como "Choosing a Financial Advisor", "Defining Your Investment Objectives" e "12 Common Mistakes Investors Make".

Chartered Property Casualty Underwriters Society (www.cpcusociety.org). A sociedade é uma associação profissional de agentes e outros profissionais da área de seguros que vendem seguros imobiliários e de acidentes, além de serviços de gerenciamento do risco. A sociedade publica vários boletins informativos a respeito de eventos e mudanças nas áreas do seguro imobiliário e de acidentes. Você pode fazer uma busca de agentes ou corretores no site, por área, ou procurar artigos pertinentes e links para outros sites relacionados com seguros.

Consumer Bankers Association (www.cbanet.org). Organização que oferece aprendizado e pesquisa, e também faz lobby sobre questões relacionadas com as operações bancárias de varejo.

Council of Better Business Bureaus (www.bbb.org). A organização nacional para os Better Business Bureaus regionais oferece publicações sobre como evitar fraudes.

Credit Union National Association (www.cuna.org). Associação comercial para as cooperativas de crédito e poupança. O site apresenta dicas para finanças pessoais, material educativo e calculadoras.

Employee Benefit Research Institute (www.ebri.org). Organização de pesquisa de políticas governamentais dedicada a programas de benefício para os empregados.

Employers Council on Flexible Compensation (www.ecfc.org). Associação comercial que estuda e promove a utilização de planos de contribuição definidos, planos 401(k), planos para os funcionários patrocinados pelo empregador e outras propostas de benefícios para os empregados.

Fannie Mae (www.fanniemae.com). Empresa privada, de propriedade dos acionistas, que fornece produtos financeiros e serviços que ajudam pessoas de todos os níveis de renda a comprar a casa própria. O site oferece aos consumidores informações, ferramentas e planilhas relacionadas com a compra de uma casa e hipotecas. Você também pode procurar um consultor que possa ajudá-lo com uma hipoteca reversa ou ler a respeito do produto em *Money from Home: A Consumer's Guide to Reverse Mortgage Options*, disponível no formato PDF.

Financial Accounting Standards Board (www.fasb.org). Estabelece padrões de relatórios financeiros para organizações do setor privado. A empresa coligada, Governmental Accounting Standards Board, define padrões para os governos estaduais e municipais.

Financial Planning Association (www.fpanet.org). Os visitantes podem usar o site do grupo para procurar um planejador financeiro. Também podem fazer perguntas genéricas sobre o planejamento financeiro e ter acesso a calculadoras, artigos, prospectos e lista de tópicos.

Freddie Mac (www.freddiemac.com). Empresa de propriedade de seus acionistas licenciada pelo Congresso para criar um fluxo contínuo de recursos financeiros para os credores das hipotecas. O site do grupo ensina o á-bê-cê de como você deve se preparar para ser proprietário de uma casa, adquirir um imóvel e hipotecas. O site também possui calculadoras e planilhas destinadas a ajudá-lo ao longo do processo.

Futures Industry Association (www.futuresindustry.org). Representa empresas de corretagem e corretores que lidam com o mercado de futuros, e faz lobby sobre questões relacionadas com a indústria do mercado de futuros.

Identify Theft Resource Center (www.idtheftcenter.org). Ajuda as pessoas a evitarem o roubo de identidade e se recuperar quando ele tem lugar.

Institute of Business and Finance (www.icfs.com). Essa organização confere o título de Especialista Credenciado em Fundos [Certified Fund Specialist] (CFS). Os CFSs são peritos em ajudá-lo a organizar o porfólio de um fundo mútuo apropriado às suas necessidades. O instituto também patrocina vários outros títulos em outras áreas das finanças pessoais.

Investment Company Institute (www.ici.org). Associação comercial para o setor de fundos mútuos. O site oferece importantes dados estatísticos e textos educativos a respeito das diferentes facetas do setor, como os conceitos básicos do investimento em fundos mútuos, o planejamento da faculdade dos filhos e o planejamento da aposentadoria.

Investment Counsel Association of America (www.icaa.org). Organização profissional de empresas independentes de consultoria em investimentos que administra os ativos das pessoas, os planos de pensão, os trustes e as instituições sem fins lucrativos, como as fundações. Oferece gratuitamente uma lista dos membros para as pessoas que estão em busca de um consultor de investimentos.

Investment Management Consultants Association (www.imca.org). O Grupo profissional para consultores que encontram e monitoram o desempenho dos gerenciadores financeiros em nome de investidores, tanto pessoas físicas quanto jurídicas. O grupo patrocina o site www.investmenthelp.org no qual você pode buscar um analista de gerenciamento de investimentos credenciado em sua área. O site também oferece calculadoras para o financiamento imobiliário, investimentos, aposentadoria, leasing, entre outras coisas.

Investment Program Association (www.ipa-dc.org). Associação comercial que representa investidores de programas de investimento não-negociados, tais como sociedades, trustes de investimentos imobiliários não-negociados e empresas de responsabilidade limitada.

Investor Responsiblity Research Center (www.irrc.org). Publica relatórios imparciais e faz análises de assuntos de negócios contemporâneos e da política do governo para corporações e investidores institucionais que vote em representantes de um modo independente.

Mutual Fund Education Alliance (www.mfea.com). Grupo educacional composto, em sua maior parte, por fundos mútuos sem encargo. Os consumidores podem obter gratuitamente material educacional sobre temas como planejamento de ativos, poupança para a faculdade dos filhos e poupança para a aposentadoria. Eles também encontram calculadoras financeiras, modelos de alocação de ativos e podem aprender os conceitos básicos de como investir em fundos mútuos.

National Association of Enrolled Agents (www.naea.org). Um grupo de agentes associados – pessoas que demonstraram competência técnica no setor tributário e que podem representá-lo perante a Receita Federal. Use o site para encontrar o nome de agentes associados disponíveis em sua área.

Fontes 345

National Association of Personal Financial Advisores (www.napfa.org). Essa associação representa os planejadores financeiros que trabalham cobrando apenas honorários e não recebem comissão alguma pela venda de produtos. Os consumidores podem obter indicações de profissionais desse tipo no site do grupo.

National Association of Realtors (www.realtor.org). Associação comercial dos corretores de imóveis. O site www.realtor.com, voltado ao consumidor, contém ferramentas como uma calculadora para definir a capacidade financeira para a compra da casa própria e como cacular a melhor hipoteca para a sua situação. Pode ajudá-lo a encontrar um corretor de imóveis em sua área.

National Association of Women Business Owners (www.nawbo.org). Oferece assistência técnica, treinamento empresarial, e informações comerciais e econômicas para empresários por meio de reuniões nacionais e escritórios regionais, representando os membros em atividades legislativas e ações de lobby.

National Consumers League (www.nclnet.org). Oferece panfletos gratuitos sobre como evitar fraudes. Os consumidores também podem denunciar atividades fraudulentas por intermédio do National Fraud Information Center pelo telefone 1-800-876-7060 ou no site www.fraud.org.

National Endowment for Financial Education (www.nefe.org). Fundação sem fins lucrativos dedicada a instruir os americanos a respeito das finanças pessoais e ajudá-los a tomar as decisões apropriadas para atingir suas metas financeiras. O centro de recursos possui muitos panfletos educativos sobre aposentadoria, situações que mudam a vida e como criar um filho que saiba lidar com o dinheiro. Ele também oferece um manual de orientação para ajudar as pessoas que começam a poupar tardiamente a se preparar para a aposentadoria e um "Kit de Cuidados com a Riqueza" com planilhas e listas de tópicos para que você possa lidar com seguros, investimentos, impostos, aposentadoria e o planejamento do espólio.

National Senior Citizens Law Center (www.nsclc.org). Especializado em demandas judiciais, pesquisas, ações de lobby e treinamento de advogados em questões de interesse dos aposentados. Procure no site um advogado especializado em assuntos de idosos e outros links interessantes.

National Society of Accountants (www.nsacct.org). Pode ajudá-lo a encontrar um profissional capacitado para atender às suas necessidades pessoais e as das pequenas empresas no que diz respeito a serviços contábeis, auditorias, preparação de impostos, representação do contribuinte, planejamento financeiro e do espólio, além de serviços de administração.

Pension Benefit Guaranty Corporation (www.pbgc.gov). Órgão federal que garante aos pensionistas pagamento de planos de benefícios específicos caso os planos de pensão sejam incapazes de cumprir com suas obrigações. O site tem uma seção de planejamento da aposentadoria com links úteis. O órgão publica vários boletins informativos sobre assuntos relacionados a pensões.

Pensions Rigths Center (www.pensionrights.org). Grupo de consumidores que ajuda a instruir o público a respeito de assuntos relacionados a pensões. Oferece recursos para pessoas que estão tendo dificuldades com suas pensões.

Privacy Rights Clearinghouse (www.privacyrights.org). Programa de educação do consumidor sem fins lucrativos, fundado em 1992, que atua para instruir os consumidores sobre questões relacionadas com a privacidade de informações e seus direitos legais de privacidade. O programa tem uma linha direta para que os consumidores possam denunciar abusos de privacidade e solicitar informações. Ele também fornece fichas de informação, em inglês e espanhol, sobre assuntos como privacidade na Internet, comunicação wireless, correspondência "lixo", informações médicas e roubo de identidade.

Profit Sharing/401(k) Council of America (www.psca.org). Possui artigos e ferramentas relacionados com o planejamento da aposentadoria.

Securities Industry Association (www.sia.com). Representa corretores e distribuidores de valores mobiliários, subscritores e bancos de investimento, tentando influenciar o Congresso a favorecer questões de interesse do setor. Instrui o público a respeito do setor de valores mobiliários.

Society of Financial Service Professionals (www.financialpro.org). Dará a você a indicação de um profissional financeiro credenciado em sua área, especializado em serviços como planejamento financeiro, planejamento de espólio, consultoria em aposentadoria e administração de ativos. Você também pode fazer o download de artigos como "General Financial Planning", "Choosing a Financial Planner", "Buying Insurance" e "Life-Stage Information".

U.S. Chamber of Commerce (www.uschamber.com). Representa as opiniões da comunidade sobre negócios, economia e outros assuntos no nível federal, estadual e municipal. Patrocina programas educativos. Oferece ajuda especial para pequenas empresas.

Sites

360 Graus de Conhecimento Financeiro [360 Degrees of Financial Literacy] (www.360financialliteracy.org). O American Institute of Certified Public Accountants patrocina esse site educativo, que está repleto de informações úteis sobre o planejamento financeiro durante os diversos estágios da vida. O site também disponibiliza artigos e ferramentas relacionados com ser dono de um negócio, planejamento da educação, do espólio, benefícios do governo, planejamento de investimentos, finanças pessoais, planejamento dos seguros, de aposentadoria e de impostos.

Agingwithdignity.com. Contém o modelo de um testamento em vida que atende às exigências legais da maioria dos estados americanos e do Distrito de Columbia.

Bankrate.com. Esse site permite que os usuários comparem as taxas de uma grande quantidade de produtos, como certificados de depósito, aplicações do mercado financeiro, hipotecas e empréstimos com garantia hipotecária. O site também contém numerosos artigos sobre vários temas, como finanças pessoais, bens imóveis, empréstimos para compra de veículos e cartões de crédito.

Bloomberg.com. Oferece notícias e comentários.

Cardweb.com. O site ajuda a encontrar um cartão de crédito adequado para você, como os que cobram anuidade baixa ou não cobram nada, os que oferecem um programa de milhagem ou outros prêmios.

Central do Aprendizado Financeiro (www.nefe.org/amexeconfund). Uma iniciativa conjunta da American Express e do National Endowment for Financial Education. Oferece um vasto leque de cursos, programas de auto-estudo e recursos no site. Os temas incluem operações bancárias, elaboração de orçamentos, gerenciamento do crédito, planejamento do espólio, seguros, administração do risco, poupança e impostos.

Domania.com. O site permite que os usuários confiram as taxas, verifiquem se se qualificam para uma hipoteca e obtenham recomendações sobre compra, venda ou posse de um imóvel. Você também pode obter uma avaliação do valor de sua casa e usar as ferramentas do site para determinar se deve ou não fazer um refinanciamento.

Financeware.com. Ajuda-o a encontrar um consultor financeiro. Você também pode fazer uma experiência com a versão experimental do software da empresa.

Financial-planning.com. Aborda o setor do planejamento financeiro e suas últimas tendências.

Financialengines.com. Esse site cobra uma taxa para elaborar estratégias de investimento, fornecer recomendações e monitorar serviços.

Financiallearning.com. Esse site é uma mina de ouro de informações para as pessoas que desejam adquirir conhecimentos sobre assuntos financeiros. Ele possui numerosas calculadoras para a elaboração de orçamentos, planejamento do espólio, planejamento da aposentadoria e impostos, e também disponibiliza artigos sobre temas como assistência médica, seguro de vida, aposentadoria, planejamento do pagamento da faculdade dos filhos e como investir de modo inteligente.

Firstgov.com. O portal oficial do governo americano. Tudo que você precisa saber a respeito de serviços relacionados com o governo.

H&R Block (www.hrblock.com). O site possui um avaliador de impostos, uma calculadora da retenção, programas de impostos on-line e outros artigos relacionados com impostos e investimentos.

Hoovers.com. Banco de dados que pode ser pesquisado com mais de 12 mil perfis de empresas. Algumas informações são gratuitas para o público, ao passo que outros dados estão vinculados a uma assinatura.

Informações sobre títulos de dívidas (www.bondsonline.com; www.investinginbonds.com; www.nasdbondinfo.com). Esses sites contêm muitas informações valiosas sobre títulos de dívida, inclusive ferramentas, notícias e calculadoras.

Insurance.com. Esse site pode ajudá-lo a descobrir suas necessidades de seguro e fazer uma comparação de preços.

Investools.com. Um site de investimentos abrangente, com ferramentas e informações que irão ajudá-lo a escolher ações, títulos de dívidas e fundos mútuos, quer você seja um principiante quer seja um investidor experiente.

Investopedia.com. Um tesouro de informações, que oferece artigos sobre investimentos, calculadoras e tutoriais.

Investorleague.com. Uma simulação gratuita do mercado de ações patrocinada pela League of American Investors. Inscreva-se on-line e receba um portfólio virtual contendo vinte ações no valor de 100 mil dólares.

Investors.com. A versão on-line do jornal *Investor's Business Daily*. Você pode ler artigos gratuitos, usar várias ferramentas de investimento e se inscrever em workshops na sua área.

Jklasser.com. J.K. Lasser's Year-Round Tax Strategies. Aborda as principais áreas do planejamento de impostos, inclusive deduções e as últimas notícias tributárias. Você também pode fazer suas perguntas a um especialista em tributação.

Kelley Blue Book (www.kbb.com). O site possibilita que você compare os preços dos carros novos e usados, e também que pesquise modelos. Oferece recomendações de compra e venda, bem como uma calculadora de pagamentos on-line.

Leadfusion.com. O site oferece uma grande quantidade de calculadoras e ferramentas sobre temas como empréstimos com garantia hipotecária, poupança, investimentos e seguros de vida. Os consumidores de língua espanhola também podem usar facilmente as ferramentas.

Lipperweb.com. Pode ajudá-lo a encontrar e acompanhar a performance dos fundos mútuos.

Microsoft Money (www.microsoft.com/money). Um programa simples concebido para ajudá-lo a acompanhar sua renda, gastos e patrimônio líquido, a controlar seu talão de cheques e a pagar suas contas on-line.

Moneycentral.msn.com. Repleto de notícias do mercado, ferramentas, agendas, artigos e links úteis.

Monitoramento do crédito (www.annualcreditreport.com). Esse site é um serviço centralizado no qual os consumidores podem solicitar o relatório de crédito. O site foi criado pelos três órgãos nacionais de serviço de proteção ao crédito, a Equifax, a Experian e a Trans Union (www.equifax.com; www.experian.com; www.transunion.com). Visite o site específico de cada órgão para obter mais informações a respeito do crédito, entender seu relatório e outros dados educativos.

Morningstar.com. Apresenta notícias e análises sobre mercados, ações e fundos mútuos para investidores pessoas físicas. Além de dados, os investidores podem obter informações sobre uma grande quantidade de assuntos, entre eles poupança para a aposentadoria, planejamento do pagamento da faculdade dos filhos e impostos. Os investidores também podem participar de seminários on-line e ler artigos relacionados com novos produtos e tendências.

National Association of Autobile Dealers (www.nada.com). Preços de veículos novos e usados, como carros, motocicletas, barcos e outros.

Planejamento da Aposentadoria (http://retireplan.about.com). Tudo sobre o planejamento da aposentadoria. O site está repleto de artigos e calculadoras úteis.

Project for Financial Independence [Projeto para a Independência Financeira] (http://www.consultaplanner.org). Visite o site para verificar se você se qualifica para uma assistência de planejamento financeiro gratuita. Você também tem acesso a artigos sobre finanças pessoais, prospectos e ferramentas oferecidos pelas seis organizações que patrocinam o Project for Financial Independence, entre elas o American Institute of Certified Public Accountants e a Financial Planning Association.

Quicken.com. Esse site é rico em informações para as pessoas que gostam de agir por conta própria. Os consumidores podem se inscrever para receber um boletim informativo gratuito, ou podem usar o planejador on-line de redução do débito, a calculadora de poupança e a calculadora de empréstimos. O site também oferece cotações de seguros, demonstrações de produtos, dicas sobre impostos, opção de pagamento de contas e muitas outras coisas.

Savingsbonds.gov. Site do Tesouro americano que responde a perguntas feitas com freqüência e que contém um "Savings Bond Earnings Report" que informa quanto seus títulos de dívida estão rendendo.

Sites de impostos (http://taxsites.com). Um índice on-line de sites de impostos e contabilidade nos Estados Unidos.

Standardandpoors.com. Fornece dados sobre o mercado, fundos mútuos, pesquisas e outros assuntos.

Stocksearchintl.com. Um recurso que pode ajudá-lo a determinar o valor de seus antigos certificados de ações, títulos e investimentos em empresas que foram absorvidas e desapareceram.

Taxcut.com. Oferece produtos e recursos para ajudá-lo a calcular seus impostos.

The Motley Fool (www.fool.com). O site contém notícias, debates e vários outros elementos educativos destinados a ajudar os investidores pessoas físicas.

Turbotax.com. Esse site o instrui por meio de exercício utilizando uma série de perguntas e respostas. Ele ainda oferece recomendações inestimáveis e dicas de planejamento na preparação de sua estratégia de impostos e declarações de Imposto de Renda.

Como você pode ver, há mais informações do que imaginava, não é mesmo? Agora que você tem uma noção geral de onde deve ir, dê uma olhada nas idéias para seu Perfil Financeiro específico encontradas no Caminho Financeiro de cada capítulo, bem como nesta seção de Fontes. Talvez seja interessante examinar os outros perfis apenas para verificar se existem recursos que possam despertar o seu interesse. Boa busca!

Este livro foi composto na tipologia Adobe Garamond Pro,
em corpo 10/18, impresso em off-white 80g/m²
no Sistema Cameron da Divisão Gráfica da Distribuidora Record